आधुनिक हिंदी और तेलुगु नाटक विविध आयाम
(1900-1950)

डॉ. पी. माणिक्याम्बा 'मणि'

All Rights Reserved.
No part of this publication may be reproduced, stored, in or introduced into a retrieval system, or transmitted, in any form by any means may it be electronically, mechanical, optical, chemical, manual, photocopying, or recording without prior written permission of the Author.

आधुनिक हिंदी और तेलुगु नाटक
विविध आयाम
AADHUNIK HINDI AUR TELUGU NATAK
VIVIDH AAYAM

by
डा. पी. माणिक्याम्बा 'मणि'
Prof P. Manikyamba 'Mani'

Ph: +91 98661 39120
Email: manikyamba@gmail.com

Copyright
Dr P. Manikyamba 'Mani'
Second Edition

Published by
Kasturi Vijayam, May-2025

ISBN: 978-81-987108-8-8

Print On Demand

Ph:0091-9515054998
Email: Kasturivijayam@gmail.com

Books available
@
Ph:0091-9515054998
Email: Kasturivijayam@gmail.com
Amazon (Worldwide), Flipkart

दो शब्द

विश्व साहित्य में भारतीय नाटकों की अपनी विशेषताएँ आकर्षण का केंद्र रहीं। बचपन से ही संस्कृत एवं तेलुगु नाटकों के प्रति एक विशेष लगाव रहा। नाटक के बारे में अज्ञात बचपन में मुझे दो संस्कृत नाटकों एवं दो अंग्रेज़ी नाटकों में विद्यालय के छात्र जीवन में अभिनय करने का मौका मिला और पुरस्कार प्राप्त करने का गौरव भी। तत्पश्चात हिंदी पढ़ने का अवसर और वर्तमान पद तक की आश्चर्यजनक यात्रा। इस बीच पुनः हिंदी - तेलुगु नाटकों पर तुलनात्मक अध्ययन करने की मेरी इच्छा पूर्ण हुई। यह अध्ययन विहंगावलोकन ही बन सका। इसमें आगे अनेक दिशाओं में अध्ययन की संभावना है। तेलुगु : और हिंदी नाटक साहित्य का सांगोपांग विवेचन का यहाँ अवसर नहीं मिला।

डीन, UGC Affairs, उस्मानिया विश्वविद्यालय ने आर्थिक अनुदान देकर इस लघु प्रयास को सुधी पाठकों के समक्ष रखने का उत्साह प्रदान किया। अतः आपके समक्ष है।

सुंदर डी. टी. पी. के लिए श्रीमती राधा के प्रति और यथासमय पुस्तकें देने के लिए कर्षक प्रिंटर्स के प्रति कृतज्ञता ज्ञापित करती हूँ। स्वजनों के प्रति आभारी होना स्नेह का अपमान करना है। उनका स्नेह ही मेरा सम्बल रहा।

यह प्रसन्नता की बात है कि कस्तूरी विजयम् प्रकाशन ने पुनः इस के प्रकाशन का भार ले कर अत्यंत कम समय में पुस्तक मेरे हाथ में रख दिया। मैं सुधीर रेड्डी जी एवं पद्मजा जी को अपनी शुभकामनाएँ ही दे सकती हूँ। आप का प्रगति- पथ मंगलमय हो! पुस्तक को पाठक - मित्रों का स्नेह मिलेगा! आशा है -

संत हंस गुण गहहीं पय,
परिहरि वारि विकार।

डॉ. पी. माणिक्याम्बा 'मणि'

भूमिका

फ्यूडल संस्कृति के अवसान की दशा में उसी में से बुर्जुवा लक्षणों का पल्लवन परिलक्षित होता है। मार्क्स और एन्गिल्स के अनुसार – "The need of constantly expanding market for its products chases the bourgevise over the whole surface of the globe. It must nest every where, settle every where, establish connection every where" मार्क्सवादियों ने 'बुर्जुवा 'जो कहा उसके स्थान पर धनिक वर्ग कहें तो आंध्र के तत्कालीन साहित्य पर लागू हो सकता है। प्राचीन काल में प्रांत की जरूरतें वहाँ के सीमित साधनों से ही पूरी हो जाती थीं। किंतु जरूरतों के बढ़ने पर अन्य देशों से यहाँ तक विश्व के कोने-कोने के उत्पाद्य वस्तुओं की आवश्यकता बढ़ी। इससे पहले विविध प्रांतों की विभिन्न जातियाँ समृद्ध एवं आत्मनिर्भर थीं। उसके बाद परिस्थितियाँ बदल गयीं। चारों तरफ आदान-प्रदान बढ़ा और एक जाति दूसरी जाति पर निर्भर होने लगी। भौतिक वस्तुओं के समान बौद्धिक व्यापार में भी सारा संसार एक दूसरे पर आधारित होने लगा। मानव का उदारवादी दृष्टिकोण विकास पाता रहा और 'विश्वमानव 'की संकल्पना बढ़ी। उन्नीसवीं शती के अंतिम दशकों में 'जमींदारी युग 'के नाम से अभिहित किया गया है। इस युग में आंध्र के तत्कालीन निर्मित रंगमंचों पर ऐसे नाटकों का प्रदर्शन होता था जिनमें गीत-संगीत एवं नृत्य की प्रधानता रहती थी। समकालीन अनेक साहित्यकारों ने इस प्रकार के नाटकों की चर्चा की थी। उस समय लोक जीवनम भी जनपदों में भी कुछ पुराणों पर आधारित अनेक नाटकों का प्रदर्शन होता था जिनकी चर्चा 'समग्र आंध्र साहित्य 'में आरुद्र ने की। यह बात और है कि ये नाटक न तो संस्कृत के नाट्य शास्त्र के लक्षणों के अनुरूप होते थे और न ही आज जिसे हम नाटक मानते हैं उसके अनुरूप ही हैं। यह नाटक निश्चित रूप से आंध्र के लोक साहित्य की एक विशेष विधा के रूप में अपना स्थान रखते हैं। आंध्र में तीसरे प्रकार के प्रदर्शन होते थे जिन्हें 'यक्षगान 'कहा जाता है। आचार्यों के मतानुसार परवर्ती यक्षगानां में नाटकीयता की मात्रा अधिक लक्षित होती है और आंध्र के जातीय जीवन का प्रतिबिंब भी इसमें परिलक्षित होता है। यक्षगान में पद्यों के गायन में हिंदुस्तानी संगीत की अदायगी ने भी स्थान लिया। स्पष्ट है कि परवर्ती युग के इन प्रदर्शनों के प्रति अंग्रेज़ी शिक्षा प्राप्त मध्यवर्ग के बाबुओं का आकर्षण नहीं

रहा, वितृष्णा सी हो गयी। इन ब्रिटिश सरकार के कर्मचारी लोगों को अंग्रेज़ी नाटकों को देखने का अवसर मिले। ब्रिटिश सरकार के अनेक दफ्तर कलकत्ता, बंबई एवं मद्रास जैसे महानगरों में थे। उन कर्मचारियों के लिए गोरों द्वारा प्रदर्शित इन नाटकों से कलकत्ता, मद्रास, बंबई के कलाकारों को प्रेरणा मिली। वे अंग्रेज़ी नाटकों के अनुकरण कर नाटकों का प्रदर्शन करने लगे। 1875 में मद्रास में 'दि मद्रास ड्रामेटिक सोसाइटी '(The Madras Dramatic Society) की स्थापना हुई। किंतु इसमें अंग्रेजों द्वारा अंग्रेज़ी नाटकों का प्रदर्शन होता था। 1879-80 के आसपास मद्रास में 'दि मद्रास ओरियंटल ड्रामाटिक कंपनी '(The Madras Oriental Dramatic Company) की गोमठम् श्रीनिवासाचारी जी ने स्थापना की। इस कंपनी के द्वारा संस्कृत के नाटकों का मंचन होता था। 1880 में तत्कालीन मद्रास गवर्नर एवं विजयनगरम् के महाराजा श्री आनंद गजपति राजु ने इन नाटकों के प्रदर्शन को देखा और 'इंडियन गारिक '(गारिक अंग्रेज़ी रंगमंच का महान कलाकार) की उपाधि श्री श्रीनिवासाचारी को प्रदान की। विजयनगर में जगन्नाथ विलासिनी सभा के द्वारा 1874 से ही संस्कृत नाटकों का मंचन होता था। इस प्रकार संभ्रांत एवं संपन्न वर्ग में संस्कृत नाटकों का, अंग्रेज़ी शासन से जुड़े सभ्य समाज के लिए अंग्रेजी नाटक जनपदों में लोक नाट्यशैलियों के द्वारा मनोरंजन होता था। किंतु विद्यार्थियों के लिए नगर वासी मध्यवर्ग जो अंग्रेज़ी साहित्य से परिचित थे, मनोरंजन के ये दोनों उपाय रुचिकर नहीं लगे। कुछ नगरों के कॉलेजों में अनेक अंग्रेजी नाटकों का मंचन हुआ था। उस समय के अध्यापक वर्ग में अंग्रेजी अध्यापकों की संख्या भी ज्यादा थी। इस प्रकार कॉलेजों में नाटकों को देखने के बाद वहाँ के भारतीय अध्यापकों के मन में अनुवाद करने का विचार आया। 'मर्चेंट ऑफ वेनिस', 'जूलियस सीजर 'आदि नाटकों का अनुवाद होने लगा।

1880 में आंध्र प्रांत में धारवाड़ नाटक समाज 'नाम से प्रसिद्ध आटकर कंपनी ने अपने पूरे सदस्यों के साथ प्रदर्शन दिये थे। इन नाटकों ने जनता को काफी प्रभावित किया। नाटक के पात्रों की वेषभूषा में, मंच निर्माण में, दृश्यों के संयोजन में धारवाड़ नाटक समाज की अपनी एक पद्धति थी। पात्रों के संवादों में वाचन शैली का प्रयोग भी इनकी एक विशेषता रही। इन नाटकों की सहजता ने आंध्र की जनता को विशेष रूप से आकर्षित किया।

1880 में ही धारवाड़ नाटक समाज के लौटने के बाद उनके द्वारा बनाये गये उसी रंगमंच पर राजमहेंद्री (आ.प्र.) कंदुकूरि वीरेशलिंगम ने 'व्यवहार धर्म बोधिनी 'नामक नाटक का, जिसमें वकील प्रधान पात्र है छात्रों के द्वारा प्रदर्शित कराया।

तत्कालीन आलोचकों ने नाटक के लक्षणों के आधार पर इसको संपूर्ण नाटक न मानकर प्रहसन माना था। 1881 में वीरेशलिंगम् जी ने शेक्सपियर की 'कॉमेडी ऑफ एरर्स 'नाटक को 'चमत्कार रत्नावली 'के नाम से अनुसरण किया और छात्रों के द्वारा पुनः उसी रंगमंच पर प्रदर्शन किया जहाँ धारवाड़ समाज ने नाटक प्रदर्शन किया।

श्री वीरेशलिंगम् जी के साथ कुछ अन्य व्यक्तियों ने भी अंग्रेजी के नाटकों का अनुवाद किया। इनके पहले एवं इनके पश्चात भी कुछ संस्कृत नाटकों के अनुसरण पर पौराणिक कथाओं के आधार पर नाटकों की रचना होती रही। 'नंदकराज्यमु 'ऐतिहासिक नाटक कहने पर भी सामाजिक नाटक के रूप में कुछ लोग मानते हैं। किंतु गुरजाडा अप्पाराव का 'कन्याशुल्कम् 'ही तेलुगु में पहले सामाजिक नाटक के रूप में सर्व स्वीकार्य है । बल्लारि में रामकृष्णाचार्य ने 'सरस विनोदिनी सभा की स्थापना की। इसके सभी सदस्य पढ़े लिखे संपन्न परिवरों से संबंधित, वकील, व्यापारी थे । इस समाज ने 1887 में जनवरी 29 तारीख को 'चित्रनलीयम् 'नाटक का प्रदर्शन किया। इस प्रदर्शन के साथ आंध्र को रंगमंच मिला। रंगमंच पर प्रस्तुत पहले नाटक के रूप में 'चित्रनलीयम् 'को ख्याति मिली। यह प्रदर्शन आंध्र नाटक के लिए एक ऐतिहासिक घटना थी ।

19वीं शती का उत्तरार्ध विश्व साहित्य के इतिहास में नाटक विधा का 'स्वर्णयुग 'माना जाता है। तेलुगु और हिंदी साहित्य में भी नाटक एवं प्रहसनों की रचना की प्रवृत्ति देखी जा सकती है। इन रचनाओं की सामाजिक- स्पृहा और सरोकार उन रचनाकारों की विशिष्टता बन जाती है। दीन बंधु मित्र (बंगाल), इब्सन (नार्वे), बर्नाड शाँ (आयरलैण्ड), चेखव (रूस), एट्स (अयरलैण्ड), विस्पिचास्की (पोलैण्ड) जैसे विश्व विख्यात रचनाकारों के साथ गुरजाड़ा अप्पाराव सामाजिक समस्याओं के विस्तृत फलक पर 'कन्या शुल्कम 'जैसे सामाजिक समस्यामूलक नाटक तेलुगु में लिख रहे थे। हिंदी में भारतेंदु ने इस प्रकार का समग्र नाटक नहीं लिखा, किंतु उनके छोटे-छोटे नाटकों में व्यक्त सामाजिक सरोकार के द्वारा उस युग को नया स्वर दिया।

हिंदी में नाटक रचना के प्रारंभिक काल में संस्कृत के अनूदित नाटकों की संख्या ही अधिक थी। किंतु इन नाटकों में भी अनुवाद कम अनुकरण ज्यादा लक्षित होता है। संस्कृत नाटकों की कथावस्तु को लेकर कुछ मौलिक उद्भावना के साथ समकालीन रंगमंच को दृष्टि में रखकर उसमें कुछ गीतों को जोड़कर भी कुछ नाटक लिखे गये। कुछ नाटक रामायण एवं महाभारत के अनेक घटनाओं को, चरित्रों को लेकर लिखे गये थे । मनोरजंन हेतु प्रायः प्रहसन अधिक लिखे गये। इन प्रहसनों में नवजागरण की वैचारिकता से प्रभावित नाटककारों ने नारी की दयनीय दशा पर

विचार किया। प्रताप नारायण मिश्र के 'कलि कौतुक', बालकृष्ण भट्ट के 'जैसा काम वैसा परिणाम ‘में और राधाकृष्ण दास की 'दुःखिनी बाला ‘में नारी की इस असहाय अवस्था का कारण उसकी अशिक्षा के रूप में दर्शाया है । भारतेंदु हरिश्चंद्र को हिंदी नाटक के प्रवर्तक मान सकते हैं। उनके नाटकों की विषय-वस्तु पौराणिक एवं सामाजिक समस्याओं पर आधारित थी। उनके प्रसिद्ध नाटकों में संस्कृत नाटकों के अनुसाद भी महत्वपूर्ण हैं। अंग्रेज़ी के पठन-पाठन के कारण हिंदी साहित्यकार अंग्रेजी नाटकों से प्रभावित हो गये । शेक्सपियर के दुःखांत नाटकों ने समूचे भारतीय साहित्य को ही प्रभावित किया। मोलियर के साहित्य का भी विशेष प्रभाव हिंदी साहित्य पर पड़ा। शेक्सपियर और मॉलियर आदि के नाटकों का अनुवाद सीधा हिंदी में हुआ। हिंदी अनुवाद करनेवालों में लाला सीताराम, जी. पी. श्रीवास्तव आदि हैं। किंतु इन अनुवादों को पढ़कर शेक्सपियर या मोलियर की नाटक के शिल विधान की कल्पना नहीं कर सकते। किंतु नाटक विकास में इनका ऐतिहासिक मूल्य है।

तेलुगु साहित्य में 19 वीं शती के अंत में नाटक साहित्य का सूत्रपात माना जा सकता है। यहाँ संस्कृत एवं अंग्रेजी नाटकों के अनुवाद से पहले संस्कृत एवं अंग्रेजी नाटकों का प्रदर्शन होता था । 'विजयनगरम् ‘में विजयराम गजपति के शासनकाल में ही 'जगन्नाथ विलासिनी सभा ‘नामक नाटक-समाज ‘शाकुंतलम्’, ‘उत्तर रामचरित्र ‘जैसे रूपकों का प्रदर्शन करता था। ये संस्कृत के नाटकों को ही खेलते थे। इसीलिए इस कंपनी को 'संस्कृत अकादमी ‘क दूसरा नाम भी था। मद्रास की एक संस्था अंग्रेजी नाटकों का मंचन करती थी "1875 में मद्रास में 'दि मद्रास ड्रामेटिक सोसाइटी ‘की स्थापना हुई। इसमें अंग्रेज़ लोग अंग्रेज़ी नाटकों का ही प्रदर्शन करते थे। अंग्रेज़ी के अनुकरण पर 1879-80 के दर्मियान गोमठम् श्रीनिवासचारी ने 'दि मद्रास ओरियंटल ड्रामेटिक कंपनी ‘की स्थापना की। वे स्वयं प्रधान पात्रों का अभिनय करते थे। संस्कृत नाटकों का प्रदर्शन होता था। 1880 में तत्कालीन मद्रास के गवर्नर, विजयनगरम् के महाराज श्री आनंद गजपति राजु ने इन प्रदर्शनों को देखकर प्रशंसा की।" आंध्र प्रांत के प्रधान नगरों में कॉलेज खुल गये थे। वहाँ के अध्यापकों में अंग्रेज ज्यादा रहते थे। राजमहेंद्री के सरकारी महाविद्यालय के प्रिंसिपल के निर्देशन में छात्रों के द्वारा अंग्रेज़ी में ही 'मर्चेंट ऑफ वेनिस ‘का मंचन किया गया। 1879 में बल्लारि में धर्मवरम् रामकृष्णामाचार्य ने भी अपने मित्रों के साथ कुछ अंग्रेज़ी नाटकों का प्रदर्शन किया। उस समय विशाखपट्टणम्, नेल्लूर आदि आंध्र के प्रदेशों में जहाँ-जहाँ कॉलेज खोले गये वहाँ प्रायः अंग्रेज़ी नाटकों का मंचन होता था। इधर छात्र अंग्रेजी नाटकों का प्रदर्शन करते थे उधर भारतीय प्राध्यापकों के मन में नाटकों के

अनुवाद की आकांक्षा बलवती होती गयी। 1875 में शेक्सपियर के 'जूलियस ‘का अनुवाद श्री वाविलाल वासुदेश शास्त्री जी ने किया। वे स्वयं राजमहेंद्री के सरकारी कॉलेज में गणित एवं भूगोल के प्राध्यापक थे। उसके बाद बहुमुखी प्रतिभा के धनी श्री कंदुकूरि वीरेशलिंगम् जी ने 'कॉमेडी ऑफ एरर्स ‘का तेलुगु रूपांतर किया जिसका नाम है-- 'चमत्कार रत्नावली ‘। उन्होंने बाद में 'मर्चंट ऑफ वेनिस ‘का 'वेनीस वर्तकुडु ‘नाम से अनुवाद किया। उन्होंने संस्कृत के नाटकों का जैसे--‘रत्नावली', 'अभिज्ञान शाकुंतलम्', 'प्रबोध चंद्रोदयम्', ‘मालिविकाग्निमित्रम ‘आदि का अनुवाद किया। शेक्सपियर एवं कालिदास के नाटकों का अधिक अनुवाद कंदुकूरि ने किया। 1880 में कंदुकूरि वीरेशलिंगम् ने पौराणिक कथावस्तु पर आधारित अनेक नाटकों का प्रणयन किया। अनेक रचनाकारों ने असंख्य नाटकों का अनुवाद किया एवं स्वतंत्र नाटकों की रचना की। किंतु उनमें चिलकमर्ति लक्ष्मी नरसिंहम् का स्थान विशिष्ट है। इन्होंने पौराणिका कथाओं पर आधारित अनेक नाटकों की रचना की जिनके असंख्य प्रदर्शन होते थे। उसमें 'गयोपाख्यान ‘नामक नाटक का तेलुगु नाटक साहित्य में विशिष्ट स्थान है। उस समय इस नाटक का मंचन सर्वाधिक हुआ। नाटककार ने अपनी आत्मकथा में लिखा है कि इसकी एक लाख प्रतियाँ बिकीं। वह आज तक तेलुगु साहित्य में एक रिकार्ड है। इसकी लोकप्रियता का इससे अधिक को प्रमाण नहीं हो सकता।

पारसी रंगमंच का प्रभाव हिंदी नाटकों पर देखा जा सकता है। इन नाटकों से दर्शकों को सस्ता मनोरंजन होता था। वे इन नाटकों के माध्यम समाज-सुधार, धर्म, राष्ट्रीयता आदि का उपदेश देते थे। किंतु इनका मुख उद्देश्य व्यावसायिक था। इन नाटकों की भाषा असाहित्यिक एवं एकदम चल भाषा होती थी। इतना होते हुए भी इन नाटकों का यह योगदान रहा कि हि नाटकों के माध्यम से हिंदी को प्रचारित किया। नाटकों में गीत-संगीम क जोड़कर नाटक को मनोरंजक एवं आकर्षक बनाया । तेलुगु नाटकों पर ही नहीं पारसी नाटक कंपनियों का प्रभाव पूरे भारतीय नाटकों पर देखा जा सकता है। इनका आकर्षण है नाटकों में संगीत और गीतों का आयोजन। किंतु पारसी नाटकों में संगीत एवं गीतों की प्रेरणा भारतीय ही रही । "कहा जाता है कि पारसी नाटकों के प्रभाव से हमारे नाटकों में संगीत का प्रवेश हुआ किंतु प्रारंभ में पारसी नाटक, यक्षगान से प्रभावित होकर उस संगीत की रागिनियों में अपने नाटकों को ढाला। 1842, महाराष्ट्र के सांगली के शासक अप्पा साहब ने एक कन्नड़ यक्षगान के प्रदर्शन को देखकर विष्णु दास भावे से मराठी भाषा में एक नाटक लिखवाया । वह प्रदर्शन काफी सफल रहा तो पारसियों ने उसका अनुसरण किया। 1880 में पूरे

दश में प्रदर्शन दिये तो संगीत के कारण ही उन नाटकों ने लोगों को आकर्षित किया।" इस प्रकार संगीत प्रधान नाटकों की रचना करनेवालों में धर्मवरम् कृष्णमाचार्य प्रमुख हैं। इन पर अंग्रेजी के दुखांत नाटकों का प्रभाव है। उन्होंने ऐतिहासिक दुःखांत नाटकों की भी रचना की जो अत्यन्त लोकप्रिय हुए। रंगमंच पर प्रस्तुत करने योग्य एवं पात्रानुकूल भाषा से युक्त नाटकों की रचना इनकी विशेषता रही। इनकी 'चित्रनलीयम् ‘रंगमंच पर प्रस्तुत पहला नाटक है।

भारतीय भाषाओं में सर्वप्रथम अनूदित नाटक होने का गौरव प्रायः कालिदास कृत 'अभिज्ञान शाकुंतलम् ‘को मिला है। हिंदी में भी राजा लक्ष्मण सिंह ने शकुंतला नाटक का गद्यांनुवाद किया। इस नाटक की भाषा शैली एवं शिल्प विधान के आधार पर आलोचक इसे खड़ी बोली का पहला अनूदित नाटक मानते हैं। कुछ अन्य लोगों ने भी शकुंतला नाटक का अनुवाद किया। संस्कृत के अन्य नाटकों का भी अनुवाद हुआ। रामायण एवं महाभारत की कथाओं पर आधारित नाटकों का भी प्रणयन हुआ। कुछ पुराणों की कथाओं पर आधारित नाटकों की भी रचना हुई। किंतु रंगमंच के अभाव में हिंदी प्रदेश में नाटकों का प्रदर्शन नहीं के बराबर हुआ। कहा जाता है कि माखनलाल चतुर्वेदी कृत 'श्री कृष्णार्जुन युद्ध ‘का प्रदर्शन हुआ था ।

तेलुगु में अभिज्ञान शाकुंतलम् का अनुवाद श्री कंदुकूरि वीरेशलिंगम के अलावा कई अन्य लोगों ने भी किया। चिलकमर्ति लक्ष्मी नरसिंहम् ने अपने कुछ नाटकों की रचना गद्य में ही की किंतु प्रदर्शकों के अनुरोध पर फिर से उन्होंने अपने नाटकों में पद्यों को जोड़ा। चिलकमर्ति लक्ष्मीनरसिंहम् ने पौराणिक कथा के अंशों को लेकर सफल नाटकों की रचना की। इन नाटकों की विशेषता यह है कि इन नाटकों का सफल मंचन हुआ था। इसमें 'गयोपाख्यानम ‘उल्लेखनीय है जो कृष्ण अर्जुन के युद्ध का प्रसंग है। उस समय हज़ारों प्रदर्शन हुए और इस नाटक का मंचन होता था । उस समय इसकी एक लाख प्रतियाँ बिकी थीं जिसके आधार पर नाटक की लोकप्रियता का अंदाजा लगाया जा सकता है। उस समय मांग थी कि पात्र नाटक में पद्यों की संगीतात्मक अभिव्यक्ति करें। अनेक नाटक समाजों की स्थापना हुई। 1925-30 तक अनेक प्रांतों के नाटक समाज अपने प्रांतों के अलावा अन्य नगरों में भी नाटकों का प्रदर्शन करते थे। इस काल में प्रणीत नाटकों का विषयानुसार विभाजन इन प्रकार किया जा सकता है--

1. महाभारत की कथा पर आधारित
2. कृष्ण कथा एवं पुराणों पर आधारित
3. रामायण पर आधारित

4. संस्कृत का अनुवाद एवं अनुसरण
5. पारसी नाटकों का अनुसरण
6. अंग्रेज़ी नाटकों का अनुसरण
7. प्रबंध काव्य पर आधारित
8. सामाजिक कथावस्तु पर आधारित प्रहसन
9 शासक अंग्रेज़ों के प्रति राजभक्ति व्यक्त करनेवाले नाटक

उन्नीसवीं शती के अंतिम चरण में तेलुगु नाटक साहित्य में ऐतिहासिक घटना है--1892 विजयनगरम् में पहला सामाजिक नाटक 'कन्याशुल्कम् 'की रचना एवं मंचन । नाटककार गुरजाडा अप्पाराव ने इस नाटक का संशोधित एवं परिवर्द्धित संस्करण 1909 में प्रकाशित किया। आजकल 'कन्याशुल्कम् 'के इसी संस्करण का प्रचार-प्रसार है । विश्व साहित्य में ही अपूर्व स्थान रखनेवाले इस नाटक का अलग मूल्यांकन परिशिष्ट के रूप में इस पुस्तक के अंतर्गत प्रकाशित किया है। इस प्रकार के नाटक का हिंदी साहित्य में अभाव है। समाज का विशाल परिदृश्य, विभिन्न समस्याएँ, मंचन एवं शिल्प की दृष्टि से तेलुगु साहित्य में इस नाटक का विशेष महत्व रखते हैं। इस नाटक का मंचन आज भी होता है। इस नाटक पर जितनी दृष्टियों से जितनी ज्यादा समीक्षा हुई तेलुगु साहित्य में और किसी नाटक की नहीं हुई। हिंदी साहित्य में भी किसी नाटक की इस प्रकार की समीक्षा मुझे नहीं मिली। इस नाटक के पात्र सामाजिक जीवन में जीवंत हो गये। पाश्चात्य साहित्य के रोमांटिक नाटकों का प्रभाव द्विजेंद्र लाल राय के साहित्य के माध्यम से हिंदी एवं अन्य भारतीय भाषाओं के साहित्य पर पड़ा। हिंदी साहित्य के ऐतिहासिक नाटकों पर उनके 'नूरजहाँ', 'शाहजहाँ', 'दुर्गादास', 'चंद्रगुप्त', 'उसपार आदि नाटकों का प्रभाव परिलक्षित होता है। उनके नाटकों की सांस्कृतिक चेतना, राष्ट्र प्रेम, नारी भावना आदि ने भारतीय नाटक साहित्य को एक नयी दिशा दी । द्विजेंद्र लाल राय अपनी भाववेगमयी शैली के लिए प्रसिद्ध थे।

सांस्कृतिक पुनर्निर्माण की तीव्र चेतना के साथ जयशंकर प्रसाद जी ने नाटकों का प्रणयन किया। इतिहास एवं पुरातत्व के विशेष अध्ययन के कारण गुप्तकालीन भारतीय संस्कृति का एवं बौद्ध धर्म की प्रचार-प्रसार कॉल की भारत की स्थितियों का सुंदर अंकन किया। प्रसाद जी के ट्रेजड़ी की परिणति में प्रसाद के व्यक्तित्व का संस्पर्श स्पष्ट लक्षित होता है। प्रसाद के नाटकों के प्राणतत्व हैं। * पुनर्निर्माण एवं पुनरुत्थान।

तेलुगु साहित्य में ऐतिहासिक कथावस्तु पर आधारित नाटकों के साथ राष्ट्र प्रेम, अतीत गौरव, भारतीय संस्कृति के प्रति गौरव की भावना लक्षित होती है । इन नाटकों का उद्देश्य, ऐतिहासिक, वीर, साहसी एवं पराक्रमी नायकों के प्रस्तुतीकरण के माध्यम से राष्ट्रीय भावना जागृत करना था। कुछ पौराणिक कथावस्तु को सामाजिक संदर्भ से जोड़कर समकालीन स्थितियों को भी व्यक्त करने का प्रयत्न किया गया । 'पांचाली पराभवम् ‘इसी प्रकार का नाटक है। यहाँ पांचाली केवल द्रौपदी नहीं है यहाँ 'पांचाली ‘भारत माता का प्रतीक है। 'सुल्ताना चांद बीबी', 'रामराजु चरित्र ‘आदि प्रमुख ऐतिहासिक नाटक हैं।

सांस्कृतिक चेतना पर आधारित नाटकों में चंद्रगुप्त विद्यालंकार, सियाराम शरण गुप्त, सेठ गोविंददास के नाम प्रमुख हैं। भारतीय संस्कृति की मूलभूत भावना आत्म शक्ति के विकास इन नाटकों का उद्देश्य लगता है। भारतीय जन मानस पर आर्य समाज की विचारधारा का प्रभाव सर्वविदित है । अशोक, ईसा, हर्ष आदि नाटकों में अहिंसा का प्रतिपादन है। ईसा नाटक में गाँधीवादी चिंत्तन को वाणी मिली। इन नायक प्रधान नाटकों में नायक भारतीय सांस्कृतिक विचारधारा का सैद्धांतिक प्रतिपादन ही नहीं व्यवहार पक्ष भी कुशलता । पूर्वक दर्शाया गया है। इन नाटककारों के ऐतिहासिक वातावरण के अकन में • प्रायः प्रामाणिकता है जिसका कारण रचनाकारों का इतिहास संबंधी ज्ञान है। इतना सब कुछ होते हुए इन नाटकों में विषाद की एक अतः सलिला दर्शक या पाठक के हृदय को विषमता का आभास देती है।

तेलुगु में इस समय के नाटककारों की सांस्कृतिक चेतना ऐतिहासिक कथानक के आधार पर व्यक्त की गयीं। इन नाटकों में भारत के आचार-विचार, उत्सव, त्यौहार आदि का मनोयोग पूर्वक अंकन लक्षित होता है। भारतीय तसंस्कृति एवं परंपराओं में मानवता दृष्टिकोण को उचित स्थान दिया गया है।

राष्ट्रीय चेतना प्रधान नाटकों में भारत के प्राचीन वीरों की गौरवगाथाएँ कथावस्तु रही। यह कथावस्तु प्रायः ऐतिहासिक रही। मध्य युगीन भारतीय. इतिहास के शौर्य, स्वाभिमान, स्वातंत्र्य प्रेम, साहस आदि का गौरव गान करते हुए, परस्पर कलह के परिणामों को दिखाकर उदात्त विचारों को जागृत करना इन नाटकों का मूल उद्देश्य रहा। सुधारवादी चेतना जो द्विवेदी युग की मूल प्रवृत्ति है, उसका भी परिचय मिलता है। हरिकृष्ण प्रेमी, उदयशंकर भट्ट, उपेंद्रनाथ अश्क । सेठ गोविंददास आदि नाटककारों ने इतिहास पर आधारित नाटकों की रचना की है। नाटक के वस्तुविधान एवं प्रस्तुतीकरण में नवीनत लक्षित होती है। इन्हीं नाटककारों ने पुराणों की कथाओं के आधार पर मानक जीवन के मूलभूत प्रश्नों का चिंतन किया। कृष्णार्जुन युद्ध (

माखनलाल चतुर्वेदी) सगर - विजय (उदयशंकर भट्ट) आदि इसी प्रकार की रचनाएँ हैं।

तेलुगु साहित्य में स्वतंत्रता-आंदोलन के दिनों में राष्ट्रीय चेतना स्वतंत्रता-आंदोलन से संबंधित घटनाओं के आधार पर नाटकों की रचना की है। इन नाटकों का प्रदर्शन भी हुआ था और ये नाटक लोकप्रिय हो गये। भारत माता गाँधी, तिलक की कथावस्तु पर भी नाटकों का आयोजन हुआ था। इन नाटकों में गीत-संगीत का प्रयोग मिलता है। राष्ट्रीय भावना को जागृत करने वाले गीत भारत माता का यशगान, देश प्रेम के गीत, भारत के प्रकृति-सौंदर्य के गीतों क कथा के अनुरूप नाटकों में प्रयोग होता था।

इतिहास पर आधारित नाटक या रोमांटिक नाटक के बाद हिंदी नाटक में नया मोड़ आया। इब्सन एवं शॉ से प्रभावित होकर हिंदी में समस्यसा मूलक नाटकों की रचना होने लगी। नाटक को अतीत से, इतिहास से, सुधार से, नैतिक मूल्यों से न जोड़कर सीधा समकालीन जीवन के यथार्थ से, जीवन के ज्वलं समस्याओं से जोड़ना- इन नाटककारों का लक्ष्य था । वैयक्तिक समस्याएँ सामाजिक समस्याएँ, राजनीतिक समस्याएँ जो व्यक्ति एवं समाज से ही जुड़ी -नाटकों की कथावस्तु के रूप में स्वीकृत हुई । संघर्ष का अंकन सहज रूप से होता था क्योंकि यह वह संघर्ष है जिससे रचनाकार स्वयं भी गुजरा हो । टेकनिक में विशेष प्रगति इन नाटकों में लक्षित होती है।

तेलुगु नाटककारों में इब्सन के समकक्ष नाटक रचना करने का श्रेय गुरजाडा अप्पाराव को ही था । सामाजिक समस्याओं को नाटक की कथावस्तु बनाकर नाटक को जन जीवन के समीप लाने का श्रेय गुरजाडा को ही है। इस प्रकार की सामाजिक समस्या का अंकन वीरेशलिंगम् के 'ब्रह्मविवाह 'में भी किया गया। किंतु समग्र एवं सुनियोजित सामाजिक नाटक होने का श्रेय 'कन्याशुल्कम् 'को ही मिला। 1892 में इसका पहला प्रदर्शन 'जगन्नाथ विलासिनी नाटक 'समाज 'ने विजयनगरम् में किया। पहला प्रकाशन 1897 में हुआ था । संशोधित एवं परिवर्द्धित दूसरा संस्करण 1909 में पुनः प्रकाशित हुआ। इस नाटक में बालिकाओं का वृद्धों के साथ विवाह करना एवं उनसे शुल्क लेना इसकी मूल कथावस्तु है। इसके साथ वेश्या समस्या, विधवा-विवाह समस्या, बदलते हुए समाज के परिणामों के प्रति संकेत इस नाटक में परिलक्षित होते हैं। इस एक सामाजिक नाटक के प्रणयन के साथ गुरजाडा अप्पाराव ने विश्व के महान नाटककारों की अग्रपंक्ति में अपना स्थान सुरक्षित बनाया। इनके बाद भी सामाजिक जीवन पर आधारित नाटकों की रचना होती रही। दहेज प्रथा एवं

मद्यपान की समस्याओं पर आधारित नाटकों की रचना हुई। इन नाटकों का कई बार मंचन हुआ और दर्शकों ने इन नाटकों का स्वागत किया।

तेलुगु एवं हिंदी नाटकों में 1936 के आसपास स्वतंत्रता आंदोलन के साथ एक वैचारिक परिवर्तन भी लक्षित होता है। गुरजाडा के कन्याशुल्कम् के बाद तेलुगु साहित्य में बहुत बड़ा अंतराल आ गया। पूरे भारतीय साहित्यकारों के चिंतन की दिशा बदली। मार्क्सवाद का प्रभाव, साहित्य में यथार्थवादी चेतना आदि लक्षित होते हैं। प्रगतिशील लेखक संघ 'की स्थापना के बाद साहित्य के प्रति यथार्थपरक दृष्टि का विकास हुआ। साहित्य को जन जीवन के समीप लाने का प्रयत्न रहा। आंध्र में 'प्रजा नाट्य मंडली 'की स्थापना एक ऐतिहासिक घटना है। उन लेखकों की रचनाओं के माध्यम से उपेक्षित जीवन को स्वर मिला।

इसका विस्तृत अध्ययन आगे होगा। प्रजा नाट्य मंडली के स्थापना की मूल भूत प्रेरणा, उद्देश्य, यथार्थ एवं प्रजामंडली, अभिनेयता एवं प्रजा मंडली आदि विषयों पर आगे विशेष अध्ययन होगा। मार्क्सवादी विचारधारा से प्रभावित होकर भारत के साहित्यकारों ने 1936 में प्रगतिशील लेखक संघ की स्थापना की। 1933 में आंध्र में कम्युनिस्ट पार्टी का आविर्भाव हुआ । फलस्वरूप युवा साहित्यकारों को प्रगतिशील चेत्तना ने आकर्षित किया। उस विचारधारा से प्रभावित होकर 1943 के अखिल भारतीय कम्युनिस्ट पार्टी के अधिवेशन में अखिल भारतीय प्रजाः नाट्य (जन-नाट्य) मंडली का अधिवेशन भी हुआ । इसको 'इप्टा '(Indian Progressive Theatre Association) के नाम से जाना जाता है। वर्गहीन समाज की स्थापना, कला एवं जीवन के तालमेल के साथ नाटक की संरचना इसके प्रधान लक्ष्य हैं। इसके प्रतिबद्ध नाटककारों ने अनेक महत्वपूर्ण नाटकों की रचना की। अनेक सफल मंचन हुए। इसका विशेष प्रभाव तेलम नाटकों में पाया जाता है ।

आंध्र प्रदेश के तेलंगाणा प्रांत में आज भी प्रजा नाट्य मंडली सैद्धांतिक प्रतिबद्धता के साथ सक्रिय है। जनता को प्रबोधित कर जागरूक बनाने का सार्थक प्रयास यह संस्था निरंतर करती आ रही है।

सुंकर वासिरेड्डी के दो नाटक 'मुंदडुगु '(1946) 'मा भूमि 'नाटकों ने तेलुगु नाटक साहित्य को नये आयाम दिये। इन नाटकों के प्रदर्शनों ने नये कीर्तिमान स्थापित किये। 1947 में ही 'मा भमि 'नाटक के 'प्रजा नाट्य मंडली 'के द्वारा हजार से अधिक प्रदर्शन हुए थे। तेलुगु साहित्य में 'मा भूमि 'की रचना एवं प्रदर्शन स्वयं एक इतिहास है । इस काल में अनेक राज्यों में 'इप्टा 'की शाखाओं के अनेक प्रदर्शन हुए। हिंदी और अन्य भाषाओं की तुलना में तेलुगु के 'प्रजा नाट्य मंडली 'की विशेषता यह

रही इनके नाटकों ने समाज को अत्यधिक प्रभावित किया। इसका कारण है इन नाटकों की कथावस्तु । ये दिन 'तेलंगाना सशस्त्र आंदोलन एवं मार्क्सवादी चिंतन के विशेष प्रभाव के दिन थे । आंदोलन का यथार्थवादी चित्रण इन नाटकों में हुआ । 'प्रजा नाट्य मंडली ‘के अग्रणी कलाकार जी.राजाराव, मिक्कलिलेनि आदि थे। वैचारिकता एवं भावुकता के अपूर्व संयोग के ये नाटक तेलुगु साहित्य एवं रंगमंच दोनों में विशेष स्थान रखते हैं। सामंतवादी व्यवस्था के शोषण के विरुद्ध विद्रोह की चेतना इन नाटकों का मुख्य प्रतिपाद्य रहा ।

समस्यामूलक नाटकों की रचना हिंदी और तेलुगु भाषाओं में हुई। इनके प्रदर्शन भी हुए। हिंदी में लक्ष्मीनारायण लाल और तेलुगु में भूपतिराव, कोर्रपाटि आदि नाटककारों ने इस प्रकार के नाटकों की रचना की। हिंदी और तेलुगु के नाटकों में सामाजिक जीवन की समस्याएँ एवं उनसे उत्पन्न मानसिक तनाव, संघर्ष आदि का अंकन हुआ । यद्यपि इस प्रकार के नाटकों की संख्या कम है ।

***

अनुक्रमणिका

1. बीसवीं शताब्दी की पृष्ठभूमि 1
    1.1 पुनर्जागरण 1
    1.2 पुनरुत्थान 2
    1.3 नवजागरण 2
    1.4 आर्थिक परिस्थिति 6
    1.5 राजनीतिक परिस्थिति 10
    1.6 सामाजिक परिस्थिति 12
    1.7 भारतीय नवजागण 14

2. बीसवीं शताब्दी के हिंदी नाटक: पूर्वपीठिका 16
    2.1 हिंदी नवजागरण: बंगीय भूमिका 19
    2.2 स्वामी दयानंद सरस्वती 23
        2.2.1 सामाजिक पक्ष 24
        2.2.2 आर्थिक-राजनीतिक विचार 26
        2.2.3 दयानंद सरस्वती और 1857 27
    2.3 हिंदी नवजागरण की मुख्य-मुख्य बातें 29
        2.3.1 आर्थिक-राजनीतिक चिंतन 29

3. भारतेंदु युगीन नाटक: विविध आयाम 35
    3.1 जीवनोपयोगी नाटकों की रचना 36
    3.2 बुद्धिजीवियों का नाटकानुराग 36
    3.3 जनता का नाट्य प्रेम 36
    3.4. नाटकोत्थान की अपील 37
    3.5 जनता की अज्ञानता 37
    3.6 श्रृंगार का विरोध 38

- 3.7 साहित्य की नवीन व्याख्या 39
- 3.8 नाटक के उद्देश्य 39
- 3.9 पत्र-पत्रिकाओं का योग 40
- 3.10 नाट्य संबंधी हिंदी पत्रिकाएँ 40
- 3.11 प्रेस का सहयोग 41
- 3.12 संस्थाओं का योग 41
- 3.13 हिंदी आंदोलन 42
- 3.14 मध्य वर्ग और श्रमिक वर्ग का उदय 42
- 3.15 शिक्षा का प्रसार 42
4. हिंदी नाटक : विकास यात्रा 44
5. युगीन नाटक: विविध आयाम (हिंदी) 54
   - 5.1 सामाजिक नाटक 54
     - 5.1.1 सामाजिक नाटकों की श्रेणियाँ 55
     - 5.1.2 सामाजिक नाटकों का विकास 57
     - 5.1.3 निष्कर्ष 63
   - 5.2 समस्या नाटक 64
     - 5.2.1 समस्या नाटकों की प्रमुख विशेषताएँ 65
     - 5.2.2 समस्या नाटकों का स्वरूप 66
   - 5.3 वैयक्तिक समस्या नाटक (काम संबंधी) 69
     - 5.3.1 निष्कर्ष 71
   - 5.4 प्रतीक नाटक 72
     - 5.4.1 प्रतीक नाटकों का अभ्युदय 73
     - 5.4.2 नवीन प्रवृत्ति के नाटक 76
     - 5.4.3 निष्कर्ष 76

6. युगीन नाटक : विविध आयाम (तेलुगु) 78
  6.1 बीसवीं शताब्दी का प्रथम चरण: नाटक और नाटककार 78
    6.1.1 पूर्वपीठिका 78
    6.1.2 समाज सुधार एवं ब्रह्मसमाज का प्रचार-प्रसार 78
    6.1.3 प्रारंभिक नाटकों की स्थिति 82
    6.1.4 प्रमुख नाटककार 85
  6.2 बीसवीं शताब्दी का द्वितीय चरणः प्रवृत्तियाँ 95
    6.2.1 कथावस्तु की विविधता 97
    6.2.2 नाटक रचना में प्रयोग 98
    6.2.3 प्रदर्शन में प्रयोग 98
    6.2.4 प्रमुख नाटक: वर्गीकरण एवं विवेचन 99

7. अन्य प्रदेशों के नाटक: हिंदी और तेलुगु नाटकों पर प्रभाव 115
  7.1 अंग्रेज़ी नाटक 115
  7.2 बंगला नाटक 117
  7.3 टैगोर के नाटक 125
  7.4 मराठी और गुजराती नाटक 130

8. भारत के प्रमुख थियेटर: हिंदी और तेलुगु नाटकों पर प्रभाव 138
  8.1 पारसी थियेटर 138
  8.2 इप्टा (Indian Progressive Theatre Association) .. 145

निष्कर्ष 159

1. बीसवीं शताब्दी की पृष्ठभूमि

1.1 पुनर्जागरण

'रैनेसां 'के लिए पुनर्जागरण शब्द का प्रयोग हिंदी में लंबे समय से किया जाता रहा है। पुनर्जागरण का शाब्दिक अर्थ है पुनः जागना या फिर से जगना या दुबारा जगना। ऐसा प्रतीत होता है कि इस शब्द की रचना पुनर्जन्म (Re-birth) के आधार पर की गई है। 'रेनेसा 'की तरह ही पुनर्जागरण शब्द का शाब्दिक अर्थ भी उसके सही संदर्भों को उद्घाटित करने में सक्षम नहीं है। पुनः जगने का आशय स्पष्ट है कि इससे पूर्व कोई जागरण हो चुका है। यूरोप के रेनेसां 'की चर्चा करते हुए बताया गया था कि उससे पहले के एक हजार वर्ष के इतिहास को यूरोप में 'अंधकार युग 'के नाम से जाना जाता है। 14 वीं, 15 वीं सदी के परिवर्तनों के लिए उस दौर के बुद्धिजीवियों, कलाकारों और लेखकों ने अपनी प्रेरणा रोम और यूनान के प्राचीन अतीत से ली थी, इसलिए यह मान लिया गया कि वह एक 'स्वर्ण युग 'था। और अब 14 वीं, 15 वीं सदी में उसी स्वर्ण युग की वापसी हुई है। यद्यपि यह अवधारणा सही नहीं थी। भारत में भी 19 वीं सदी के परिवर्तनों को पुनर्जागरण नाम देने के पीछे इसी तरह की भ्रामक अवधारणा काम करती रही है। भारत के सुदूर अतीत में एक स्वर्ण युग की कल्पना की गयी जिसे वैदिक युग के नाम से अभिहित किया गया और यह माना गया कि कथित स्वर्ण युग के बाद का काल वैसा ही 'अंधकार युग 'है, जैसा यूरोप का अंधकार युग था। इसी सोच का नतीजा था कि कुछ लोगों के द्वारा 19वीं सदी के दौर को वैदिक युग के स्वर्णकाल की वापसी माना गया। यह कहा गया कि वैदिक युग के बाद अब हम फिर एक बार जागे हैं, और इसलिए इसे पुनर्जागरण काल नाम दिया गया।

लेकिन वैदिक युग स्वर्ण युग था, यह उतना ही असत्य है, जितना असत्य कि यूरोप का यूनान रोम साम्राज्य का स्वर्ण युग था। अगर इस दृष्टि से देखें तो इतिहास में ऐसे कई दौर आए जब दर्शन, विचार, कला साहित्य आदि क्षेत्रों में अभूतपूर्व प्रगति देखने को मिलती है। बुद्ध, महावीर से लेकर अशोक, चंद्रगुप्त मौर्य तक के काल को भी इस दृष्टि से पहचाना जा सकता है। इसी प्रकार पंद्रहवीं से सत्रहवीं सदी तक को भक्ति आंदोलन का काल भी इस दृष्टि से महत्वपूर्ण है। विशेष बात यह है कि प्रत्येक युग अपने पहले के युगों से भिन्न होता है, भले ही उनसे अपनी प्रेरणाएँ अतीत से ग्रहण की हों। यही वह कारण है कि इन अलग-अलग दौरों को अलग-अलग नाम से पहचाना गया। भक्तिकाल में जिस आत्म-कल्याण और लोक-कल्याण करने वाले कर्मों की ओर जनता को भक्त कवि ले गए उस काल को लोकजागरण 'का युग कहा गया। इसी प्रकार उन्नसवीं सदी का जागरण भी पुनर्जागरण नहीं है क्योंकि यह अतीत के किसी जागरण ही की पुनरावृत्ति मात्र नहीं है। इसलिए इस दौर को पुनर्जागरण कहना क्या उचित है?

1.2 पुनरुत्थान

इस शब्द का प्रयोग रैनेसां के पर्याय के रूप में भी हुआ है। लेकिन यह अब अंग्रेजी शब्द 'रिवाइवलिज्म 'के लिए रूढ़ हो गया है। रिवाइवलिज्म या पुनरुत्थान का अर्थ है, अतीत की किसी प्रवृत्ति, विचार, मूल्य, परंपरा को पुनः स्थापित करना। उन्नीसवीं सदी के जागरण के दौरान कई विचारकों ने 'वेदों की ओर लौटो 'का नारा दिया। उनकी दृष्टि में वैदिक जीवन पद्धति और विचार दर्शन से ही वर्तमान समस्याओं से मुक्ति पाई जा सकती है। इस दृष्टिकोण के कारण ही यज्ञ, यज्ञोपवीत, गुरुकुल आदि का प्रचार बढ़ा। निश्चय ही यह अतीत का पुनरुत्थान था। लेकिन उन्नीसवीं सदी का जागरण यह नहीं था। कुछ क्षेत्रों में भले ही इस तरह की बातें कहीं गयीं हों, परंतु यह उसकी मूल पहचान नहीं थी। इसलिए इस दौर को पुनरुत्थान नाम देना कहाँ तक समीचीन है?

1.3 नवजागरण

नवजागरण का शाब्दिक अर्थ है नई चेतना अर्थात् एक ऐसी चेतना जो इससे पूर्व कभी इतिहास में आई नहीं थी। क्योंकि नवजागरण के इस युग की परिस्थितियाँ

पहले से गुणात्मक रूप में एकदम भिन्न थीं। इसलिए पुनर्जागरण की जगह रैनेसां के पर्याय के रूप में आजकल नवजागरण शब्द का प्रयाग किया जाता है। यह अलग बात है कि अब भी उन्नीसवीं सदी की नई चेतना के लिए पुनर्जागरण और नवजागरण दोनों शब्दों का प्रयोग चल रहा है। नवजागरण शब्द का हिंदी में, इस अर्थ में पहली बार प्रयोग करने का श्रेय प्रख्यात मार्क्सवादी आलोचक डॉ. रामविलास शर्मा को है जिन्होंने 1977 में प्रकाशित अपनी पुस्तक 'महावीर प्रसाद द्विवेदी और हिंदी नवजागरण 'में नवजागरण शब्द की संकल्पना प्रस्तुत की थी। यह शब्द उन्होंने अंग्रेज़ी शब्द 'रेनेसां 'के पर्याय के रूप में ही प्रयुक्त किया, परंतु वे चौदहवीं, पंद्रहवीं सदी के रैनेसां और उन्नीसवीं सदी के नवजागरण को गुणात्मक रूप से भिन्न मानते हैं, इसलिए भी उन्हें नवजागरण शब्द ज्यादा उपयुक्त लगा।

उन्नीसवीं सदी के नवजागरण को उपर्युक्त में से किस शब्द से पुकारा जाए, इसके लिए यह आवश्यक है कि यूरोपीय रैनेसां और उन्नीसवीं सदी के भारतीय नवजागरण की एकता और भिन्नता को पहचाने। यूरोपीय रैनेसां मूलतः समाज सुधार और सांस्कृतिक जागरण का काल था । सामंती शोषण और दमन तथा धार्मिक रूढ़िवाद और अनाचार के बढ़ने से सामान्य जनता को जो कठिनाइयाँ हुईं, उससे उत्पन्न जनजागृति ही इस दौर के पीछे रही है। राजनीतिक घटना के तौर पर 1556 ई. में तुर्कों द्वारा कुस्तुतुनिया पर हमले और उसके पतन के बाद से मध्य युग समाप्त माना जाता है। यहीं से नए युग का प्रारंभ भी माना गया है। कुस्तुतुनिया पर तुर्कों के कब्जा करने के बाद वहाँ के बहुत से बुद्धिजीवी प्राचीन यूनानी साहित्य के खजाने को लेकर पहले इटली और बाद में यूरोप के दूसरे हिस्सों में पहुँचे। इसलिए यह परिवर्तन पहले इटली में शुरू हुआ, उसके पश्चात् फ्रांस, जर्मनी, इंग्लैंड आदि दूसरे देशों में फैला। यह यूरोप का नया जन्म हो रहा था।

पंद्रहवीं, सोलहवीं सदी में सामंतवाद विरोधी जो विद्रोह धर्म के आवरण में हुए । पादरी वर्ग ने जो धन दौलत और राजनीतिक महत्व - अपना लिया था, उस पर प्रहार किया गया। सामान्य जनता धर्म का ऐसा रूप चाहती थी जो सबके लिए सर्वसुलभ हो सके। जर्मनी के इस धर्मद्रोह की व्याख्या करते फ्रैडरिक ऐंगेल्स ने लिखा था, "प्रत्येक उस धर्मविरोधी आंदोलन की हुए -तरह जिसे गिरजे (इसाई धर्म संघ) तथा उसके अंधमतों का भी रूप प्रतिक्रियावादी था उसकी माँग थी कि आरंभिक काल के सीधे-सादे ईसाई गिरजे के विधान की फिर से स्थापना कर दी जाय तथा पादरियों खासवर्ग का अंत कर दिया जाय। इस सस्ती व्यवस्था में मठों, लाट पादरियों

तथा रोम के दरबार के ठाट-बाट का अर्थात् गिरजे की उस हर चीज का अंत हो जाता जो खर्चीली है कस्बों ने जो स्वयं स्थानीय प्रजातंत्र थे यद्यपि ये राजाओं के संरक्षण में रहनेवाले प्रजातंत्र थे--पोपवाद के विरुद्ध अपने इन हमलों के जरिए इस बात की सबसे पहले आम शब्दों में घोषणा की थी कि प्रजातंत्र ही पूँजीवादी शासन का सही स्वरूप है। "

ऐंगेल्स के उक्त मत से स्पष्ट है कि पंद्रहवीं, सोलहवीं सदी के धर्म विद्रोह के मूल में वर्ग संघर्ष ही था, जो समाजसुधारों और धार्मिक सुधारों के रूप में अभिव्यक्त हो रहा था। अतीत का आदर्श के रूप में प्रस्तुत करने के बावजूद ध्यान देने की बात यह है कि यह लोकतंत्र पर आधारित नई पूँजीवादी व्यवस्था की माँग कर रहा था, यद्यपि इसकी कोई स्पष्ट तस्वीर सामने न थी। प्रश्न यह है कि इस सदी में यूरोप में सभी विद्रोह गिरजे (चर्च) के विरुद्ध क्यों हुए? इसके मूल में मध्य युग थी, जिस पर टिप्पणी करते हुए फ्रेडरिक ऐंगेल्स ने लिखा है कि मध्य युगों का विकास सर्वथा अपरिष्कृत स्थिति से हुआ था। हर चीज का नए सिरे से श्रीगणेश करने के लिए पुरानी सभ्यता, पुराने दर्शन, पुरानी राजनीति तथा विधिशास्त्र को उन्होंने बिल्कुल साफ कर लिया था। पुरानी ध्वस्त दुनिया में से जिस एकमात्र चीज को उन्होंने बना रहने दिया था, वह था ईसाई धर्म। इसके अलावा बस कुछ अर्धध्वस्त ऐसे नगर बच गए थे, जिनकी सारी सभ्यता नष्ट कर दी गयी थी। फलस्वरूप जैसा कि विकास की प्रत्येक आदिम 1 अवस्था में होता आया है पादरियों के वर्म को बौद्धिक शिक्षा की इजारेदारी प्राप्त हो गयी और शिक्षा स्वयं मूलतः धार्मिक शिक्षा बन गयी। पादरियों के हाथ में, अन्य तमाम विज्ञानों की ही तरह, राजनीति तथा विधिशास्त्र भी दर्शन की ही मात्र शाखाएँ बने रहे। उन पर भी धर्म, दर्शन के प्रचलित सिद्धांतों के आधार पर ही अमल किया जाता रहा। गिरिजा घर के अधमतों को राजनीति की भी स्वयं सिद्ध सत्यों के रूप में माना जाता था और अदालतों में बाइबल के उदारहणों का वही मान था जो कानून का था। विधिशास्त्रों के एक विशेष वर्ग का विकास हो रहा था, किंतु विधिशास्त्र बहुत दिनों तक धर्मशास्त्र के ही मातहत बना रहा। बौद्धिक क्रिया कलापों के संपूर्ण क्षेत्र में धर्मशास्त्र का यह प्रभुत्व उसे स्थान का अनिवार्य परिणाम था जो उस समय चर्च को प्राप्त था। तात्कालिक सामंती आधिपत्य का वह सबसे आम संश्लेषण रूप था वहीं उसके शासन का अनुमोदक समर्थक था। ऐंगेल्स अपने इस विश्लेषण का निष्कर्ष निकालते हुए लिखते हैं कि "स्पष्अ है ऐसे हालत में, सामंतवाद के विरुद्ध आम तौर से जितने भी हमले किए जाते थे, मुख्यतया चर्च पर ही हमले

होते थे तथा सामाजिक और राजनीतिक जितने भी क्रांतिकारी सिद्धांत सामने आते थे वे अनिवार्य रूप से और मुख्यतया धर्म विरोधी ही होते हैं।"

अगर हम उन्नीसवीं सदी से पहले के भारत से यूरोप के मध्यकाल की तुलना करें तो हमें पर्याप्त भिन्नता नज़र आएगी। हमारे यहाँ का मध्ययुग पूर्णतः अंधकार युग नहीं है, और न ही धर्म या मंदिर को वह महत्व और शक्ति प्राप्त थी, जो यूरोप में चर्च को प्राप्त थी। इसलिए उन्नीसवीं सदी का नवजागरण एक संस्थान के रूप में धर्म या मंदिर के विरोध में खड़ा नहीं हुआ था यद्यपि इस नवजागरण ने धार्मिक बुराइयों के विरुद्ध आवाज़ उठाई थी, जो सामाजिक आचार-विचारों में व्यक्त हो रहे थे। भारतीय और यूरोपीय परिस्थितियों में सबसे बड़ा अंतर यह था कि उस समय तक भारत अंग्रेज़ों की पराधीनता में जा चुका था और उन्नीसवीं सदी का नवजागरण राष्ट्रीय भावना के प्रबल उभार के साथ सामने आया था, जबकि यूरोप के पुनर्जागरण में यह पक्ष लगभग गायब रहा। जहाँ तक आर्थिक विकास का प्रश्न है, पूरे मुगल काल में और उससे पहले भी, कभी भी भारत की विकसित सामंती व्यवस्था, जिसमें व्यापारिक पूँजीवाद की भी बराबर उन्नति हो रही थी, प्रबल ह्रास को प्राप्त नहीं हुई थी। यह ह्रास की प्रक्रिया अंग्रेज़ों के आधिपत्य के बाद शुरू हुई। अंग्रेज़ों के आने से पहले तक भारत परंपरागत उद्योगों के क्षेत्र में काफी आगे था, जिसके उत्पादकों को खरीदने वाला विशाल सामंती समाज भी मौजूद था। इसी कारण नगर सभ्यता काफी उन्नत अवस्था में थी। कई शहर तो तब के यूरोपीय शहरों से बड़े और ज्यादा समृद्ध थे। लेकिन अंग्रेज़ों ने भारत के परंपरागत उद्योगों का नाश कर दिया। सामंती वर्ग पर कुठाराघात किया, कारीगर जातियों को कृषि की ओर जबरदस्ती धकेला गया। इससे भारत विकास की बजाय पिछडेपन की ओर जाने को मजबूर हुआ। भारतीय नवजागरण की यह पृष्ठभूमि है जो यूरोपीय पुनर्जागरण से नितांत भिन्न है। इसे समझे बिना हम उन्नीसवीं सदी के नवजागरण को नहीं समझ सकते।

उन्नीसवीं सदी के नवजागरण पर विचार करते हुए प्रायः अंग्रेज़ों की सकारात्मक भूमिका की चर्चा की जाती है। यह माना गया है कि भारत में अंग्रेजों के आगमन से ही आधुनिकता की शुरुआत हुई। स्वयं कार्लमार्क्स के कथन को ही इस पक्ष में उद्धृत किया जाता है, जबकि सच्चाई सिर्फ इतनी है कि मार्क्स ने उन परिस्थितियों का विश्लेषण किया था. जिसके परिणामस्वरूप अंग्रेज़ों के न चाहने के बावजूद भारत में राष्ट्रीयता और आधुनिकता का विाकस अवश्यम्भावी था। प्रख्यात समाजशास्त्री डॉ. ए. आर. देसाई का मानना है कि भारत में राष्ट्रवाद का आविर्भाव

राजनीतिक पराधीनता की छत्रछाया में हुआ। उनके शब्दों में-- "भारत में राष्ट्रीयता के विकास की प्रक्रिया बड़ी जटिल और बहुरंगी है। उसके अनेक कारण हैं। अंग्रेज़ों के आगमन से पूर्व भारत की सामाजिक संरचना कई अर्थों में अद्वितीय थी। यहाँ की अर्थव्यवस्था का आधार यूरोपीय देशों के मध्ययुगी प्राक् पूँजीवादी समाजों से भिन्न था। भारत विभिन्न भाषाओं, विभिन्न धर्मों और बड़ी आबादी वाला बहुत बड़ा देश है। आबादी का लगभग 2/3 भाग हिंदू है। हिंदू समाज विभिन्न जातियों और उपजातियों में विभक्त है। डॉ. देसाई के शब्दों में भारत की अर्थव्यवस्था का ह्रास अंग्रेज़ों के आने के बाद शुरू हुआ। उनके अनुसार, "तुर्कों के समय में कभी भी नगरों का विनाश नहीं हुआ था। अंग्रेज़ों के समय में नगर वीरान हो गए, कारीगर मुफलिस हो गए तथा भाग कर गाँव पहुँच गए और खेती करने को जमीन न मिली तो जमींदार की बेगारी करने को मजबूर हो गए। जितनी ज्यादा गाँव में इनकी मात्रा बढ़ती गयी, उतना ही द्विज और शूद्र का भेद बढ़ता गया।" एक तरह से डॉ. देसाई के शब्दों में भारत में अंग्रेज़ों ने यूरोपीय ढंग का मध्यकाल जबर्दस्ती थोपा। उसी ने वे कारण पैदा किए जिससे सामाजिक, आर्थिक, सांस्कृतिक और राजनैतिक विषमताएँ बढ़ीं। नवजागरण के उदय को इस पृष्ठभूमि में अगर देखें तो आसानी से समझ सकते हैं कि यह उस प्रक्रिया के विरुद्ध विद्रोह था, जिसकी राजनीतिक अभिव्यक्ति अंग्रेजी शासन में और आर्थिक अभिव्यक्ति भारत की तबाही में निहित थी। इसीलिए अपने आरंभिक चरण में नवजागरण ने राजनीतिक विद्रोह के लिए सामंतवर्ग का और सामाजिक स्तर पर धर्म का सहारा लिया। उन्नीसवीं सदी के नवजागरण को समझने के लिए आर्थिक, राजनीतिक, सामाजक और सांस्कृतिक परिस्थितियों को समझना आवश्यक है।

1.4 आर्थिक परिस्थिति

अंग्रेज़ों का भारत में आगमन एक व्यापारिक संस्था ईस्ट इंडिया कंपनी के माध्यम से हुआ, जो भारत के साथ व्यापार के उद्देश्य के साथ सामने आई। लेकिन यही कंपनी भारत की आर्थिक और राजनीतिक दासता का कारण बनी। 1757 ई. में प्लासी के युद्ध में बंगाल के शासक शिराजुद्दौला की पराजय के बाद ईस्ट इंडिया कंपनी का साम्राज्य धीरे-धीरे सारे भारत में फैलता चला गया। इसके साथ ही भारत में जिस नई तरह की राजनीतिक, आर्थिक व्यवस्था की स्थापना की गई उसने भारत को गरीबी, भुखमरी, बदहाली, बेरोजगारी और शोषण के भयंकर वात्या चक्र में फँसा

दिया। भारत के परंपरागत ग्रामीण उद्योग और हस्तकलाएँ आदि दस्तकारी को नष्ट कर दिया गया। गाँव में यूरोप के नकल की जमींदारी प्रथा लागू करने की कोशिश की गई। किसानों को जबर्दस्ती निर्यात के लिए उत्पादन करने को मजबूर किया गया। उनसे मनमाना टैक्स और लगान वसूल किया गया तथा जमींदारों के साथ मिलकर उन पर हर तरह के जुल्म, अत्याचार किये गये। शोषण और उत्पीड़न मुगलों के काल में भी था, लेकिन किसानों, दस्तकारों, कारीगरों की ऐसी दुर्दशा इससे पहले कभी नहीं हुई थी।

देश की आर्थिक दशा का चित्रण तत्कालीन भारतीय भाषाओं के लेखकों ने अपनी रचनाओं में प्रचुर मात्रा में किया है। अकालों का वर्णन, टैक्सों का अधिक भार, खेती की दुर्दशा, उद्यमों का नष्ट होना तथा देश की दौलत का विदेश जाना आदि ऐसी बातें हैं जिन पर उनका ध्यान गया। उस समय के सामाजिक, राजनीतिक नेताओं और राष्ट्रवादी बुद्धिजीवियों का भी ध्यान देश की गरीबी, भुखमरी की तरफ गया। इनमें मुख्यतः दादाभाई नौरोजी, रमेशचंद्र दत्त, महादेव गोविंद रानाडे, बाल गंगाधर तिलक का नाम उल्लेखनीय है। बाद में प्रमुख मार्क्सवादी विचारक रजनीपामदत्त, प्रमुख गाँधीवादी पं. सुंदर लाल आदि ने भी इस विषय पर प्रकाश डाला। इन सभी की विवेचना में एक समानता यह थी कि ये सभी यह मानते हैं कि देश की तत्कालीन दुर्दशा, भुखमरी, गरीबी, बेरोजगारी अर्थात् आर्थिक विपन्नता का कारण अंग्रेजी राज और उसका शोषण था। अंग्रेज़ों के आगमन के समय और उसके पहले का भारत देखें तो वह अपेक्षाकृत अधिक खुशहाल था। भारत के शहर ही नहीं, गाँवों के किसान भी यूरोप के किसानों की तुलना में अधिक समृद्ध थे। स्वयं लार्ड क्लाइव के शब्दों में-- मुर्शिदाबाद शहर उतना ही लंबा-चौड़ा, आबाद और धनवान है जितना कि लंदन का शहर अंतर इतना है कि लंदन के धनाढ्य से धनाढ्य के पास जितनी संपत्ति हो सकती है उससे बेइंतहा ज्यादा मुर्शिदाबाद में अनेक के पास है। "

किसानों की दशा पर टिप्पणी करते हुए अंग्रेज़ी इतिहास लेखक एस. सी. हिल लिखते हैं कि "मैं समझता हूँ कि सामाजिक इतिहास के हर विद्यार्थी को स्वीकार करना होगा कि अट्ठारहवीं सदी के मध्य में बंगाल के किसान की हालत उस समय के फ्रांस या जर्मनी के किसानों की हालत से बढ़कर थी। " लगभग यही स्थिति पूरे देश में थी। इसके विपरीत अंग्रेज़ों के आने के बाद-- "बंगाल में रुपया कम होता जा रहा था.... हर साल बैसुम्मार नकदी लादकर इंगलिस्तान भेजी जाती थी, यह एक

मामूली बात थी कि हर साल पाँच छह या उससे भी अधिक अंग्रेज़ बड़ी-बड़ी पूँजी साथ लेकर अपने वतन को लौटते दिखाई देते थे। हर जिले में पैदावार कम होती आ रही है और असंख्य जनता दुष्काल ओर महामारी से मिटती जा रही है, जिससे देश बराबर उजड़ता जा रहा है।"

कहने का आशय यह है कि अंग्रेज़ी राज का प्रभाव देश की आर्थिक स्थिति पर ही बहुत प्रतिकूल पड़ा। अंग्रेज़ सौदागर बनकर आये थे और अपने लाभ के लिए उन्होंने भारत की संपदा को मनमाने ढंग से लूटा। एक आत्मनिर्भर देश को उन्होंने इंग्लैंड का आश्रित बना दिया। रमेशचंद्र दत्त के शब्दों में- "अठारहवीं सदी के अंतिम दशकों और उन्नीसवीं सदी के प्रथम दशक में अंग्रेज़ों की निर्धारित नीति ऐसी थी जिससे भारत को ब्रिटेन के उद्योगों पर आश्रित रहना पड़ता था। इसके परिणामस्वरूप लाखों भारतीय कारीगरों की रोजी छिन गई और भारतीय जनता ने अपनी संपत्ति का एक महान स्रोत खो दिया। "

1857 के विद्रोह का भारतीय मुक्ति संग्राम में महत्वपूर्ण स्थान इसका असर न केवल राजनीति पर बल्कि अर्थव्यवस्था पर भी पड़ा। 1857 के विद्रोह को दबाने में जो अतिरिक्त खर्च पड़ा वह सब गरीब किसानों से टैक्स के रूप में वसूल किया गया। आयकर भी लगाया गया। किसानों को इतने तरह के टैक्स देने पड़ते थे कि उनके भुगतान के लिए तथा बीज आदि के लिए कर्ज लेना पड़ता था। कर्ज के चुंगल में फॅसने के बाद किसान कभी मुक्त नहीं हो पाता था।

किसानों से भी बुरी दशा कारीगरों की थी । देशी रजवाड़ों के पतन के कारण हस्तशिल्प के संरक्षक और खरीददार दोनों ही लुप्त हो गये। इंग्लैंड के बने मिल के कपड़े के मुकाबले में हाथ का बना भारतीय कपड़ा टिक नहीं सका, क्योंकि मिल का कपड़ा सस्ता पड़ता था । ईस्ट इंडिया कंपनी ने भारत में सीमा शुल्क लगाए एवं परिवहन पर जो बंदिशें लगाई उसके कारण भारतीय व्यापारियों को देश के अंदर व्यापार करने में कठिनाइयों का सामना करना पड़ा।

कला - कौशल और व्यापार की दृष्टि से देश की दशा शोचनीय हो गई थी । ईस्ट इंडिया कंपनी के हाथ में सत्ता आने के बाद धीरे-धीरे भारत के बने माल का निर्यात कम होता चला गया। 18 वीं सदी तक भारतीय वस्त्रों का निर्यात होता था, लेकिन अब उनका आयात होने लगा। भारतीय उद्योगों और हस्तकलाओं के विनाश के कारण कृषि पर बोझ बढ़ गया। अंग्रेजों ने अपने लाभ के लिए किसानों को जबर्दस्ती नील, जूट, कपास की खेती करने पर मजबूर • किया । नील की खेती को

लेकर तो किसानों ने अंग्रेज़ों से लगातार संघर्ष किया। ये संघर्ष भारतीय इतिहास में नील-संघर्ष के नाम से जाने जाते हैं।

इस पूरे समय में देश में बहुत बड़े-बड़े अकाल पड़े। इन दुर्भिक्षों में लाखों लोग मारे जाते थे। बार-बार अकाल ने तो कृषि व्यवस्था को बिल्कुल ही चौपट कर दिया। 1860 से 1908 के 49 सालों के दौरान 20 साल ऐसे रहे जिनमें दुर्भिक्ष पड़े। 1876-77 में अकाल में 50 लाख, 1896-97 में 45 लाख, 1899-1900 में 11.5 लाख आदमी मरे।

रूसी इतिहासकारों के अनुसार ब्रिटिश भारत उपनिवेश के शोषण की सभी पद्धतियों, कराधार, तैयार मालों का आयात, कच्चे मालों का निर्यात का इस्तेमाल करते हुए इस गुलाम देश से विशाल औपनिवेशिक जिस सम्पत्ति के स्रोतों को निचोड़ रहे थे, जिसका कुल मूल्य लगभग दस करोड़ पौंड सालाना के बराबर था। 1881 में कार्ल मार्क्स ने भारत में विद्यमान स्थिति पर टिप्पणी करते हुए लिखा कि। " हर साल अंग्रेज़ भारतीयों से लगानों, रेलों के लाभांश-जिन रेलों से भारतीयों को कोई लाभ नहीं पहुँचता, सैनिक तथा असैनिक कर्मचारियों की पेंशनों, अफगानिस्तान की लड़ाई तथा अन्य लड़ाइयों के खर्चा इत्यादि के रूप में भारी रकमें वसूल करते हैं। इन रकमों के बदले में भारतीयों को भी कुछ नहीं मिलता। ये रकमें उन रकमों से अलग हैं, जिनसे अंग्रेज भारत के अंदर हर साल अपनी जेबें भरते हैं। इस संबंध में पहली प्रकार की रकमों के मूल्य का ही अर्थात् केवल उस सामान के मूल्य का, जो भारतीयों को हर साल इंग्लैंड में भेंट स्वरूप भेजना पड़ता है, उल्लेख कर देना काफी होगी। कुल मिलाकर यह धन खेती-बाड़ी और उद्योगों में काम करने वाले 6 करोड़ भारतीयों की कुल आय से अधिक है। यह तो खून - निचोड़ने वाली बात है। यह तो हृदय विदारक बात है। भारत में एक के बाद एक दुर्भिक्ष फूट रहे हैं और उसके विस्तार के बारे में यूरोप वाले अभी तक अनुमान तक नहीं लगा सकते।"

भारत में बड़े पूँजीवादी उद्योगों के आगमन ने भारत के राष्ट्रीय पूँजीवादी विकास को प्रोत्साहित किया। इससे व्यापारियों और महाजनों के लिए व्यापक क्षेत्र खुल गया। इससे देश में द्रव्य पूँजी के संचय को बढ़ावा मिला। बिचौलिए अथवा दलाल का काम करनेवाले भारतीय व्यापारियों ने काफी धन जमा कर लिया। इस अवधि में श्रम बाज़ार भी रूप लेने लगा था। बर्बाद दस्तकारों और कंगाल किसानों ने मजदूर वर्ग के पहले जत्थे प्रदान किए। पुराने दस्तकारों ने पूँजीवादी छोटी-छोटी फैक्टरियाँ भी स्थापित कीं। पूँजीवादी विकास ने मजदूर वर्ग के उभार का मार्ग प्रशस्त

किया। साथ ही छोटे पैमाने पर ही सही राष्ट्रीय पूँजीपति वर्ग का भी उदय हुआ। आधुनिक उद्यमों तथा परिवहन, संचार एवं प्रशासन के लिए नये मध्यवर्ग का उदय हुआ । यही नये वर्ग राजनीतिक और सामाजिक संघर्षों के कारण बने ।

1.5 राजनीतिक परिस्थिति

उन्नीसवीं सदी का समय भारत के लिए राजनीतिक दृष्टि से बहुत महत्वपूर्ण है। 1757 के प्लासी के युद्ध में अंग्रेज़ों की विजय ने भारत में उनके शासन के लिए मार्ग प्रशस्त कर दिया। इसका अर्थ यह नहीं कि भारतीयों ने अंग्रेज़ों की पराधीनता सहज ही स्वीकार कर ली। 1757 के बाद भी स्थानीय स्तरों पर अंग्रेज़ों के विरुद्ध लगातार विद्रोह होते रहे। इन्हें हम तीन भागों मं बाँट सकते हैं- (क) राजाओं नवाबों का संघर्ष, (ख) किसानों, आदिवासियों का संघर्ष, (ग) कंपनी के भारतीय सैनिकों का संघर्ष। 1757 से 1857 के बीच इस तरह के संघर्ष बराबर चलते रहे। मैसूर के हैदरअली और उसके पुत्र टीपू सुल्तान लंबे समय तक अंग्रेज़ों से लोहा लेते रहे। इसी प्रकार संयुक्त प्रांत बिहार, बंगाल, महाराष्ट्र, वर्तमान आंध्र प्रदेश के कई क्षेत्रों में किसानों और आदिवासियों के लंबे-लंबे और छुट-पुट दोनों प्रकार के संघर्ष चलते रहे । संथाल, कोल, भील, नागा आदि विभिन्न आदिवासी समूहों ने भी अनवरत अपने अधिकारों और अस्तित्व रक्षा के लिए संघर्ष किया। कंपनी के भारतीय सैनिक भी लगातार विद्रोह करते रहे। 1764 में बंगाल आर्मी के 22 सिपाहियों को तोप के मुँह से बाँध कर उड़ा दिया गया था। 1824 में बर्मा के युद्ध के समय बंगाल आर्मी में बैरकपुर में जमा 26, 27 एवं 62 वीं पलटन में अशांति देखी गयी । इन सब स्थानीय संघषों की परिणति 1857 के महा विद्रोह में हुई, जिसमें सामंतों, किसानों और कंपनी के भारतीय सैनिकों ने हिस्सा लिया।

1857 से पहले के सभी संघर्ष, स्थानीय असंगठित और एक दूसरे से असंबद्ध थे। इसलिए ये सब मिलकर एक संपूर्ण सशक्त संघर्ष का रूप ग्रहण नहीं कर सके। 1857 का महा विद्रोह एक ऐतिहासिक संघर्ष था। इसने अंग्रेज़ों के शासन को जड़ से हिला दिया था। इस महा विद्रोह को कुचलने के लिए अंग्रेज़ों ने हर अनैतिक और अमानवीय हथकंडे अपनाए । विद्रोह में शामिल लोगों को चुन-चुनकर मारा गया। अपराजित होने के बावजूद अंग्रेज़ों के शासन में कई तब्दीलियाँ आईं। भारत का शासन ईस्ट इंडिया कंपनी के हाथ से निकलकर इंग्लैंड की महारानी के हाथ में पहुँच गया। अंग्रेजी सेना में से भारतीय सैनिकों की संख्या काफी घटा दी गई। पूरे दश में

आतंक और दमन का राज्य कायम हो गया। परंतु 1857 के बाद भी भारतीय जनता का सशस्त्र संघर्ष समाप्त नहीं हुआ। नील विद्रोह (1859-60), जयतिया विद्रोह (1860-63), कूकी विद्रोह (1860-90), फुलागुड़ी का दंगा (1861), कूका विद्रोह (1869- 72), पवना का किसान विद्रोह (1872-73), महाराष्ट्र में किसानों का मोर्चा (1875), पूना में वासुदेव बलवंत फड़के के नेतृत्व में विद्रोह (1879), रंग विद्रोह (1879-90) ऐसे ही विद्रोह थे।

अंग्रेज़ों के शासन के खिलाफ चलने वाले इन अनवरत संघर्षों का ही परिणाम था कि लोगों में राष्ट्रीय भावना का उदय हुआ। परंतु वास्तविकता यह है कि अंग्रेज़ों के कारण नहीं, वरन् अंग्रेजों के खिलाफ संघर्षों के कारण राष्ट्रीयता का जन्म हुआ। यह सही है कि राष्ट्रीयता का जन्म ब्रिटिशकालीन पराधीनता के समय हुआ, परंतु इसी कारण उसका श्रेय अंग्रेज़ी शिक्षा को देना उचित नहीं। प्रख्यात समाजशास्त्री प्रो. ए. आर. देसाई की स्पष्ट मान्यता है कि भारतीय राष्ट्रवाद आधुनिक शिक्षा का परिणाम नहीं। उनके अनुसार भारतीय राष्ट्रवाद का जन्म वस्तुतः नयी सामाजिक भौतिक स्थितियों के कारण हुआ। उन नई सामाजिक शक्तियों के कारण जो अंग्रेज़ों की भारत विजय के बाद पैदा हुई। उन्होंने आगे और स्पष्ट करते हुए कहा- "अगर भारतीय बुर्जआ को संस्कृत में लिखे गए वेदों की ही शिक्षा मिली रहती, दूसरे सारी विचारधाराओं से अलग तो उन्हें वहीं अपने संघर्ष के सिद्धांत और नारे मिल जाते।"

उन्नीसवीं सदी के उत्तरार्द्ध में राष्ट्रीयता की अभिव्यक्ति का प्रमतुख माध्यम स्वदेशीपन की भावना थी। देशी वस्तुओं का अधिकाधिक प्रयोग और विदेशी वस्तुओं का बहिष्कार इस स्वदेशीयता की प्रमुख पहचान थी। स्वदेशी वस्तुओं के साथ स्वभाषा का भी आग्रह बढ़ा।

राष्ट्रीय कांग्रेस की स्थापना (1885) इस दौर की दूसरी महत्वपूर्ण घटना है। 1857 के विद्रोह के बाद ब्रिटिश उपनिवेशवादियों का राष्ट्रीय मुक्ति आंदोलन का दमन बड़े पैमाने पर जारी रहा। दूसरी ओर जो नया बुर्जुआ वर्ग पनप रहा था; वह भी अपने अधिकारों के लिए संगठित होना आरंभ हुआ। इन भारतीय राष्ट्रवादियों में दो प्रकार की प्रवृत्तियाँ थीं। एक जो अंग्रेज़ों से सहयोग के विरुद्ध थे और दूसरी जो अंग्रेज़ों से सहयोग के इच्छुक थे। सहयोग करनेवालों में ज्यादातर पूँजीवादी और जमींदार मूल के थे, और जिन्हें नरमपंथी कहा गया। अंग्रेज़ों ने इस भय से कि उग्र राष्ट्रवादियों का वर्चस्व न बढ़े नरमपंथियों के साथ सहयोग बढ़ाना आरंभ किया। ब्रिटिश उपनिवेशवादियों को यह भी खतरा था कि उग्रपंथियों और जनता में स्वतः स्फूर्त

उभरने वाले जन आंदोलनों में आपस में सहयोग स्थापित न हो जाये। एक वरिष्ठ सरकारी अधिकारी ए. ओ. ह्यूम ने अपनी एक रिपोर्ट में लिखा था कि यदि शिक्षित वर्गों के प्रतिनिधि जन विद्रोह का नेतृत्व करने लगेंगे, तो वे अधिक दृढ़ संकल्प बन जायेंगे और वे राष्ट्रीय विद्रोह में परिवर्तित हो सकते हैं। यही कारण है कि उपनिवेशवादियों ने नरम पंथियों के नेतृत्व में एक अखिल भारतीय राजनीतिक संगठन की स्थापना का समर्थन किया। इसके फलस्वरूप दिसंबर 1885 में बंबई में राष्ट्रीय कांग्रेस के पहले अधिवेशन का आयोजन किया गया। यह जमींदारों और पूँजीपतियों का पहला अखिल भारतीय संगठन था और इसका महासचिव एक अंग्रेज अधिकारी ह्यूम को बनाया गया। कांग्रेस में आरंभ में नरमपंथी दल का प्रभुत्व रहा, लेकिन धीरे-धीरे उसके कार्यक्रमों में अधिक व्यापकता आती गई। तिलक आदि नेताओं के कारण कांग्रेस का जनता से संपर्क भी बढ़ा और वह धीरे-धीरे राष्ट्रवादियों के व्यापक मंच में परिवर्तित हो गई। भारतेंदु युग के लेखकों पर कांग्रेस के निर्माण और क्रियाकलापों का गहरा असर पड़ा।

1.6 सामाजिक परिस्थिति

1757 के प्लासी युद्ध में विजय के बाद अंग्रेज़ों ने भारत में अपने पैर जमाने शुरू किये। उन्होंने अपने राज्य को सुव्यवस्थित करने के लिए जो संस्थान स्थापित किये उनमें काम करने के लिए उन्हें अंग्रेजी शिक्षा प्राप्त भारतीयों की जरूरत थी। दूसरे, वे यह भी चाहते थे कि यहाँ के शिक्षित और संपन्न वर्ग उनका समर्थन करें। तीसरे, अंग्रेज़ी राज्य का आश्रय पाकर ईसाई मिशनरियों ने भी अपने धर्म के प्रसार के लिए काम करना शुरू किया। इन सबका नतीजा यह निकला कि हिंदुस्तान में अंग्रेजी और आधुनिक ज्ञान-विज्ञान की शिक्षा देने वाले यूरोपीय किस्म के स्कूल और कॉलेज स्थापित किये गये। उनमें शिक्षा प्राप्त करनेवाले भारतीयों को पहली बार एहसास हुआ कि हम एक नई तरह की सभ्यता और संस्कृति के संपर्क में हैं। दूसरे स्वयं भारतीयों को भी पराधीनता के प्रबल एहसास ने यह सोचने पर मजबूर किया कि उनकी गुलामी का क्या कारण है ? इस क्रम में यहाँ की सामाजिक परंपराओं और रीति-रिवाजों की ओर ध्यान जाना स्वाभाविक था।

उस समय समाज में अनेक प्रकार की धार्मिक रूढ़ियाँ, अंधविश्वास तथा सामाजिक कुरीतियाँ प्रचलित थीं। जाति प्रथा, छुआछूत के साथ-साथ स्त्रियों की दशा बड़ी दयनीय थी। बहुत छोटी उम्र में लड़कियों का विवाह कर दिया जाता था।

विधवा को पुनर्विवाह की अनुमति न थी, जबकि एक पुरुष कई-कई विवाह कर सकता था। स्त्रियों को पति के मरने पर उसके साथ जल मरने (सती प्रथा) को सामाजिक मान्यता प्राप्त थी, और सैकड़ों स्त्रियों को इस तरह मार दिया जाता था। स्त्री शिक्षा का पूर्णतः निषेध था । विधवा स्त्री को हर प्रकार के "सामाजिक और पारिवारिक उत्पीड़न झेलने पड़ते थे। स्त्रियों की दशा से कम दयनीय दशा निम्न वर्ग वालों की न थी। हर तरह के मानवीय अधिकारों से वे वंचित थे, उनकी अलग बस्तियाँ थीं। उनका छुआ पानी पीना भी बुरा माना जाता था। धर्म के नाम पर घोर अंधविश्वास और अमानुषिक रीति-रिवाज प्रचलित थे। उन्नीसवीं सदी के मध्यवर्ग के नए शिक्षित लोगों का ध्यान इस ओर गया और उन्होंने इन सबके विरुद्ध आवाज़ उठाई। सामाजिक सुधार के इन आंदोलनों की शुरुआत सबसे पहले बंगाल में हुई, जहाँ राजा राममोहन राय ने सती प्रथा के विरुद्ध जबर्दस्त आंदोलन शुरू किया। उनके सत्प्रयासों के फलस्वरूप ही 1829 में सती प्रथा पर रोक लगाई गई। बंगाल के ही एक अन्य समाज सुधारक ईश्वरचंद्र विद्यासागर ने विधवा विवाह के समर्थन में आंदोलन शुरू किया। बंगाल के अतिरिक्त अन्य क्षेत्रों में भी कई महान समाज सुधारक हुए। महाराष्ट्र में रानाडे, ज्योतिबा फुले, गुजरात में कवि नर्मद और स्वामी दयानंद सरस्वती, आंध्र प्रदेश में वीरेशलिंगम आदि महान समाज सुधारकों ने स्त्री शिक्षा और स्त्रियों की सामाजिक स्थिति में परिवर्तन के लिए महान प्रयास किये। जोतिबा फुले ने पिछड़ी और अछूत जातियों के उत्थान के लिए भी महत्वपूर्ण कार्य किये। समाज सुधार के इन कार्यों का असर समाज के संपूर्ण ढांचे पर पड़ा। लोगों में नई चेतना जागृत हुई । शिक्षा का प्रसार बढ़ा। लड़कियों के लिए स्कूल और कॉलेज खोले गये । बहु-विवाह और बाल विवाह को घृणा की दृष्टि से देखा जाने लगा। सती प्रथा भी धीरे-धीरे कम होने लगी, विधवाओं के विवाह का विरोध धीरे-धीरे कम होने लगा। छुआछूत यद्यपि लंबे समय तक कायम रही, परंतु शिक्षित समुदायों से यह लुप्त होने लगी । धार्मिक रूढ़ियों और अंधविश्वासों की बजाय विवेकपरक सोच पर लोगों का बिश्वास बढ़ा। विदेश यात्राओं के प्रति दृष्टिकोण में भी बदलाव आने लगा। इस तरह सामाजिक परिस्थितियों में नये बदलाव ने लोगों के दृष्टिकोण को अधिक उदार और आधुनिक बनाया। इसका परिणाम यह हुआ कि लोगों में राष्ट्रीयता की भावना भी प्रबल हुई ।

1.7 भारतीय नवजागरण

उन्नीसवीं सदी में भारतीय नवजागरण की जिस चेतना का उदय हुआ, उसके फलस्वरूप आधुनिक भारतीय भाषाओं में एक नया उद्बोधन हुआ। भारतीय नवजागरण में देश के आर्थिक, राजनीतिक, सामाजिक और धार्मिक क्षेत्र में एक नवीन चिंतन का प्रारंभ हुआ। यह नवीन चिंतन अर्थात् नवजागरण हमारी अपनी परिस्थितियों के भीतर से फूटा, यह पश्चिम या अंग्रेज़ों की देन न थी। इसमें देश ने पारंपरिक रूढ़िवाद का त्याग कर आधुनिक विचारधारा को ग्रहण किया। इसका प्रारंभ उन्नीसवीं सदी के पूर्वार्द्ध में ही हो गया था। नये विचारों को प्रचारित-प्रसारित करने में छापेखाने ने बड़ी सहायता की। इसलिए इस युग में जिन भाषाओं का प्रयोग, उनमें गद्य का प्रारंभ, पत्र, पत्रिकाओं का चलन तथा दूसरी भाषाओं से उपयोगी सामग्री का अनुवाद, पाठ्य पुस्तकों का लेखन आदि कुछ ऐसी बातें हैं जो संपूर्ण देश में कम या अधिक मात्रा में मिल जाती हैं। भारतीय जवजागरण में 1857 के महा विद्रोह की घटना का भी विशेष महत्व है । जिन क्षेत्रों में 1857 का सीधा असर न था, वहाँ उसके बाद क्षेत्रीय स्तर पर अनेक विद्रोह हुए। ऐसे विद्रोह मुख्यतः बंगाल और आसाम में हुए, उनमें बंगाल के निलहों का विद्रोह और पंजाब में कूका विद्रोह प्रसिद्ध हैं। इसलिए यह स्वतः सिद्ध है कि यह नवजागरण यूरोप को प्रेरणा या देन न होकर अपनी आंतरिक परिस्थितियों की उपज थी। जिसके मूल में कंपनी शासन की लूटपाट और आर्थिक शोषण वाली नीति थीं। इसके साथ ही एक बात और महत्वपूर्ण है कि लगभग इसी समय ऐशिया के सभी देश नई करवट बदल रहे थे। इसलिए भारतीय नवजागरण को एशियाई नवजागरण का अंग कहना ज्यादा समीचीन है । भारत के साथ-साथ संपूर्ण एशिया में नवजागरण की भावना दिखाई देती है । भारतीय भाषाओं के साहित्य में जापान का गौरवपूर्ण उल्लेख इसका प्रमाण है कि हामरे नवजागरण का प्रेरणा स्रोत यूरोप नहीं, वरन् अपने ही एशियायी देश हैं। भारत में नवजागरण के जनक राजा राममोहन राय हैं। इसमें सामाजिक क्षेत्र में सती प्रथा, बाल विवाह, पर्दा प्रथा, अस्पृश्यता आदि घातक और अनिष्टकारी कुरीतियों का विरोध हुआ । आर्थिक और राजनीतिक क्षेत्र में स्वदेशीयता और राष्ट्रीयता की लहर उठी, धार्मिक रूढ़ियों और संकीर्णताओं को त्यागकर सांप्रदायिक सद्भाव, धर्मनिरपेक्षता तथा धार्मिक उदारता की भावना का विकास हुआ । विचार के क्षेत्र में वैज्ञानिकता का समावेश हुआ तथा साहित्यिक- सांस्कृतिक क्षेत्र में इन सभी नवीन विषयों को

अभिव्यक्ति मिली। इस प्रकार रीतिवाद से मुक्ति के साथ ही गद्य का विकास इस युग की अपनी विशेषता है।

    यह नवजागरण बंगाल से प्रारंभ होकर महाराष्ट्र, गुजरात, उड़ीसा, आसाम, हिंदी-उर्दू भाषी विस्तृत क्षेत्र तथा तेलुगु, कन्नड़, तमिल, मलयालम भाषी स्थानों सभी में फैला।

2. बीसवीं शताब्दी के हिंदी नाटक: पूर्वपीठिका

सर सैयद अहमद खाँ (1817-1898) ने धर्म की नई व्यवस्था दी। वे समाज सुधार के कामों में व्यस्त रहे तथा उन्होंने शिक्षा के क्षेत्र में बहुत महत्वपूर्ण कार्य किये। इन्होंने मुसलमानों को रूढ़िवाद और पुनरुत्थानवाद से मुक्त करने का प्रयत्न किया और उन्हें सामाजिक सुधार के मार्ग पर अग्रसर किया। अनेकानेक लेखों और भाषणों के माध्यम से उन्होंने मुसलमानों में फैले रूढ़िवाद और धार्मिक चमत्कारों में उनके विश्वास, देवीसत्ता तथा अन्य अंधविश्वासों की भर्त्सना की । इस प्रकार उन्होंने इस्लाम को तर्कसंगत बनाने की कोशिश की। उस समय उन्होंने इस्लाम धर्म की नई व्यवस्था की, आज वैसी युगानुकूल धर्मव्याख्यान का साहस संभव नहीं है। मुस्लिम समाज के लिए किए गए ऐसे ही कामों के कारण उनकी तुलना राज राममोहन राय से की जाती है । उनका विश्वास था कि फरिश्ते और शैतान मनुष्य और जानवरों की तरह असल प्राणी नहीं हैं, बल्कि वे मनुष्य के अंदर की अच्छी और बुरी प्रवृत्तियाँ हैं । उन्होंने समाज सुधार के कामों में भी हिस्सा लिया। इनकी स्पष्ट मान्यता थी—

"कोई भी राष्ट्र तब तक आदर और सम्मान प्राप्त नहीं कर सकता, जब तक कि वह सत्तारूढ़ जाति के बराबर उन्नति नहीं कर लेता और स्वयं अपने देश की सरकार में हाथ नहीं बंटाने लगता। "

वे कांग्रेस को समर्थन देने के विरोधी थे। क्योंकि वे कांग्रेस को हिंदू संस्था मानते थे। वे अंग्रेज़ों से कांग्रेस द्वारा राजनीतिक, आर्थिक रियायतें हासिल करने के विरुद्ध थे। क्योंकि उनका विचार था कि मुस्लिम समुदाय अंग्रेजों की सहायता और समर्थन से ही सामाजिक और राजनीतिक प्रगति कर सकता है। डॉ. ताराचंद के शब्दों में- "यह दुर्भाग्यपूर्ण रहा कि उन्होंने मुस्लिम समाज को देश से ऊपर रखा।"

शिक्षा के क्षेत्र में इनके द्वारा किए गए कार्य का साक्षात् उदाहरण आज भी अलीगढ़ विश्वविद्यालय के रूप में हमारे समक्ष है। 1873 में उन्होंने मोहमडन एंग्लो-ओरियंटल कॉलेज की स्थापना की, जिसने आगे चलकर विश्वविद्यालय का रूप लिया।

इसके विपरीत दूसरी तरफ 1867 में मदरसे की स्थापना हुई। इस मदरसे का घोषित लक्ष्य इस्लाम धर्म और इस्लाम के नियम-कानूनों का अध्ययन करना था। लेकिन इस देववंद मदरसे के साथ पुनरुत्थान रवैये के साथ-साथ ब्रिटिश विरोध सम्मिलित था और इसके साथ ही एक राष्ट्रवादी धारा चल निकली, जिनमें एक महत्वपूर्ण नाम बदरुद्दीन तैयब जी (1844-1906) का था। तैयब जी कांग्रेस के जन्म से ही उसके साथ रहे। 1887 के मद्रास कांग्रेस अधिवेश के आप अध्यक्ष रहे।

सर सैयद के धार्मिक, सामाजिक और शिक्षा संबंधी कार्यों के अतिरिक्त उर्दू गद्य को विकसित करने में इनका महत्वपूर्ण स्थान रहा। 'गालिब के पत्र 'उर्दू गद्य के अच्छे नमूने हैं। लेकिन इन्होंने साफ और सादा गद्य लिखा, जिसमें केवल किस्से, कहानियों और पत्र ही नहीं बल्कि नीति और ज्ञान के लगभग सभी विषयों पर लिखा। इनके गद्य ने साहित्य के साथ-साथ साहित्य के चिंतन को भी प्रभावित किया। शाली, शिब्ली, जागीर, सैय्यद अली बिलगिरामी, मुहसनुल मुल्क आदि ने साहित्य के नवजागरण में योगदन किया। इस युग में अनुवाद, कविता, जीवनी, यात्रा साहित्य, आंदोलन, हास्य व्यंग्य, निबंध एवं विशेषतः उपन्यास आदि सभी क्षेत्रों में प्रगति हुई। हाली और शिब्ली ने नया काव्य शास्त्र दिया। 'मुकद्दमें शेरो शायरी 'में पहली बार उन्होंने यह बताने की कोशिश की कि समाज का साहित्य से क्या रिश्ता है? हाली गद्य लेखक और आलोचक के अलावा कवि रूप में भी उतने ही महान थे। उन्होंने देशभक्ति की कविताओं में अतिरिक्त भाषा, प्रकृति, समाज-सुधार, नसीहत की कविताएँ और मर्सिये लिखे। उनकी शिक्वाए हिंद 'नामक कविता भारत के गौरवमय अतीत के वर्णन के साथ ही वर्तमान दुर्दशा के विरुद्ध पुकार है। इस युग में उर्दू की दरबारी मिजाज, प्रेम, विरह की तड़पन से मुक्त राष्ट्रीयता, मानवतावाद, बौद्धिकता, वैज्ञानिकता से जोड़ने का श्रेय सर सैय्यद को ही जाता है।

मुहम्मद हुसैन आजाद (1832 -1910) ने लाहौर में 'अंजुमने पंजाब 'नामक एक साहित्यिक संस्था स्थापित की जिसका उद्देश्य उर्दू कविता में अलंकारप्रियता तथा मिसरा तरह - शैली का बहिष्कार करना था। आजाद ने शिक्षा, प्रेस तथा

समाचार पत्रों के द्वारा जनजागृति की ओर कदम रखा। मौलाना शिब्ली (1857-1914) ने इस्लाम के संदर्भ में अंग्रेज़ों को संबोधित करते हुए कहा--

“कोई पूछे कि ऐ तहजीबे इंसानी के उस्सदो,
ये जुल्म आरइयांताके ये हश्र अंग्रेजियां कब तक?
ये माना तुमको तलवारों की तेजल आजमानी है,
हमारी गर्दनों पर होगा इसका इम्तहां कब तक?”

अकबर इलाहाबादी (1846-1921) ने व्यंग्य की ताकत को पहचाना। 19वीं सदी की उनकी कविताएँ -धर्म के उपदेशकों तथा विदेशी संस्कृति के -पुजारियों पर चोट करने के लिए है। अंग्रेजी शिक्षा उनकी नज़र में बेकार थी। क्योंकि—

"न किताबों से न कालिज के है दर से पैदा,
दीन हो है, बुजुर्गों की नजर से पैदा। "

विदेशी संस्कृति और विदेशी वस्तुओं के जोरदार प्रचलन पर अच्छा व्यंग्य है-

"मेरे मंसूबे ने जो बोया वह उठ और फैल गया।
बूट डासन ने बनाया मैंने एक मजयू लिखा,
मुल्क में मजमू न फैला और जूता चल गया। "

उर्दू गद्य में सर्वाधिक महत्व की विधा उपन्यास रही। उर्दू में उपन्यास का जन्म हिंदी से बहुत पहले हो गया था। 1869 में उर्दू का पहला उपन्यास ‘मिराजुल उरूस ‘नजीर अहमद ने लिखा। इसमें एक संभ्रांत मुस्लिम परिवार का जीवन चित्र प्रस्तुत करते हुए दिखाया गया है कि कुलीन घर की मूर्ख लड़की भी शिक्षा से सुधर सकती है। 'बनातुलस ‘(1873) भी इसी ढंग का उपन्यास है। विज्ञान की कुछ सामान्य बातों का मिश्रण करके लेखक ने इसे अधिक उपयोगी बना दिया है।

रतननाथ सरशार (1846-1902) का 'फसान-ए-आजाद ‘उर्दू में ही नहीं हिंदी में भी बहुत पढ़ा गया। इन्होंने फ्रेंच लेखक सर्वांतीस के सुप्रसिद्ध उपन्यास ‘डॉ. क्विग्जोट ‘का 'खुदाई फौजदार नाम से उर्दू अनुवाद भी किया। इसका उनके अपने उपन्यास पर भी असर है।

अब्दुल हलीम शरर (1860-1926) ने परदे अमानवीय बताते हुए उसका विरोध किया। नजीर अहमद (1831-1913) के उपन्यास समाज सुधार की धारा को लेकर चले। मध्यवर्ग के अंदर की सारी बुराइयों को वे अपने उपन्यासों में खुलासा करते हैं। नजीर अहमद एक ऐसे उपन्यासकार हैं जो हिंदुस्तानियों को आधुनिक

दृष्टिकोण अपनाने की सलाह लेते हैं, परंतु वे अंग्रेजों की नकल करने के विरुद्ध हैं। 'इब्बुल्वक्त 'में उन्होंने ऐसे ही एक जेंटिलमैन की आलोचना की है।

कांग्रेस की स्थापना के साथ-साथ नये राष्ट्रीय जागरण में अकबर इलाहाबादी और चकबस्त दोनों प्रभावित हुए। यह अलग बात है कि सर सैय्यद ने 1857 के महाविद्रोह के साथ-साथ कांग्रेस का भी विरोध किया था। लखनऊ के प्रसिद्ध पत्र 'अवधपंच' ने अंग्रेजी सरकार की आलोचना की तथा हिंदू

मुस्लिम एकता का समर्थन एवं कांग्रेस का साथ देना आरंभ किया। इस पत्र में लिखने वालों में राष्ट्रवादी लेखकों की एक अच्छी खासी संख्या हो गई थी। बृजनारायण चकबस्त की कविताएँ देशप्रेम, स्वतंत्रता, राष्ट्रीय जागरण और सांप्रदायिक सोहार्द की भावना का प्रचार-प्रसार कर रही थी।

मिर्जा रुस्वा ने 'उमराव जान अदा 'में एक वेश्या की कहानी लिखी और उनके इस उपन्यास का उनके मानववाद, उनकी मनोवैज्ञानिक दृष्टि और उदारता ने बड़ा महत्वपूर्ण बना दिया।

इस प्रकार उर्दू साहित्य और मुस्लिम समाज में दो धाराएँ दिखाई देती है- एक राष्ट्रीय आंदोलन से जोड़ने वाली हिंदू मुस्लिम एकता और दूसरी धर्म निरपेक्षता को मजबूत करनेवाली धारा। इसका आरंभिक रूप हमें 1857 में दिखाई देता है। 1885 में कांग्रेस की स्थापना के बाद प्रत्यक्ष और अप्रत्यक्ष रूप से जुड़े लेखक बुद्धिजीवी और राजनेता, इस धारा को आगे बढ़ाते हैं।

2.1 हिंदी नवजागरण: बंगीय भूमिका

बंगाल का नवजागरण भारतीय नवजागरण की शुरुआत थी। बंगाल के बाद देश के दूसरे क्षेत्रों में नवजागरण की लहर चली। हिंदी उर्दू भाषी क्षेत्र में भी नवजागरण, भारतीय नवजागरण के अंग रूप में था। ऐसी स्थिति में बंगाल के नवजागरण के साथ हिंदी नवजागरण का गहरा संबंध होना स्वाभाविक है।

हिंदी नवजागरण के जनक भारतेंदु का बंगाल के साथ बहुत निकट का संपर्क था। विद्यासागर, राजेंद्र लाल मित्र, केशवचंद्र सेन आदि के साथ उनके मैत्रीपूर्ण संबंध थे। भारतेंदु के जीवनी लेखक बाबू शिवनंदन सहाय के अनुसार निम्नलिखित बंगाली लेखक और बुद्धिजीवी भारतेंदु के मित्र वर्ग 'में थे- ईश्वरचंद विद्यासागर, डॉ. राजेंद्र लाल मिश्र, कृष्टोदास पाल, शंभुचरण मुखर्जी, बंकिम चंद चटर्जी, केशव चंद सेन। बालकृष्ण भट्ट भी राममोहन राय, कृष्णचंद पाल, विद्या सागर, बाबू केशवचंद सेन

आदि को स्मरण करते हैं। बालमुकुंद गुप्त की तो कर्मस्थली ही कलकत्ता रही। यहाँ उन्होंने हिंदी बंगबासी (1892- 1898) तथा भारत मित्र (1899 1907) दो महत्वपूर्ण हिंदी के पत्रों का संपादन किया। विद्यासागर से भारतेंदु ही नहीं, उनके मंडल के सभी लेखक प्रभावित थे। प्रताप नारायण मिश्र से मिलने विद्यासागर स्वयं कानपुर आये थे। भारतेंदु के ममेरे भाई राधाकृष्ण दास ने विधवा विवाह की समस्या पर 'दुखिनी बाला 'नामक नाटक लिखा, उसमें विद्यासागर का उल्लेख है। इस समय कितने ही लोगों ने विद्यासागर, राममोहन राय की जीवनियाँ लिखी। राधाकृष्ण दास ने विद्यासागर की एक विस्तृत जीवनी लिखी। भारतेंदु एक मकरी में विद्यासागर की इस प्रकार प्रशंसा करते हैं--

"सुंदर बानी कहि सुमझावै।
विधवागन सों नेह बढ़ावै ॥
क्षमा निधान परम गुन आगर।
सखि सज्जन नहि विद्यासागर।। "

ऐसे उल्लेख भी मिलते हैं कि भारतेंदु कलकत्ता जाने पर विद्यासागर से और विद्यासागर बनारस आने पर भारतेंदु से अवश्य मिलते थे। विद्यासागर ने भारतेंदु से अभिज्ञानशाकुंतलम् की एक पुरानी प्रति ली थी। उनके द्वारा विधवा विवाह के प्रचार के लिए 'वैदिकी हिंसा, हिंसा न भवति 'में एक बंगाली पात्र चुना, उससे भारतेंदु ने कहलवाया है-

"पुनर्विवाह के न होने से बड़ा नुकसान होता है। धर्म का नाश होता है। ललनागन पुंश्चली हो जाती हैं, जो विचार कर देखिये तो विधवा का विवाह कर देना उनको नरक से निकाल लेना है और शास्त्र की भी आज्ञा है। "

विद्यासागर भी भारतेंदु को पुत्रसम प्रेम करते हैं। भारतेंदु के निधन का समाचार सुनकर विद्यासागर ने उस दिन उपवास किया और कुछ नहीं लिखा। पूछने पर बताया कि "मुझे आज पुत्र खोने जैसा दुःख हुआ है। "

राजेंद्र लाल मिश्र बनारस में प्रिंसिपल बनकर आए तो, वे भारतेंदु के निवास के निकट ही रहे। यहीं दोनों में गहरी मित्रता हो गई और पुरातत्व संबंधी खोजों में एक दूसरे की सहायता करने लगे। भारतेंदु ने राजेंद्र लाल मिश्र को कलकत्ते में भागवत की एक प्राचीन नगरी में लिखी पुस्तक भेजी। केशवचंद सेन को बनारस के पंडितों से ब्राह्मविवाह के बारे में सम्मति लेकर भेजी। इसके लिए सेन ने इन्हें कृतज्ञता ज्ञापित करते हुए धन्यवाद पत्र भेजा। 'स्वर्ग में विचार सभा 'का अधिवेशन लेख में केशवचंद

सेन की कुछ कमियों की ओर संकेत करते हुए भी उनकी अच्छाइयों की प्रशंसा की गई है।

सुरेंद्रनाथ बनर्जी ने जब नेशनल फंड खोला तो काशी आने पर भारतेंदु ने उनकी बड़ी सहायता की। जगन्नाथ यात्रा के समय कलकत्ते से 'विधवा विवाह संबंधी एक नाटक लेकर भारतेंदु आए थे। इस यात्रा का महत्व सभी स्वीकारते हैं। डॉ. रामविलास शर्मा के शब्दों में निस्संदेह बंगाल की यात्रा का गहरा असर उन पर पड़ा होगा। वहाँ के नवजागरण और साहित्यिक प्रगति से उन्हें कम प्रेरणा न मिली होगी। 'बंगाल यात्रा से लौटकर भारतेंदु ने हिंदी में नाटक के अभाव की पूर्ति की ओर ध्यान दिया। 'नाटक 'शीर्षक लेख में इस बात को स्वयं स्वीकारा है-

"अभी इस भाषा में नाटकों का बहुत ही अभाव है। आशा है कि काल की प्रभोन्नति के साथ ग्रंथ भी बनते जायेंगे और अपनी संपत्तिशालिनी ज्ञान वृद्धा बड़ी बहन बंगभाषा के अक्षय रत्नभंडार की सहायता से हिंदी भाषा बड़ी उन्नति करे।"

'विद्यासुंदर 'आदि प्रारंभिक नाटक बंगला नाटकों के ही रूपांतरण हैं। आचार्य शुक्ल तो 'सत्य हरिश्चंद्र 'को भी किसी पुराने बंगला नाटक पर आधारित मानते हैं। "

बंगला उपन्यासों की प्रगति देखकर भारतेंदु का ध्यान उपन्यास की तरफ गया। एक मित्र को उन्होंने पत्र लिखा-

"जैसे भाषा में अब कुछ नाटक बन गए हैं, अब तक उपन्यास नहीं बने हैं, आप या हमारे योग्य सहकारी संपादक बाबू काशीनाथ झा या गोस्वामी राधाचरण जी कोई उपन्यास लिखें तो उत्तम है। यदि ऐसी इच्छा हो तो 'दीप निर्माण 'नामक उपन्यास का अनुवाद हो। यह उपन्यास केवल उपन्यास ही नहीं है, भारतवर्ष का इससे बड़ा संबंध है।

उपन्यास तो न लिखे जा सके लेकिन राधाचरण गोस्वामी ने स्वर्ण कुमारी देवी के 'दीपनिर्माण 'का अनुवाद अवश्य किया और बंकिम के लगभग सभी उपन्यासों के अनुवाद उस समय हुए। अकेले प्रताप नारायण मिश्र ने ही सात उपन्यासों के अनुवाद किये जिनमें अधिकांश बंकिम के थे।

बंगाल के कवि माइकेल मधुसूदन दत्त के निधन पर 'कविवचन सुधा 'में 10 जुलाई, 1873 के अंश में काले हाशिये में एक शोक समाचार छपा-

'बड़ी खेद की बात है कि कलकत्ते के निवासी परमकवि श्री माइकेल मधुसूदन दत्त भू-मंडल का सुखानुभव करके परलोक में, इस भांति का है या नहीं सो देखने हेतु सिधारे। जो कि बड़े सुशील थे और जिनका विद्यारूपद्वार पर की कविता रूप झंडी

इस लोक में चाहे वहाँ से दिखती हुई सब रसिकों के चित्र को अपने सौंदर्य से बहुत प्रसन्न करती है।

उन्होंने अपनी पुत्री विद्यावती को संस्कृत, हिंदी के साथ बंगला की भी शिक्षा दिलाई। अपने अनुज को बंगला की शिक्षा दिलाने का उनका विशेष आग्रह था। एक पत्र में उन्होंने लिखा-

"कृष्ण की ऊँची शिक्षा संस्कृत, अंग्रेज़ी और बंगला की हो।"

'भारत दुर्दशा 'रूपक में बंगाली पात्र ही सबसे ज्यादा जागरूक हैं। 'विषस्य विषमौषधम् '(1876) कलकत्ता के राजा अपूर्व कृष्ण से किसी ने पूछा कि "आप, लोक कैसे राजा हैं, तो उन्होंने उत्तर दिया - जैसे शतरंज के राजा, जहाँ चलाइए, वहाँ चलें।"

बंगाल का हिंदी नवजागरण से इतना ही संबंध न था। हिंदी पत्रकारिता का जन्म भी कलकत्ता ही रहा है। भारतीय नवजागरण के साथ पत्रकारिता का अटूट संबंध है। हिंदी पत्रकारिता का जन्म और विकास हिंदी भाषी क्षेत्र में न होकर कलकत्ते में हुआ। हिंदी का पहला पत्र 'उदंत मार्तंड '30 मई, 1826 को कलकत्ते से पं. जुगलकिशोर के संपादन में निकला, लेकिन 'साम्राज्यशाही कोप 'और 'आर्थिक कठिनाई के कारण इस पत्र को 4 सितंबर, 1827 के अंक के साथ बंद कर देना पड़ा। "इस प्रकार हिंदी की नयी यात्रा बंगीय धरती से शुरू हुई।" 1857 के पूर्व तक 'बंगदूत', 'प्रजामित्र', 'साम्यदत माईंड'आदि पत्र प्रकाशित हो चुके थे। 17 मई, 1878 को पं. छोटूलाल मिश्र और पं. दुर्गाप्रसाद मिश्र ने 'भारत मित्र 'का प्रकाशन आरंभ किया। यह पत्र कलकत्ते से ही बहुत दिनों तक निकलता रहा। 1899 से 1907 तक नौ साल तक इसका संपादन बाबू बालमुकुंद गुप्त ने किया। इससे भी पूर्व 13 जनवरी, 1879 का 'सारसुधानिधि 'संपादक पं. दुर्गाप्रसाद मिश्र एक पत्र प्रारंभ कर चुके थे। यह पत्र 1890 तक निकलता रहा। पं. दुर्गाप्रसाद मिश्र ने 17 अगस्त, 1880 को 'उचितवक्ता 'का प्रकाशन आरंभ किया। 1890 में 'हिंदी बंगवासी पं. अमृतलाल चतुर्वेदी के संपादन में कलकत्ते से ही निकला। 1892 से 1898 तक बाबू बालमुकुंद गुप्त इसके संपादक रहे। इस तरह न केवल हिंदी पत्रों का जन्म बल्कि विकास का ऐतिहासिक कार्य भी कलकत्ते में ही संपादन हुआ। विशेष रूप से 'सारसुधानिधि', 'भारतमित्र 'तथा 'उचितवक्ता', 'हिंदी बंगदूत 'आदि पत्रों से हिंदी के अनेक महत्वपूर्ण पत्रकार और लेखक जुड़े रहे। इसके अतिरिक्त साहित्य के अलावा भी बंगला पुस्तकों का हिंदी में अनुवाद हुआ जिनमें इतिहास, धर्म, दर्शन आदि सभी विषयों की पुस्तकें

हैं। 1823 में कलकत्ते से ही गोर मोहन विद्यालंकार की 'स्त्री शिक्षा विधायक 'का हिंदी अनुवाद प्रकाशित हुआ आज तक हिंदी में संपूर्ण अनूदित साहित्य का तीसरा हिस्सा बंगला से ही अनुवाद हुआ है। इस प्रकार न केवल बंगाल का हिंदी नवजागरण से अटूट संबंध है, वरन् हिंदी पत्रकारिता के विकास में बंगाल का योगदान अविस्मरणीय है। कलकत्ता में उस समय बंगला या हिंदी पत्र ही नहीं निकल रहे थे, वरन् असमिया और उड़िया पत्र भी यहीं से प्रारंभ हुए । 1889 में असमिया की 'जौनाकी 'पत्रिका का प्रकाशन कलकत्ते से ही हुआ। इसका आशय यह नहीं समझ लेना चाहिए कि बंगला का नवजागरण ही हिंदी नवजागरण है।

2.2 स्वामी दयानंद सरस्वती

हिंदी क्षेत्र में नवजागरण सामान्यतः भारतेंदु हरिश्चंद्र युग से माना जाता है। लेकिन उससे पूर्व 1857 में एक नई राजनैतिक चेतना का विकास हुआ। इसलिए ठीक ही डॉ. रामविलास शर्मा ने हिंदी नवजागरण का प्रथम चरण 1857 की क्रांति को माना है। बंगाल और महाराष्ट्र आदि में नवजागरण का नेतृत्व समाज सुधारकों, राष्ट्रनायकों ने किया, जबकि हिंदी नवजागरण का नेतृत्व मुख्यतः लेखकों के ही हाथ रहा। यह हिंदी नवजागरण की अपनी एक ऐसी बात है जो इसे दूसरों से अलग करती है, और यही इसकी कमजोरी भी है कि इस क्षेत्र में कोई बहुत बड़े समाज सुधार के आंदोलन नहीं चल सके। फिर भी इस प्रसंग में एक नाम अवश्य महत्वपूर्ण है जिनका हिंदी नवजागरण में प्रत्यक्ष और अप्रत्यक्ष योगदान रहा। वह नाम है आर्य समाज के संस्थापक स्वामी दयानंद सरस्वती का । दयानंद सरस्वती का जन्म 1824 ई. में गुजरात में हुआ था। लेकिन इनका कार्यक्षेत्र मुख्यतः हिंदी क्षेत्र ही रहा । स्वामी दयानंद बचपन में ही मूर्तिपूजा के विरोधी हो गये थे। 22 वर्ष की अवस्था में ही इन्होंने गृह त्याग दिया और आजीवन समाज में जन-जागृति करते रहे। उन्होंने अपने विचारों के प्रचार-प्रसार के लिए 1875 में बंबई में 'आर्य समाज 'की स्थापना की। आर्य समाज का संगठनात्मक और विचारधारात्मक विकास उनकी मृत्यु (1883) तक बहुत हो चुका था। 1867 में हरिद्वार में कुंभ के अवसर पर 'पाखंड खंडिनी पताका फहराई और इसी नाम की एक पुस्तिका छपवाकर बाँटी। इससे उन्होंने धार्मिक सुधार तथा नवयुग के सूत्रपात का आरंभ किया। 1867 के बाद 16 नवंबर, 1869 को काशी में 300 पंडितों के साथ, मूर्तिपूजा के प्रमाण वेदों में हैं या नहीं, विषय पर शास्त्रार्थ किया। कोई भी पंडित वेदों में मूर्तिपूजा की पुष्टि न कर सका। काशी के

अतिरिक्त अन्य अनेक स्थानों पर भी मूर्तिपूजा को लेकर शास्त्रार्थ किए तथा मूर्तिपूजा के विरोध में स्थान-स्थान पर व्याख्यान दिये। 1873 में आप चार माह के लिए कलकत्ता चले गए। वहाँ आप देवेंद्रनाथ ठाकुर, केशवनंद सेन, ईश्वरचंद विद्यासागर आदि उस समय के प्रमुख समाज सुधारकों के संपर्क में आये। कलकत्ते में केशवचंद सेन दो सुझावों - एक वस्त्र धारण करना तथा दूसरे हिंदी भाषा का प्रयोग करना, को उन्होंने तुरंत स्वीकार कर लिया। बंगाल प्रवास के प्रभाव की अपनी जीवनी में उन्होंने स्वयं स्वीकारा है-

"संस्कार पंथी बंगाल की तरफ मेरा मानसिक आकर्षण स्वाभाविक ही था। राजा राममोहन राय का मूर्तिपूजा विरोध आंदोलन (1767), ईसाई धर्म विरोध आंदोलन (1820), सतीदाह निषेध आंदोलन (1829) जनसाधारण के बीच आर्य धर्म प्रचार के लिए देवेंद्रनाथ ठाकुर तत्वबोधिनी का संस्थापन और स्त्री-शिक्षा के लिए विद्यालय स्थापनादि का कार्य और देवेंद्रनाथ ठाकुर के द्वारा ऋग्वेद का बंगानुवाद प्रकाशन (1847) आदि सर्वतोमुखी संस्कारादि के कारण बंगाल के प्रति मेरा आकर्षण पैदा हो गया था। "

धर्म के क्षेत्र में इन्होंने मूर्तिपूजा के साथ-साथ अवतारवाद और पितर्पण आदि का खंडन तो किया ही साथ ही समाज में प्रचलित विभिन्न बुराइयों के विरुद्ध आवाज उठाना भी प्रारंभ किया। फलज्योतिष, हस्तरेखा विज्ञान आदि में उनका विश्वास नहीं था। सूर्यग्रहण के समय भोजन, जलग्रहण न करने की बात को भी वे समर्थन नहीं देते थे।

2.2.1 सामाजिक पक्ष

वे जाति प्रथा को स्वीकार नहीं करते थे. वर्णव्यवस्था में अवश्य विश्वास रखते थे। लेकिन वे शूद्रों को अछूत नहीं समझते थे। वे जन्म के आधार पर जाति भेद को व्यर्थ मानते थे, क्योंकि उनके अनुसार "जैसे सब लोग गर्भाशय से पैदा होते हैं, वैसे ही तुम भी होते हो।" जातिप्रथा के साथ ही साथ छुआछूत में भी उनका विश्वास न था। वे शूद्रों को पढ़ने की बात करते थे। इसलिए "सब स्त्री और पुरुष अर्थात् मनुष्यमात्र को पढ़ने का अधिकार है" तथा "जो परमेश्वर को अभिप्राय शूद्रादि के पढ़ाने सुनाने का न होता तो उनके शरीर में वाक् और श्रोत्र इंद्रिय क्यों रखता।" वे शूद्र और स्त्रियों को वेदों के पढ़ने, सुनने की बात भी कहते हैं। उन्होंने अपने जीवन में अनेक पाठशालाएँ स्थापित कीं, जिनमें सभी को समानभाव से शिक्षा लेने का

अधिकार था। वे छुआछूत के यहाँ तक विरोधी थे कि द्विजों को शूद्रों के हाथ का बनाया खाना खाने की सलाह देते हैं। शूद्रों के साथ-साथ वे स्त्री शिक्षा को भी प्राथमिकता देते हैं। पुरुषों के समान "स्त्रियों को व्याकरण, धर्म, वैद्यक, गणित, शिल्पविद्या, तो अवश्य ही सीखनी चाहिए। "

शूद्र को शिक्षा और छुआछूत को मानना, निश्चित रूप से उस युग एक क्रांतिकारी कदम था। स्वामी दयानंद अपने ये विचार बनाने से पूर्व अपने पूना प्रवास में ज्योतिबा फुले से मिल चुके थे। पूना प्रवास (जुलाई 1875) में जब स्वामी जी के सम्मान में एकजुलूस निकाला गया तो उस समय स्वामी जी के एक ओर रानाडे थे एक दूसरी और महात्मा फुले चल रहे थे। स्वामी जी द्वारा चलाये जा रहे अनेक समाज सुधारों को महात्मा फुले ने स्वामी जी के कार्यक्षेत्र में आने से काफी पहले शुरू कर दिया था। स्वामी जी ने सत्यार्थ प्रकाश आदि ग्रंथों में ब्राह्मणों की पापलीलाओं की कड़ी आलोचना की है। फुले उनसे पहले ही ब्राह्मणों की प्रभुता के उग्रविरोधी बन चुके थे।

स्वामी जी बाल विवाह का विरोध करते थे। वे विवाह के लिए 16 वें वर्ष से 24 वें वर्ष तक कन्या और 25 वें वर्ष से लेकर 48 वें वर्षतक पुरुष का समय निर्धारित करते हैं। क्योंकि बाल्यावस्था में विवाह से जितनी पुरुष को हानि होती है, उससे अधिक स्त्री को । वयस्क वर और कन्या दोनों ही की सहमति से हुए विवाह को वे उत्तम मानते थे । तथा अनमेल विवाह को वे बुरा समझते थे।

विधवा विवाह के भी स्वामी जी समर्थक थे। प्रारंभ में वे अक्षतयोनि स्त्री ओर अक्षतवीर्य पुरुष के विवाह के ही समर्थक थे। दूसरे स्त्री-पुरुषों के लिए वे नियोग द्वारा संतान उत्पन्न करने की बात करते थे । वे स्त्रियों और पुरुषों के पुनर्विवाह की भी अनुमति नहीं देते थे। लेकिन चूंकि समाज में पुरुष - विवाह कर सकते थे इसलिए ‘उपदेल मंजरी ‘(पृ.167) में वे लिखते हैं कि "जब पुरुषों को पुनर्विवाह की आज्ञा दी जाये तो स्त्रियों को दूसरे विवाह से क्यों रोका जाये? एक प्रश्न के उत्तर में अपनी इस मान्यता को इस तरह स्पष्ट किया जिसमें उनकी स्त्री-पुरुष समानता की भावना और भी अधिक स्पष्ट दिखाई देती है।"

"विधवा स्त्री का पुनर्विवाह होना चाहिए और पुरुष अपनी स्त्री के जीवित रहते दूसरे विवाह का पात्र नहीं है, परंतु उसकी मृत्यु के उपरांत उसको अधिकार है चाहे तो करे, व न करे। ऐसा ही अधिकार विधवा स्त्री को होना चाहिए। "

समाज में व्याप्त बाल-विवाह, विधवा विवाह, अनमेल विवाह, बहुविवाह, स्त्री शिक्षा, छुआछूत, जातिप्रथा आदि सामाजिक बुराइयों और कुरीतियों तथा समस्याओं से जूझने के साथ-साथ वे विदेश यात्रा का भी समर्थन करते थे।

2.2.2 आर्थिक-राजनीतिक विचार

इनके धार्मिक और समाज सुधार संबंधी विचारों से भी अधिक प्रगतिशील आर्थिक और राजनीतिक विचार थे। उनकी रचनाओं और व्याख्यानों में जगह-जगह 'स्वदेश', 'स्वराज्य', 'स्वदेशी' शब्दों का प्रचुर मात्रा में प्रयोग मिलता है। उन्हें इस बात का बहुत दुःख है कि "आर्यावर्त में भी आर्यों का अखंड चक्रवर्ती, स्वाधीन राज्य नहीं है। कोई कितना ही करे परंतु जो स्वदेशी राज्य होता है, वह सर्वोपरि उत्तम होता है।" इस पर वे परतंत्रता की दुर्दिन मानते थे तथा स्वाधीनता में विश्वास रखते थे। विदेशियों का राज्य मतमतांतर के आग्रह रहित, अपने और पराये का पक्षपात शून्य प्रजा पर माता-पिता के समान कृपा न्याय और दया के साथ सुखदायक नहीं है।" इस प्रकार वे स्वराज्य को विदेशी सुराज्य से श्रेष्ठ मानते थे। विदेशी शासन के लिए वे आपसी फूट को जिम्मेदार मानते थे। वे स्वदेश की आजादी के लिए कितने उत्सुक थे, यह तो उनकी उस प्रार्थनापरक पुस्तक में व्यक्त किए गए विचारों से ही ज्ञात होता है, जहाँ वे परमात्मा से भी अपने देश की स्वाधीनता की याचना करते हैं तथा अन्य दूसरी जगह लिखते हैं कि "अन्य देशवासी राजा हमारे देश में कभी न हो, तथा हम लोग पराधीन कभी न हो।" आपने अपने ग्रंथों में और व्याख्यानों में समय-समय पर स्वदेशी वस्तु प्रयोग, स्वदेश भक्ति और भारतीयता के प्रति आस्था प्रकट की थी। स्वदेशी जूतों को पहनकर सरकारी कार्यालयों और कचहरी में न जाने देने पर क्षोभ प्रकट करते हैं। आर्य समाज ने स्वदेशी वस्तुओं के प्रयोग का आंदोलन भी चलाया था। 14 अगस्त, 1869 के स्टेटमेंट में नये अंग्रेजी वस्त्रों को धारण नहीं करेंगे और केवल ऐसे वस्त्र ही प्रयोग में लाये जो भारत में बने हो। इस प्रकार का निर्णय लाहौर में दयानंद सरस्वती द्वारा स्थापित आर्य समाज के मंदिर में समाज के सभी सदस्यों ने लिया था।"

स्वदेश, स्वदेशी, स्वराज्य के साथ ही स्वभाषा को भी उन्होंने अपने आंदोलन का हिस्सा बनाया। आपकी मातृभाषा गुजराती थी, तथा बचपन से ही संस्कृत का गहन अध्ययन किया था। कलकत्ता प्रवास के बाद ही इन्होंने हिंदी में लेखन और भाषण देना प्रारंभ कर दिया था। इनका महत्वपूर्ण ग्रंथ 'सत्यार्थ प्रकाश 'प्रारंभिक हिंदी

गद्य का एक नमूना है। हिंदी गद्य के इतिहास में स्वामी दयानंद तथा आर्य समाज सदैव याद किए जाते रहेंगे। हिंदी का प्रचार सारे देश में करने वालों में स्वामी जी का सबसे पहला स्थान है। इनकी मृत्यु के बाद भी हिंदी के प्रति आर्य समाज का ऐसा ही लगाव रहा।

2.2.3 दयानंद सरस्वती और 1857

स्वामी दयानंद के देश प्रेम से संबंधित उपर्युक्त विचारों को जानने के बाद एक प्रश्न स्वाभाविक ही उठता है कि 1857 की क्रांति के समय वे क्या कर रहे थे? 1857 की क्रांति में उनकी सक्रियता को रेखांकित करते हुए कुछ छुट- पुट लेखों के अतिरिक्त दो महत्वपूर्ण पुस्तकें पहली अठारह सौ सत्तावन और स्वामी दयानंद-लेखक वासुदेव शर्मा (1970) तथा दूसरी 'अपना जन्म चरित्र ‘संपादक आदित्यपाल सिंह आर्य, लेखक डॉ. वेदवृत (1987) हैं। इनमें से दूसरी पुस्तक में उकनी तीन अज्ञात जीवनियों को जोड़कर एक समग्र जीवनी बनाने का प्रयास किया गया है। दोनों पुस्तकों के लेखक तथा संपादकों का दावा है कि स्वामी दयानंद सक्रिय रूप से 1857 की क्रांति में हिस्सा ले रहे थे। वासुदेव शर्मा के शब्दों में "स्पष्ट रूप से यह उल्लेख नहीं मिलता कि वे 57, 58, 59 इन सालों में कहाँ थे, उन्होंने केवल इतना ही लिखा है कि मैं इन वर्षों नर्मदा के तंट पर घूमता रहा। लेकिन कुछ दूसरे नये तथ्यों से यह सिद्ध होता है कि वे 1857 की क्रांति में सक्रिय थे। वैसे 'सत्यार्थ प्रकाश ‘में मूर्तिपूजा के संदर्भ में 1857 का अप्रत्यक्ष उल्लेख हुआ है। जिससे ज्ञात होता है कि उन दिनों की समस्त हलचलों का ज्ञान था तथा वे अंग्रेजों द्वारा ढाये जा रहे अत्याचारों से बहुत क्षुब्ध थे।

"जून संवत् 1914 अर्थात् 1857 में तोपों के मारे मंदिर की मूर्ति अंग्रेजों ने उड़ा दी थी तब मूर्ति कहाँ गयी थी? प्रत्युत बेघर लोगों ने जितनी वीरता दिखाई और लड़े शत्रुओं को मारा, परंतु मूर्ति एक मक्खी की टांग भी न तोड़ सका। जो कृष्ण के सदृश्य कोई होता तो उनके धुर्रे उढ़ा देता और यह भागते फिरते । भला यह तो कहो कि जिसका रक्षक मार खाये उसके शरणागत क्यों न पीटे जाए।"

प्रमुख आर्य समाजी और 'आर्य समाज का इतिहास ‘प्रधान संपादक डॉ. सत्यकेतु विद्यालंकार के अनुसार - " 1857 के स्वाधीनता संग्राम के समय स्वामी जी की अवस्था 33 वर्ष की थी। अनेक विद्वानों का मत है कि अंग्रेज़ों के विरुद्ध इस संघर्ष में स्वामीजी ने भी सक्रिय रूप से भाग लिया था। यह बात विवादास्पद है। पर इस बात में कोई संदेह नहीं कि उन्होंने 1857 की घटनाओं को प्रत्यक्ष रूप से देखा

था और उनसे उनके संवेदनशील मन पर गहरा प्रभाव भी पड़ा था। "

उपर्युक्त दोनों ग्रंथों के साक्ष्यों को मान लिया जाए तो उनका चरित्र एक दूसरे ही रूप में निखर कर आएगा। इस संदर्भ में एक बात तो मानने की हैं कि दयानंद मात्र धार्मिक नेता न थे । अंग्रेज़ भी उनको केवल धार्मिक नेता मानने को तैयार न थे। 1911 की जनगणना के अध्यक्ष बलंट के अनुसार - "दयानंद केवल धार्मिक प्रचारक ही नहीं थे, वह बहुत बड़े देशभक्त भी थे। यह कहना ठीक ही होगा कि उन्होंने समाज सुधार को राष्ट्रीय सुधार के साधन रूप में ही अपनाया था।"

सारांश रूप में उन्होंने जहाँ "बहुदेववाद को अस्वीकार किया, निराकार ईश्वर की आराधना का समर्थन किया, परंपरागत ब्राह्मणों, पुरोहितों की अंधकट्टरता की भी आलोचना की, मूर्तिपूजा और बालविवाह का विरोध किया तथा शिक्षा के प्रसार द्वारा नीची जाति के हिंदुओं और स्त्रियों के स्तर को ऊँचा उठाने का प्रयत्न किया। वहीं दूसरी तरफ उन्होंने हिंदू धर्म की वकालत करके और अन्य सभी पंथियों का विरोध करके नवजागरण की परिधि को सीमित कर दिया। अपने फूटपरस्त और संकीर्णतावादी रवैये के फलस्वरूप उन्होंने सामाजिक और राजनीतिक प्रगति के रास्ते में रुकावटें खड़ी करनी शुरू कर दीं और मुसलमानों तथा ईसाइयों के विरुद्ध शत्रुता भड़का कर उन्होंने आगे प्रगति के मार्ग को रोक दिया।" उनके राष्ट्रीय, आर्थिक, सामाजिक, राजनीतिक विचारों की प्रगतिशीलता वेदों की तरफ लौटने के पुनरुत्थानवादी नारे से काफी संकीर्ण हो जाती है। लेकिन भारतीयता की भावना के विकास में यह या इससे मिलती जुलती समस्या जगह-जगह मिलती है। वे वेदों को अपौरुषेय तथा वेदों में ही सभी समस्याओं का समाधान मानते हैं। फिर भी निश्चित ही इन सीमाओं के रहते हुए भी, उनके योगदान को भुलाया नहीं जा सकता।

हिंदी नवजागरण के साथ दयानंद का संबंध कम नहीं है। हिंदी के विकास में उनका योगदान बहुत अधिक है । समाज सुधार और अंधविश्वासों, रूढ़ियों से संबंधित उनके विचारों का प्रभाव निश्चित रूप से हिंदी नवजागरण पर पड़ा। हिंदी नवजागरण में स्वदेश प्रतिष्ठा की भावना, धार्मिक अंधविश्वासों का विरोध, समाज सुधार आदि सभी बातें जहाँ मिलती हैं, वहीं मूर्तिपूजा, वेदों के विषय में इनसे भिन्न राय हैं। वे देश की एकता, प्रेम, आपसी संबंध बने रहे इसलिए किसी प्रकार के मत मतांतर के पचड़े में न पड़कर, मूर्तिपूजा का विरोध नहीं करते। उनमें अधिकांश का दृष्टिकोण धर्म निरपेक्षता का है, जिसमें वे धर्म को व्यक्तिगत मामला मानते हैं। हिंदी नवजागरण में किसी भी लेखक ने वेदों को अपौरुषेय नहीं माना है। फुल्लौरी और

भारतेंदु से लेकर भट्ट और मिश्र जी तक सभी वेदों को बुद्धिमानों की रचना मानते हैं, लेकिन ईश्वर रचित नहीं । इसलिए सभी उन्हें स्वीकारते हैं और सभी उनके साथ वैचारिक मतभेद भी रखते हैं । भारतेंदु जहाँ 'दूषण मालिका 'जैसी पुस्तक लिखते हैं, वहीं 'स्वर्ग में विचार - सभा 'में दयानंद - को स्मरण करते हैं ।

2.3 हिंदी नवजागरण की मुख्य-मुख्य बातें

हिंदी नवजागरण में आर्थिक जीवन में विदेशों का धन का जाना, महँगाई, अकाल, टैक्सों से देश की दुर्दशा का होना, धार्मिक क्षेत्र में मतमतांतर के झगड़े और धार्मिक अंधविश्वासों और रूढ़ियों, सामाजिक क्षेत्र में जाति पाति के टंटे, खान-पान के पचड़े, बाल-विवाह, विधवा विवाह, स्त्री शिक्षा, विदेश गमन तथा अनेक सामाजिक कुरीतियों के विरुद्ध तथा राजनीतिक क्षेत्र में अंग्रेज़ों के असली चरित्र का खुलासा, स्वदेशीयता तथा देशभक्ति की गूँज को अपनी लेखनी से चित्रित किया । स्वदेशी के साथ स्वभाषा के लिए भी इस युग में संघर्ष हुआ । साहित्य के क्षेत्र में आधुनिक विचारों का समावेश आदि हिंदी नवजागरण की ऐसी कुछ बातें हैं, जिन्हें रेखांकित किया जा सकता है । भारतेंदु अपने युग के वास्तव में नेता थे । उक्त बातें उनमें ही नहीं उनके मंडल के सभी लेखकों में थीं। उनके मंडल की यों तो सूची बहुत बड़ी है, लेकिन उनमें बालकृष्ण भट्ट, प्रताप नारायण मिश्र, राधाचरण गोस्वामी, बदरी नारायण चौधरी प्रेमघन, अंबिकादत्त व्यास, राधाकृष्ण दास, बाल- मुकुंद गुप्त, लाला श्रीनिवासदास, मुंशी तोताराम आदि प्रमुख हैं। अब संक्षेप में इस युग की आर्थिक, राजनीतिक, धार्मिक, सामाजिक तथा सांस्कृतिक चेतना का दिग्दर्शन द्वारा नवजागरण का परिचय प्राप्त करते हैं ।

2.3.1 आर्थिक-राजनीतिक चिंतन

भारतीय राष्ट्रीय कांग्रेस के अध्यक्ष (1899) श्री रमेशचंद्र दत्त ने 1901 में लिखा 'भारत का आर्थिक इतिहास 'नाम से उपनिवेशवादी भारत का प्रथम आर्थिक इतिहास लिखा। इनसे पहले दादाभाई नौरोजी और महादेव गोविंद रानाडे आदि राष्ट्रवादी और सुधारक आर्थिक मामलों पर अपनी दो टूक राय दे चुके थे। इनसे भी पूर्व भारतेंदु ने अंग्रेजी राज के आर्थिक शोषण, धन का विदेश जाना, अकाल, टैक्स आदि को भारत की दुर्दशा का कारण बताया था। उन्होंने 'भारत दुर्दशा 'नाटक में

अंग्रेजी राज को भारतदुर्देव कहा जाता था तथा उसका समाधानं वे स्वदेशीयता और उद्योग धंधों के विकास में खोजते हैं। टैक्स, अंग्रेज़ कर्मचारियों के बड़े-बड़े वेतन तथा विदेशी वस्तुओं के आयात के माध्यम से देश और अधिक निर्धन हो रहा था। इसलिए भारतेंदु को कहना पड़ा-

"पैधन विदेश चलि जात, यहि दुख अति भारी। "

इसलिए-

"रोवहुं सब मिलिकें आवहु भारत भाई।
हा हा भारत दुर्दशा देखी न जाई ।। "

बालकृष्ण भट्ट के शब्दों में "देश का धन विलायत ढोया जा रहा कितना भारी पाप हम कर रहे। तथा हजारों-हजारों, लाखों विलायती साहब लोग जो थोड़ा ही परिश्रम कर अल्पायात् महत् फलम् की भाँति लंबी-लंबी तख्वाहें फटककर असंख्य रुपया जमाकर विलायत में इंडियन जाय नवाब बनते हैं। "

भारतीय जनता की चेतना का प्रतिनिधित्व करते हुए भारतेंदु ने 26 जनवरी, 1874 की 'कविवचन सुधा ‘में लिखा "क्या यह अनीति नहीं है कि उन्होंने हमारे धनधान्य की वृद्धि में कोई उपाय नहीं किया और केवल अपनी भाषा सिखाया, और सब व्यापार और धन सब अपने हस्तगत किया। क्या यह खेद की बात नहीं कि हमको कला कौशल से विमुख रखा और स्वतः व्यापारी बनकर सब देश भर का धन और धान्य अपने देश में ले गये।" 9 मार्च, 1874 के 'कविवचन सुधा ‘में चारों ओर फैली भुखमरी पर उन्होंने अपनी टिप्पणी इस प्रकार की-

"कपड़े बनाने वाले, सूत निकालने वाले आदि सब भीख माँगते हैं। खेती करनेवालों की यह दशा है कि लंगोटी लगाकर हाथ में तुंबा ले भीख माँगते हैं और जो निरुद्ध हैं उनको तो अन्न भी भ्रांति है। "

बालकृष्ण भट्ट ने इंग्लैंड और भारत के अतीत की तुलना करते हुए, हर दृष्टि से भारत की श्रेष्ठता को बताया तथा इस बात के लिए खेद प्रकट किया कि "आज वही क्षुद्र, ब्रिटेनिया राजराजेश्वरी है और विपुल भारत भूमि उसकी दासी बन रही है।"

प्रेमघन भी अंग्रेज़ों की लूट को "लूट विलायत भारत खाय। मालताल बहुविधि फैलाय। " कहकर सभी के साथ उसी बात को उद्घाटित करते हैं। भारतेंदु के शब्दों में-

"जब अंग्रेज विलायत से आते हैं प्रायः कैसे दरिद्र होते हैं, और जब हिंदुस्तान से अपने विलायत को जाते हैं तब कुबेर बनकर जाते हैं। "

भट्ट जी ने भी ऐसे ही विचार व्यक्त किए हैं-

"एक अंग्रेज़ जब यहाँ से लौट विलायत जाते हैं तो नवाब बन यहाँ से विदा होते हैं। विलायत में चाहे कुली कबारी ही रहे हों, पर यहाँ आप हुजूर बन जाते हैं।

मुसलमानों को अंग्रेज़ों से इसलिए बेहतर माना गया, क्योंकि मुसलमान इसी देश में बस गये, वे देश का धन कहीं बाहर नहीं ले गये, यहीं रखा और यहीं इसी देश में खर्च किया। इसके विपरीत अंग्रेज़ों ने कभी इस देश को अपना नहीं समझा। भारतेंदु मुसलमानों की अंग्रेजी राज से तुलना करते हुए बताते हैं-

"मुसलमान के काल में शत सहस्र बड़े-बड़े दोष थे, किंतु दो गुण थे, प्रथम तो यह कि उन सबों ने अपना घर यहीं बनाया, इससे यहाँ की लक्ष्मी यहीं रहती थी, दूसरे बीच-बीच में जब कोई आग्रही मुसलमान बादशाह उत्पन्न होते थे तो हिंदुओं का रक्त भी उष्ण हो जाता था।"

उस समय अकाल, महामारी का बहुत प्रकोप था। संवत् 1953 और 1956 के अकाल तो बहुत ही भयानक थे। उसमें-

"कौन नाज का कहै ठिकाना, कौन घास और चारे का।
जल का टोटा प्राण बचै क्यों जल बिन हाय विचारे का।"

इस भीषण दुर्भिक्ष का बड़ा ही दर्दनाक वर्णन उस समय लगभग सभी लेखकों ने किया है। रवि शंकर ने इस दारुणिक दुःख को आंखों से देखकर पूरे विवरण के साथ वर्णन किया है-

"अब को संवत् ऐसो आयो, भारत में दारुण दुख छायो।
गली-गली में भूखे डोलें, व्याकुल सारस वाणी बोलें।
तन पै केवल रही लंगोटी, मिले न हाय पेट भर रोटी।
बान-बीन कर दाने कच्चे, चाबत फिरें बिचारे बच्चे।।
छाती फारि भेदिनी डोली, आंख तीसरी हर ने खोली।
मागत मौत अनेक अभागे, बहु तन तड़प-तड़प कर तन त्यागे।।"

यह अकाल और महामारी अंग्रेज़ों की ग़लत नीतियों के कारण थी। भारतेंदु के शब्दों में-"अब तो प्रतिवर्ष में कहीं न कहीं दुष्काल पड़ा ही रहता है, मुख्य करके अंग्रेजी राज में इसका घर है और बहुत ऐसा सुनने में आया है कि विसूचिका का रोग जो अब संपूर्ण भारत खंड में छा रहा है, अंग्रेज़ों के पग के आरंभ में इसका प्रारंभ हुआ है।"

अंग्रेज़ों के कारण देश के उद्योग धंधे समाप्त हो गये थे, कृषि पर जनसंख्या का भार बढ़ रहा था। परिणामस्वरूप बेरोजगारी में दिनोदिन बढ़ोत्तरी हो रही थी। ऊपर से टैक्स और अकाल के कारण लोगों को रोटी के लाले पड़ रहे थे। ऐसी स्थिति में भारतेंदु ने 'स्वदेशीयता 'का नारा दिया। स्वदेशी वस्तुओं के प्रयोग से एक तरफ जहाँ देश में उत्पादन बढ़ेगा और बेरोजगारी दूरी होगी, दूसरी तरफ विदेशों से कम वस्तुएँ आएँगी, जिससे देश का धन वापस न जा पायेगा। यह है 'स्वदेशिता 'जिसकी चर्चा भारतेंदु से पूर्व 1857 की क्रांति के समय होने लगी थी। बंगाल, महाराष्ट्र में 'स्वदेशी 'शब्द इस अर्थ में प्रयुक्त होने लगा था। कालांतर में गाँधी जी ने स्वाधीनता आंदोलन में स्वदेशिता को एक हथियार के रूप में प्रयोग किया। लेकिन भारतेंदु को इस बात का श्रेय जाता है कि उन्होंने स्वदेशिता के मंत्र के लिए व्यापारियों, शिक्षित और साधारण लोगों से अपील की। 23 मार्च, 1874 की 'कविवचन सुधा 'में प्रकाशित प्रतिज्ञा पत्र इस प्रकार है-

"हम लोग सर्वांतर्यामी सब स्थल में वर्तमान, सर्वदृष्टा और नित्य परमेश्वर को साक्षी देकर यह नियम मानते हैं कि हम लोग आज के दिन से कोई विलायती कपड़ा न पहिनेंगे और जो कपड़ा कि पहले से मोल ले चुके हैं और आज की मिती तक हमारे पास है, उनको उनके जीर्ण हो जाने तक काम में लायेंगे, पर नवीन मोल लेकर किसी भाँति का भी विलायती कपड़ा न पहिनेंगे। हिंदुस्तान ही का बना कपड़ा पहिनेंगे। हम आशा रखते हैं कि इसको बहुत ही क्या सब लोग स्वीकार करेंगे और अपना नाम इस श्रेणी में होने के लिए श्रीयुत बाबू हरिश्चंद्र को अपनी मनीषा प्रकाशित करेंगे और सब देशी हितैषी इस उपाय के वृद्धि में अवश्य उद्योग करेंगे। "

इस प्रतिज्ञा का बड़ा महत्व है। डॉ. रामविलास शर्मा के शब्दों में- "उस दिन हरिश्चंद्र की कलम से भारतीय जनता ने अंग्रेजी राज के नाश का वारंट लिख दिया था। "

इसको सभी लेखकों ने स्वीकार कर, इसे एक आंदोलन का रूप दिया। प्रेमघन स्वदेशी वस्तुओं के उपयोग और विदेशी वस्तुओं के बहिष्कार के पक्ष में 'स्वदेशी वस्तु स्वीकार विदेशी वस्तु बहिष्कार 'शीर्षक लेख लिखते हैं। उनके अनुसार-

"हम लोगों को इतना विचार नहीं कि विदेशी लोग तो स्वदेशानुराग के कारण सात समुद्र पार से भी यहाँ अपने देश के पदार्थ को कार्य में लाते हैं ओर हम अपने देश में बनी वस्तुओं को छोड़ विदेशी पदार्थ से लेकर भकुआ बनने के प्रत्यक्ष प्रमाण

बनते हुए अपने देश के उद्यम का सर्वनाश कर रहे हैं। स्वदेशी वस्तु प्रचार के लिए विदेशी वस्तु बहिष्कार एक प्रधान आधार या मुख्य साधन है। "

भट्ट जी ने अप्रैल 1896 के 'हिंदी प्रदीप 'में 'भारत की आरत दशा" नाम से लेख लिखा। उसमें वे कहते हैं-

"पहले यहाँ की शिल्प और कारीगरी बहुत दूर-दूर देशों तक फैली हुई थी। बाहर का सौदागर एक बार भी यहाँ पर आता था तो पुश्त - दर - पुश्त की रोटी यहाँ से कमा ले जाता था। पचास साल पहले यहाँ के जुलाहे धनवंत थे, अब भूखों मर रहे हैं। जो फायदा यहाँ के लोग उठाते थे, वही अब मैनचेस्टर वाले उठा रहे हैं। विलायती कपड़े तथा यावत् विलायती चीज सब यहाँ आने लगीं।... इतना विलायती कपड़ा यहाँ आता है कि पंद्रह करोड़ रुपया प्रति वर्ष केवल कपड़े के मध्ये विलायत जाता है। ... यदि विलायती चीजें यहाँ न आवें तो हर साल पंद्रह करोड़ रुपया देश में रह जाए। "

तथा "उठते बैठते, सोते-जागते हम जो कुछ करते हैं अपने हर एक कामों से रुपया विलायत भेजते जा रहे हैं। परिणाम यह हुआ कि देश सर्वथा निष्किंचन धनहीन हो गया है।"

स्पष्ट है हिंदी नवजागरण में देश में उद्योगों के नष्ट होने, बेरोजगारी बढ़ने, विदेशों से माल आने आदि बातों को रेखांकित करके देश की आर्थिक दुर्दशा के लिए अंग्रेज़ और अंग्रेजी सरकार की व्यापारिक नीतियों को जिम्मेदार ठहराया था।

अंग्रेज़ सरकार द्वारा अनेक प्रकार के टैक्स लगाकर धन वसूला जाता था। और सरकार गरीब जनता के चूसे उस धन को देश में विकास के कार्यों में न लगाकर अपने देश ले जाती थी। इसलिए उस समय सभी ने बार-बार लगने वाले टैक्सों का जबर्दस्त विरोध किया। पहली बार आयकर लगने पर इसके विरोध का भारतेंदु ने नया तरीका निकाला। जब टैक्स लगा, उसी समय किसी काम से बनारस में गवर्नर सर विलियम म्योर का आगमन हुआ। उस समय उनके स्वागत में गंगातट पर रोशनी हुई। इन्होंने (भारतेंदु ने) एक स्थान पर 'Oh Tax 'और दूसरे तरफ यह दोहा-

"स्वागत-स्वागत धन्य प्रभु श्री सर विलियम म्योर।
टिक्कस छोड़ बहू सबन को विनय करत कर जोर। ""

रोशनी में लगवाया था।

हिंदी नवजागरण में लेखकों ने आर्थिक दुरवस्था से छुटकारा पाने के लिए 'स्वदेशीयता पर विशेष बल दिया इसके लिए ये उद्योगों के विकास को प्रोत्साहित करते हैं। भट्ट जी के शब्दों में-

"हमारे देश में धनी लाखों रक्खे हैं, पर पाँच आना चार पाई के काम के सिवाय उनकी हिम्मत होती ही नहीं कि रुपये में बड़े-बड़े कारखाने खोल देश के दुःख दारिद्र को दूर बहावें।"

यह भावना उस समय के सभी लोगों में थी। यही आर्थिक चिंतन दादाभाई नौरोजी और रानाडे का था और हिंदी नवजागरण में लगे लेखक इनसे पूरी तरह परिचित थे।

3. भारतेंदु युगीन नाटक: विविध आयाम

19 वीं सदी में भारतीय जनता की दयनीय अवस्था थी। समस्त उत्तर भारत में हिंदू और मुसलमान एक विशेष प्रकार के मानसिक संघर्षों से गुजर रहे थे। इसी अवस्था में भारतीय लेखकों ने नाटक के सामाजिक महत्व को पहले- पहल समझा, क्योंकि पं. किशोरीलाल गोस्वामी के शब्दों में, "नाटक से बढ़कर ऐसा दूसरा उपाय नहीं है जिससे सर्वसाधारण को सामाजिक दशा का वर्तमान चित्र दिखा कर उसका पूरा-पूरा सुधार किया जाय।"

19 वीं शताब्दी के उत्तरार्द्ध में समस्त भारतीय भाषाओं में नाटक का पुनरुत्थान हुआ। बंगाल में इसकी अपूर्व उन्नति हुई, वहाँ नाटकों की बाढ़-सी आ गयी। उधर पश्चिम में गुजरात और महाराष्ट्र में भी इस दिशा में संतोषजनक कार्य हुए। क्या उत्तर और क्या दक्षिण, सभी प्रांतों में अपनी-अपनी प्रांतीय विलक्षणताओं के अनुरूप आधुनिक नाट्यकला का जन्म हुआ। हिंदी नाटकों का पुनरुत्थान भी इसी समय हुआ।

भारतेंदु युग के हिंदी नाटकों को तत्कालीन बंगला, मराठी और गुजराती नाटकों से हीन और हलका नहीं कहा जा सकता। फिर भी, कुछ विद्वानों ने उस काल के हिंदी नाटकों के अनेक दोष गिनाये हैं। किसी को उनमें कलात्मकता और नाटकीयता का अभाव खटकता है, किसी को उनमें किसी निश्चित नाट्य-प्रणाली की कमी महसूस होती है। इसी तरह किसी को इन नाटकों में पारसी रंगमंच के अनुकरण पर व्यर्थ, भद्दे और अनाटकीय पद्यों की भरमार दिखायी देती है, तो कोई कहता है कि ये नाटक पढ़ने के लिए लिखे गये हैं।

19 वीं शताब्दी में भरतीय नवोत्थान की लहर उठी उसका लक्ष्य समाज और धर्म की गलत परंपराओं को मिटा कर यूरोपीय विशिष्टताओं के साथ भारतीय आदर्शों का समन्वय करना था। उस समय सामाजिक कुरीतियों और धार्मिक वितंडवाद के

विरुद्ध जो घोर आंदोलन चल रहा था, उसका प्रभाव नाटककारों पर पड़ना स्वाभाविक था। यही कारण है कि भारतेंदु काल में हिंदी के पौराणिक और ऐतिहासिक नाटक उतने नहीं लिखे गये जितने यथार्थ से संबंध रखने वाले। जो ऐतिहासिक नाटक अथवा पौराणिक नाटक लिखे भी गये, वे भी बहुधा युग को कोई बात सुझाने या सिखाने के लिए लिखे गये हैं।

3.1 जीवनोपयोगी नाटकों की रचना

हिंदी के धार्मिक नाटकों का जो स्रोत मध्य युग में उमड़ा था वह रीति- काल के दरबारी वातावरण में सूख गया; जन-जीवन से उसका संबंध कई सदियों तक टूटा रहा। भारतेंदु युग के नाटककारों ने उसे पुनः जोड़ दिया। स्पष्ट है कि इस युग के नाटकों की सामान्य चेतना सामाजिक और राजनीतिक थी। समाज की हालत सुधारना और देश को विदेशी शासन से मुक्त करना - ये ही उनके दो महान लक्ष्य थे।

3.2 बुद्धिजीवियों का नाटकानुराग

यह युग नाटकोत्थान के सर्वथा अनुकूल था। नयी शिक्षा के प्रचार और परिवर्तन से मध्यवर्गीय बुद्धिजीवियों का एक नया वर्ग तैयार हुआ, जिनसे नाटकोत्थान में हाथ बँटाया। इस वर्ग ने नाटक को देशोन्नति और समाज-सुधार का माध्यम बनाया। लाला काशीनाथ खत्री ने नाटक के प्रति बुद्धिजीवियों (मध्यवर्ग) के बढ़ते हुए अनुराग का उल्लेख इस प्रकार किया- "आजकल कितने विद्वान और देशहितैषियों की चित्त से यह अभिलाषा है कि नाटकों की रचना की यथोचित वृद्धि हो और वे इसके लिए बहुत कुछ परिश्रम कर रहे हैं। "

3.3 जनता का नाट्य प्रेम

नाटकोत्थान की दिशा में बंगाल और महाराष्ट्र पहले जगे। काशीनाथ खत्री ने इन दो प्रांतों के नाट्य- जागरण का संकेत इन शब्दों में किया है- "यहाँ की अपेक्षा बंबई और बांगल में सभ्यजनों ने इसका प्रचार बढ़ाया है और वहाँ जनसाधारण की रुचि इसकी ओर ऐसी बढ़ी हुई है कि बहुधा वहाँ के नाट्य- सभाओं को सहस्रों रुपयों का लाभ होता है।" इसी समय हिंदी-प्रांतों में भी नाटक के प्रति सामान्य जनता का अनुराग बड़ी तेज़ी से बढ़ा। नये ढंग के नाटक और रंगमंच को देख कर लोग विस्मित

और पागल हो उठे। लाला खंगबहादुर मल्ल ने 'कल्पवृक्ष 'नाटक (1888) की प्रस्तावना में इस तथ्य का संकेत इन शब्दो में किया- "आज वही भारत है कि यहाँ के ग्रामीण मनुष्य तथा छोटे छोटे बालक और स्त्रियाँ तक नाटक देखेन को टिड्डि दल की भाँति टूटी पड़ती हैं। "

3.4. नाटकोत्थान की अपील

भारतेंदु युग के प्रायः सभी समर्थ नाटककारों ने देशवासियों से नाटकोत्थान की अपील की। इस प्रकार की अपीलें नाटक की भूमिकाओं, प्रस्तावनाओं और पत्र-पत्रिकाओं में भरी पड़ी हैं। 10 अगस्त, 1872 ई. की 'कविवचनसुधा '(पृ.198) में नाटक के विरोधियों को लक्ष्य करते हुए भारतेंदु ने निवेदन किया--" हे नाटक विरोधी मानवगण। आप लोग इस चमत्कार कार्य में क्यों उत्साह नहीं बढ़ाते और इस आनंदमय रस- समुद्र में क्यों नहीं स्नान करते... अब हमारी प्रार्थना है कि आप लोग इस बात को सुन कर कान में रुई देके न बैठें जहाँ तक हो सके इसकी उन्नति में प्रयत्न करें जिससे हमारे देशवासियों का उपकार हो।"

भारतेंदु जी के इस आह्वान को उस युग के सभी छोटे-बड़े नाटककारों ने बड़ी सहानुभूति से सुना और अपनी-अपनी शक्ति के अनुसार नाटक लिखे । डॉ. श्रीकृष्ण लाल का ठीक ही कहना है कि- "भारतेंदु युग मुख्यतः नाटकों का युग था। उस काल में जितने भी लेखक हुए सबने प्रायः नाटक अवश्य लिखे। "

नाटकोत्थान की इस प्रक्रिया में हिंदी लेखकों को विरोध का सामना भी करना पड़ा। उन दिनों सामान्यतः नाटक लिखने और खेलने वालों को लोग अच्छा नहीं समझते थे। ऐसे ही लोगों को लक्ष्य कर भारतेंदु जी ने "कवितावचनसुधा 'में लिखा-" और जो नाटक करना कोई बुरी बात होती तो सभ्य सिरोमणि विद्यासागर अँगरेज लोग इसके होने में क्यों प्रयत्न करते और बड़ी-बड़ी रंगशालाओं में नित्य बड़े-बड़े अधिकारी लोग क्यों वेश धारण करके नाटकाभिनय करते? जो कहो कि यह नाटक भारतखंड के हेतु एक नई बात है सो भी नहीं। "

3.5 जनता की अज्ञानता

सदियों की दासता और सामाजिक रूढ़ियों से जकड़े रहने के कारण हिंदी भाषाभाषी नाटक को एक तरह से भूल गये थे। सन् 1881 में प्रेमघनजी ने 'आनंद-

कादंबिनी 'में लिखा कि सन् 1871 तक यहाँ के लोग यह भी नहीं जानते थे कि नाटक किस जानवर का नाम है... उन्हें अभिनय अर्थात् तमाशा देखने के आनंद का ज्ञान न था । 31 अगस्त, सन् 1875 की 'काशी - पत्रिका 'ने हिंदी भाषियों की इस अज्ञानता का परिचय इन शब्दों में दिया- "जबसे इस देश की हानि होने लगी तबसे नाटकों का बनना भी बंद हो गया और फिर थोड़े दिनों पीछे यह हाल हो गया था कि बहुत से मनुष्य तो नोटक शब्द ही को भूल गये। मुझको खूब याद है कि 6 बरस हुए एक अंगरेजी मदरसे के अध्यापक लड़कों को पढ़ा रहे थे कि पुस्तक में ड्रामा शब्द आ गया; अध्यापक महाशय ने उसका अर्थ नाट कबताया परंतु लड़के न समझे यद्यपि पश्चिमोत्तर देश में तो अब भी ऐसे बहुत से लोग हैं जो नाटक का नाम तक नहीं जानते, परंतु बंगाल का यह हाल नहीं, इस देश की भाषा में सैकड़ों नाटक बन गये हैं और उनके अभिनय होते हैं ।"

3.6 श्रृंगार का विरोध

लेकिन, भारतेंदु युग के नाटककारों ने रीति-काल की श्रृंगारिक अतिशय का खुल कर विरोध किया, क्योंकि नाटक के लेखन और प्रदर्शन में वे नवीनता, सरलता और स्वाभाविकता के समर्थक थे। पं. बालकृष्ण भट्ट ने 'हिंदी- प्रदीप 'में ये शब्द लिखे- "कैसा अच्छा होता यदि हमारे रसिक मित्र भी रसज्ञता श्रृंगार की ओर से बदल कर वीर रस की उत्तेजक कविताओं की ओर तथा देशहितैषी प्रस्तावों की तरफ झुक जाती क्योंकि अब श्रृंगार को चमकीला करने का समय न रहा।" चतुर्भुज मिश्र (गया) के 'अवधूत 'नाटक की प्रस्तावना में निर्दिष्ट नट-नटी की वार्ता में हमें उस युग की श्रृंगार-विरोधी भावना की स्पष्ट ध्वनि सुनाई देती है। यह वार्ता इस प्रकार है-

सूत्रधार - क्या प्यारी अभी तक श्रृंगार ही करती हो?,

नटी - श्रृंगार क्या मैं तो योगिन बन बैठी हूँ, प्राणप्यारे। आज आप ही आप नाट्य खेलो, मैं नहीं आऊँगी।

सूत्रधार - क्या प्यारी रूठ गई? नहीं आवेगी।

नटी- नहीं जी नहीं। आजकल नये सभ्य लोग आदि रस से घिनाते हैं, तो हमको देखकर कब आनंद होंगे?

सूत्रधार - अरी भोली तू कुछ नहीं समझती यह ऊपरी बात है कमलनैनी को कौन छोड़नेवाला है?

नटी - स्वामी, क्या समाचार पत्र नहीं पढ़ते हो? इसी रस के कारण इतना विवाद होता है।

3.7 साहित्य की नवीन व्याख्या

19वीं शताब्दी के तीसरे चतुर्थांश से ही हिंदी के कवि और लेखक श्रृंगार से खिंचने लगे थे। फल यह हुआ कि साहित्य की नवीन व्याख्या होने लगी। भारतेंदु युग में सामाजिक और प्रगतिशील नाटकों की रचना का एक कारण श्रृंगार-विरोध था और दूसरा कारण साहित्य के प्रति लेखकों और पत्र- संपादकों का सर्वथा नवीन दृष्टिकोण था। साहित्य की नयी व्याख्या करते हुए पं. बालकृष्ण भट्ट ने 'हिंदी प्रदीप 'में ये पंक्तियाँ लिखीं- "साहित्य जन-समूह के हृदय का विकास है, साहित्य जिस देश के जो पुरुष हैं उस जाति की मानवी सृष्टि के हृदय का आदर्श रूप है जो जाति जिस समय से परिपूर्ण या परिलुप्त होती है वह सब उसके भाव उस समय के साहित्य की समालोचना से अच्छी तरह प्रगट हो सकते हैं।" साहित्य की इस सामाजिक व्याख्या से नाटककारों की दृष्टि बदली और इसके फलस्वरूप सामाजिक और राजनीतिक नाटकों की रचना हुई।

3.8 नाटक के उद्देश्य

नाटककारों के दृष्टिकोण में परिवर्तन तो हुए ही, नाटकों के उद्देश्य में भी परिवर्तन हुए। पं. अंबिकादत्त व्यास ने सूत्रधार के मुँह से निम्नलिखित पंक्तियाँ कहलायीं-

"सूत्रधार- (समाज की ओर देखकर) आज तो समाज में बहुत उत्तम जन, देशोन्नति में तत्पर और शुद्ध हिंदी के आग्रही लोग जुटें हैं... निस्संदेह ये लोग कोई नाटक लीला देखना चाहते हैं।"

सूत्रधार नवीन नाटकों के उद्देश्यों पर प्रकाश डालता हुआ कहता है- "ये किसी ऐसी लीला को देखना चाहते हैं जिससे केवल क्षणिक मनोरंजन ही नहीं किंतु देशोन्नति अथवा धर्म-विषयक कुछ उपदेश भी प्रकट करते हैं।" स्पष्ट है कि नाटक के तीन उद्देश्य माने गये - (1) क्षणिक मनोरंजन, (2) देशोन्नति और (3) धार्मिक उपदेश। लाला काशीनाथ खत्री ने इस विषय को स्पष्ट करते हुए लिखा- "अब ध्यान

दीजिए कि यह कैसी सुंदर रीति है कि मनबहलाव भी हो और उसके संग उपदेश भी हो। "

इस प्रकार नाटकों का क्रमिक विकास होने लगा। जनता भी इस ओर आकृष्ट हुई। नाटक के बढ़ते हुए प्रभाव को देखकर काशीनाथ खत्री ने लिखा- "बड़े आनंद का विषय है कि हमारी मातृभाषा में भी अब धीरे-धीरे नाटक लिखे जाने लगे और लोगों की रुचि उस ओर हो चली। "

3.9 पत्र-पत्रिकाओं का योग

भारतेंदु युग में हिंदी के लेखकों ने नाटकोत्थान की दिशा में, अनेक साधनों का सहारा लिया था। इनमें पत्र-पत्रिकाएँ सबल साधन थीं। इनमें नाटक और उसके अभिनय के संबंध में टिप्पणियाँ और सूचनाएँ प्रकाशित होती थीं। हिंदी के बहुतेरे नाटक इस पत्रों की पुरानी फाइलों में अभी भी दबे पड़े हैं, जिनका अभी उद्धार नहीं हुआ है। वास्तव में, उस युग के हिंदी नाटकों का संपूर्ण भंडार अभी हिंदी के इतिहासकारों के सामने नहीं आया है।

3.10 नाट्य संबंधी हिंदी पत्रिकाएँ

20 नवंबर, 1878 ई. के बिहारबंधु (पटना) और 21 नवंबर, 1878 ई. 'भारतमित्र ‘(कलकत्ता) में बाबू राधाकृष्णदास ने 'नाटकोपन्यास ‘के प्रकाशित होने की अग्रिम सूचना भेजी थी, जो इस प्रकार है-

"हिंदी भाषा में नाटक और उपन्यास का संपूर्ण रूप से अभाव है विशेष करके अंगरेजी और बंग-भाषा के अनुसार उत्तम नाटक आज तक बहुत ही कम प्रकाशित हुए हैं और उपन्यासों के तो अभी तादृश स्वाद से भी हमारे देश- बंधु- गण वंचित हैं इस हेतु ऐसा विचार किया है कि एक पाक्षिक पत्रिका 20 पृष्ठ की हिदी भाषा की पूर्वोक्त नाम की प्रचलित हो और इसमें केवल मनोहर उपन्यास और नाटक रहें। अनेक कृत विद्वानों ने बंगाल और अंगरेजी से अच्छे-अच्छे नाटकों और उपन्यासों का अनुवाद करना भी स्वीकार किया है। ... हिंदी भाषा के उन्नति चाहने वालों को इसमें सहायता देनी चाहिए।"

इस विज्ञप्ति के अनुसार 'नाटकोपन्यास ‘नामक पाक्षिक पुस्तिका प्रकाशित करने और अंग्रेज़ी तथा बंगला नाटकों के अनुवाद निकालने की योजना बनी थी,

किंतु इसका कहीं उल्लेख नहीं मिलता कि यह योजना कार्यान्वित हुई या नहीं। लेकिन इतना स्पष्ट है कि पत्रिकाओं से नाटकोत्थान की और हिंदी के लेखकों का ध्यान अवश्य गया था। इसी तरह 5 अगस्त, सन् 1880 के 'बिहारबंधु ‘ने लखनऊ के पं. केशवराम पंड्या द्वारा एक फर्मे की 'नाटक- पत्रिका ‘प्रकाशित करने की चर्चा इस प्रकार की - " लखनऊ के पंडित केशवराम पंड्या ने एक किताब की शक्ल में एक फर्मों का एक मासिक पत्र जारी किया है। इसमें नाटक और उपन्यास छपा करेंगे।"

28 अक्तूबर, सन् 1880 के ‘बिहारबंधु ‘में नाटक-संबंधी एक नाट्य- पुस्तिका नाटक प्रकाश ‘के प्रकाशन का समाचार छपा था। इसके अतिरिक्त, पं. देवकीनंदन त्रिपाठी ने प्रयाग के आर्य नाट्य समाज द्वारा प्रकाशित मासिक 'नाट्य- पत्र ‘का उल्लेख किया है।

अतः यह सिद्ध है कि उपर्युक्त पत्र-पत्रिकाओं के माध्यम से अंग्रेज़ी और बंगला नाटकों का अनुवाद, मौखिक नाटकों का लेखन और नाट्य- मंडलियों द्वारा उनका प्रदर्शन होता था।

3.11 प्रेस का सहयोग

भारतेंदु युग में हिंदी नाटकों का विकास जिस शीघ्रता से हुआ, उसमें प्रेस का भी योग था। उस काल में देश के कोने-कोने में प्रेसों की बाढ़ - सी आ गयी थी। नाटकों के प्रकाशन में बंबई के वेंकटेश्वर छापाखाना; लखनऊ के नवलकिशोर छापाखाना, काशी के भारत जीवन प्रेस, मेडिकल हाल प्रेस; लजारस प्रेस, पटना के खड़गविलास प्रेस, बिहारबंधु छापाखाना; कलकत्ता के उचित वक्ता छापाखाना, भारत मित्र मंत्रालय; इत्यादि प्रेसों ने विशेष कार्य किये। यदि इन प्रेसों के मालिकों ने उदारता न दिखायी होती तो हिंदी नाटकों का पुनरुत्थान इतना शीघ्र न हुआ होता।

3.12 संस्थाओं का योग

प्रेस और पत्रिकाओं की आशातीत उन्नति के साथ ही समस्त उत्तर भारत में साहित्यिक और धार्मिक संस्थाएँ स्थापित हुईं। प्रत्येक नगर में दो-एक संस्थाएँ अपने-अपने क्षेत्र में काम कर रही थीं। प्रत्येक संस्था का अपना मुख्य पत्र और मंच होता था। कुछ संस्थाओं के नाम इस प्रकार हैं- (1) हिंदी वर्द्धिनी सभा (प्रयाग), (2) भाषा वर्द्धिनी सभा (दिल्ली) (3) बिहार उपकारक सभा (पटना), (4) भाषा संवर्द्धिनी सभा

(अलीगढ़), (5) देवनागरी प्रचारिणी सभा (मेरठ), (6) तदीय समाज (काशी) इत्यादि । ये सभाएँ सामाजिक आदर्शों के प्रसार में नाटक को माध्यम बनाती थीं । जनता में नवीन विचारों का प्रसार कर नवजागरण लाने में नाटकाभिनय ने काफी सहायता पहुँचायी।

3.13 हिंदी आंदोलन

भारतेंदु युग क्रांति, संघर्ष और आंदोलन का युग था । उन्हीं दिनों हिंदी-प्रांतों में उर्दू के विरोध में हिंदी - आंदोलन शुरू हुआ। हिंदी का यह आंदोलन एक ओर पद्य के विरोध में उठ खड़ा हुआ और दूसरी ओर कचहरियों में हिंदी को स्थापित करने के लिए संघर्ष चल पड़ा। नाटकोत्थान में यह आंदोलन सहायक सिद्ध हुआ । फल यह हुआ कि पद्य के स्थन पर गद्य की प्रधानता हुई। हिंदी और देवनागरी का पक्ष ग्रहण करने के कारण हिंदी में गद्य नाटकों की बाढ़ सी आ गयी ।

3.14 मध्य वर्ग और श्रमिक वर्ग का उदय

संघर्ष के उस युग में दो नवीन वर्गों का उदय हुआ- मध्यवर्ग और मजदूर वर्ग । यदि एक वर्ग अंग्रेज़ों की शासन नीति का परिणाम था तो दूसरा देश में बढ़ते हुए पूँजीपतियों और कल-कारखानों का उत्पादन था । मध्यवर्ग सरकारी नौकरियों के पीछे तबाह था और मजदूरवर्ग मिलों और कारखानों में काम कर चूर था। अवकाश का समय बिताने और दैनिक जीवन की उलझन मिटाने के लिए दोनों ने नाट्यकलाओं की शरण ली।

3.15 शिक्षा का प्रसार

भारतेंदु युग शिक्षा और साहित्य के उत्थान का युग था । लार्ड मेकॉले के प्रयत्न से भारत में अंग्रेजी शिक्षा का श्रीगणेश सन् 1835 में ही हो चुका था । विश्वविद्यालयों की स्थापना से एक ओर अंग्रेज़ी शिक्षा पर विशेष बल दिया गया और दूसरी ओर भारतीय भाषाओं और साहित्य को पनपने का सुअवसर प्राप्त हुआ। इस दिशा में नाटक का विकास साहित्य के अन्य अंगों की अपेक्षा सबसे अधिक हुआ । विश्वविद्यालयों की शिक्षा में अंग्रेजी नाटकों, विशेषतः शेक्सपीयर के नाटकों, का अध्यापन आरंभ हुआ। भारतीय नवयुवक जब पाश्चात्य नाटक और रंगमंच के

संपर्क में आये तो उनमें नाटकों के प्रति सहज आकर्षण हुआ। देवीप्रसाद पूर्ण को 'चंद्रकला भानुकुमार 'नाटक लिखने की प्रेरणा कॉलेज के अध्ययन-काल में ही हुई थी। लाला काशीनाथ खत्री शेक्सपीयर के नाटकों के अध्ययन से नाटक लिखने की ओर प्रेरित हुए थे।

4. हिंदी नाटक : विकास यात्रा

नाटक का अस्तित्व बिना रंगमंच के पूर्ण नहीं होता। यह निश्चित है कि नाटक रंगशाला में ही पहुँच कर पूर्ण होता है। उसकी आखिरी कसौटी रंगमंच ही है। लेकिन यह भी सत्य है कि हर एक नाटक रंगमंच तक नहीं पहुँच पाता। इसका अनुभव होते हुए भी नाटककार कभी नाटक लिखना बंद नहीं करता, क्योंकि हर नाटक का अपना स्वतंत्र अस्तित्व भी होता है, वह पाठकों के मनो-मस्तिष्क पर भी रंगमंच की सत्ता से अलग अपना एक प्रभाव डालता है साहित्य के रूप में नाटक का अस्तित्व मनः प्रदेश की उस विस्तृत रंगभूमि तक व्याप्त है, जहाँ अभिनेता और दर्शक, सृजन और सर्जक एक बन जाते हैं। नाटक रंगशाला के बाहर भी अपना एक प्रभावकारी अस्तित्व रखता है।

श्री गिरिधरदास द्वारा रचित मौलिक नाटक 'नहुष' और राजा लक्ष्मण सिंह की शकुंतला से नाटक रचना का सूत्रपात माना जा सकता है। वही परतंत्रता के युग में भी बहुत-से नाटकों की रचना हुई जो कि पाठकों तक सीमित रहे, किंतु वे उनके मस्तिष्क के रंगमंच पर अपना प्रभाव दिखलाने में सफल रहे। वह काल एक संक्रमण-काल था। विदेशी सत्ता के आगे सीधे या प्रत्यक्ष रूप में लड़ाई लड़ना असंभव तो नहीं, किंतु कठिन कार्य था। फिर भी अपनी अस्मिता, भारतीय साहित्य, समाज और संस्कृति की रक्षा के लिए एक शक्ति सदैव साहित्यकारों को मिलती रही, जिसका परिणाम यह हुआ कि वे धार्मिक और पौराणिक आख्यानों को आधार बनाकर नाटकों के माध्यम से लोगों को जागृत करने की कोशिश करते रहे और उसका सीधा प्रभाव भी पड़ता रहा। उनमें से बहुत से नाटकों का मंचन भी हुआ और बहुत से नाटक बिना मंचित हुए भी लोगों को आंदोलित करते रहे।

भारतेंदु ने विद्यासुंदर, मुद्राराक्षस, चंद्रावली नाटकों के साथ हिंदी नाटक साहित्य में पदार्पण किया किंतु उनके यथार्थ रूप एवं उनके नाटककार की चरम

परिणति वैदिकी हिंसा, सत्य हरिश्चंद्र, प्रेम जोगिनी, भारत दुर्दशा, नीलदेवी आदि नाटकों से ही मिलती है।

प्रेमजोगिनी में धार्मिक व्यवस्था एवं उसके आधार स्तंभ पण्डों की भर्त्सना करते हैं। इसमें शोषण के विरुद्ध तीखा स्वर सुनायी पड़ता है। भारत दुर्दशा देश की तत्कालीन दुस्थितियों का आलबम ही है। नीलदेवी में गुलामी का घोर विरोधी स्वर है तो नारी चरित्र का एक अनुकरणीय आदर्श भी है।

भारतेंदु युग में बहुत से ऐसे नाटककार हुए जिन्होंने उस युग की विषम परिस्थितियों में भी नाटकों के माध्यम से अपनी बात जन सामान्य तक पहुँचाने की कोशिश की। उनमें से बहुत से नाटककारों ने तो अपने नाटकों को स्वयं ही प्रकाशित कराया और अनेक नाटक अप्रकाशित रह गये थे। नाटककारों में भारत माँ को केंद्रीय पात्र मानकर नाटक लिखने की जो प्रवृत्ति जागृत हुई, उसका पाठकों और दर्शकों पर दूरगामी प्रभाव पड़ा। उनके मन में राष्ट्रीयता का बोध जागृत हुआ। उस युग में 'भारत 'को लेकर जो नाटक लिखे गये उनमें 'भारत आरत 'सन् 1802 में खड्गबहादुर मल्ल द्वारा लिखा गया और खड्ग विलास प्रेस, बाँकीपुर से प्रकाशित हुआ। 'भारत आरत 'विद्यार्थियों को पात्र बनाकर लिखा गया। इसके प्रमुख पात्र विद्यार्थी हैं, जो तत्कालीन अंग्रेज़ी राज्य की तीखी आलोचना करते हैं। एक छात्र जब अंग्रेजी राज्य के कर्मचारियों की आलोचना करता है और अपने देश की दुर्दशा का कारण अंग्रेज़ी राज्य को घोषित करता है तो कोतवाल उसे राज-द्रोह के अपराध में बंदी बना लेता है। इसी प्रकार भारतेंदु का 'भारत जननी 'नाटक में, जो कि खड्गविलास प्रेस बाँकीपुर से सन् 1887 में प्रकाशित हुआ था, टूटे देवालय में मलिन वसना भारत जननी निद्रित दशा में बैठी है, पास ही भारत सपूत सो रहे हैं। यह तत्कालीन स्थितियों पर एक तीखा व्यंग्य - प्रहार था। सन् 1883 ई. में इन्हीं परिस्थितियों को दृष्टिगत करते हुए अंबिकादत्त व्यस ने 'भारत सौभाग्य 'नाटक लिखा। यह नाटक भी खंड्गविलास प्रेस, बाँकीपुर पटना से प्रकाशित हुआ। यह नाटक महारानी विक्टोरिया के पचास वर्ष के अखंड राज्य करने के महोत्सव पर लिखा गया था और सन् 1883 में प्रकाशित हुआ था। यह प्रतीकात्मक नाटक था। भारत दुर्भाग्य, विषय भोग, फूट, शिक्षा, एकता आदि को पात्र बनाकर इनके माध्यम से तत्कालीन परिस्थिति का विवेचन है। भारतीय शक्तियाँ किस प्रकार से आपस में टकराकर शक्तिहीन हो जाती थीं और उनका लाभ ब्रिटिश उठाया करते थे, उसका वर्णन इस नाटक में बखूबी किया गया है। इसी नाम से बदरी नारायण चौधरी 'प्रेमघन 'ने 'भारत सौभाग्य 'रूपक भी लिखा था, जिसमें

अचेत भारत और पिशाचियों के तांडव के रूप में तत्कालीन स्थिति को प्रतिबिंबित किया गया है। नाटक में यह दिखाया गया है कि अंग्रेजी राज में भारत का हित नहीं रखा जाता। टैक्स लगाया जाता है। अंग्रेज़ अपनी भलाई के लिए लड़ाइयाँ लड़ते हैं। यह नाटक इंडिया नेशनल कांग्रेस के वार्षिक अधिवेशन पर खेलने के लिए लिखा गया था। म्योर सेंट्रल कॉलेज, इलाहाबाद के छात्रों ने डेलिगेटों के सत्कार में इसे खेलने की योजना बनाई थी। कालांतर में 'भारत 'को केंद्र मानकर और भी नाटक लिखे गये, जिनमें लाला किशनदास जेबा कृत 'भारत- उद्धार 'अर्थात् 'धर्म-विजय '(1922), 'भारत गौरव 'जो कि जिनेश्वर प्रसाद द्वारा सन् 1922 में लिखित और भारतीय पुस्तक एजेंसी कलकत्ता से प्रकाशित था, प्रमुख रहे। अन्य नाटकों में लाला किशनदास जेबा रचित 'भारत-दुर्दशा', हरिहर प्रसाद कृत 'भारत-पराजय', राधामोहन गोस्वामी कृत 'भारत-रहस्य 'तथा हरिजन शरण मिश्र कृत 'भारतवर्ष 'जो कि सन् 1926 में सूर्यकमल ग्रंथमाला कार्यालय, लखनऊ से प्रकाशित हुआ था, प्रमुख रहे। ये सभी नाटक देश की तत्कालीन दशा को प्रदर्शित करते हैं और देशवासियों को अपने अतीत का बोध कराकर पराधीन भारत की मुक्ति का आह्वान करते हैं। इन सभी नाटकों में धनंजय भट्ट कृत नाटक 'भारतवर्ष और कलि 'का उल्लेख करना आवश्यक है। सन् 1896 में 'भारतेंदु चंद्रिका 'पत्रिका में प्रकाशित यह प्रतीकात्मक नाटक अंग्रेजी शासन के समय में होनेवाली दुर्दशा को व्यक्त करता है। अन्य नाटकों में गोपालराम गुप्त 'गहमरी 'कृत 'देश- दशा', जगत नारायण कृत 'भारत डिमडिमा 'और 'भारत दुर्दिन 'नाटक भी प्रतीकात्मक रूप से राष्ट्र के स्वरूप को प्रदर्शित कर भारतीय जन-मानस में ऐसी भावना भरने की कोशिश करते हैं जिससे कि उसमें जागृति आ सके।

तत्कालीन युग के नाटककारों ने, धार्मिक, पौराणिक व ऐतिहासिक आधार लेकर भी खूब नाटक लिखे। ज्ञातव्य है कि इनका प्रभाव मस्तिष्क पर सीधा पड़ा करता था, क्योंकि हमारी पौराणिका व ऐतिहासिक कथाओं में भी सुर-असुर तथा भारतीय और बाहरी ताकतों के मध्य संघर्ष का बखूबी वर्णन है। इन चरित्रों को आधार मानकर जो नाटक लिखे गये, उनमें प्रतीकात्मक रूप से देशवासियों को जागृत करने के लिए पर्याप्त संदेश थे।

रामायण और महाभारत आरंभ से ही हमारे लिए आदर्श ग्रंथ रहे हैं। इनको आधार मानकर नाटक लिखे गये और वे अत्यधिक सफल भी रहे। विक्रम सं. 1969 में हरगुलाल वशिष्ठ का नाटक 'अत्याचार का अंत 'कंस के अत्याचारों को प्रदर्शित

करता है। अंत में बलराम और कृष्ण के संयुक्त प्रयासों से कंस का अंत हो जाता है। तत्कालीन युग में ब्रिटिश सत्ता के अत्याचारों को असुरों के अत्याचार के प्रतीक रूप में दिखलाया जाता था। उक्त कथानकों को जनता सीधे युगीन आवश्यकता के अनुसार ग्रहण कर लेती थी। वीर अभिमन्यु को केंद्रीय पात्र मानकर अनेक नाटक लिखे गये। वेणीराम त्रिपाठी 'श्रीमाली कृत 'वीर अभिमन्यु नाटक 'तथा सन् 1932 में प्रकाशित बाबू बैजनाथ प्रसाद कृत 'वीर अभिमन्यु 'ऐतिहासिक नाटक मुख्य हैं। शालिग्राम वैश्य कृत 'अभिमन्यु नाटक 'और गोचरण गोस्वामी कृत 'अभिमन्यु वध 'जो कि क्रमशः विक्रम सं. 1985 और विक्रम सं. 1990 में प्रकाशित हुए थ, वीर अभिमन्यु के शौर्य को चित्रित करते हैं। वहीं पर प्रभुलाल अस्थाना ने 'अथ द्रौपदी वस्त्र हरण 'लिखा। सन् 1910 में रामनारायण मिश्र 'द्विजदेव 'ने 'कंसवध 'नाटक लिखा, जो कि मैथिली प्रिंटिंग प्रेस, मधुबनी, दरभंगा से प्रकाशित हुआ था। इसके नाम से ही परिलक्षित होता है कि अत्याचारी कंस की हत्या के लिए भगवान कृष्ण अवतार धारण कर देवताओं के कष्ट को दूर करते हैं। 'कुरुक्षेत्र 'नाटक में, जो कि जगन्नाथ शरण ने सन् 1925 के आसपास लिखा था, महाभारत युद्ध को आद्योपांत दिखाया है। महाभारत की कथा के आधार पर लिखे नाटकों में यह नाटक विशेष स्थान रखता है। इसका मंचन प्रकाशन-पूर्व नवंबर 1925 में शारदा नाट्य समिति, छपरा द्वारा किया गया। रंगमंच की त्रुटियों को देखकर इसमें सुधार किया गया, तदुपरांत प्रकाशित हुआ। यह नाटक अष्टादश हिंदी साहित्य सम्मेलन, मुजफ्फरपुर के सुअवसर पर 27 जून 1928 को छपरा नाटक समिति द्वारा खेला गया।

महाभारत के अन्य चरित्र जो कि नाटक के पात्रों के रूप में आये उनमें भीम, भीष्म व द्रौपदी भी प्रमुख रहे। कैलाशनाथ भटनागर कृत 'भीम प्रतिज्ञा 'सन् 1933 में हिंदी भवन, लाहौर से प्रकाशित हुआ था। इस नाटक का कथानक, जैसा कि नाम से ही विदित होता है, महाभारत से लिया गया था। नारी - अपमान के परिणाम से कौरव-कुल का सत्यानाश किस प्रकार हो जाता है, यह इस नाटक में दिखाया गया है। इसके अलावा भीम के चरित्र को लेकर जो अन्य नाटक लिखे गये उनमें - जीवानंद शर्मा कृत 'भीम - शक्ति '(1910), रामेश्वर शर्मा चौमुबल कृत 'भीम - विक्रम '(1920) शिवदत्त मिश्र कृत 'भीम प्रतिज्ञा '(1910) आदि प्रमुख हैं। महाभारत पर आधारित कथानकों को लेकर लिखे गये अन्य नाटक नारायण प्रसाद 'बेताब 'कृत 'महाभारत '(1913), माधव शुक्ल कृत 'महाभारत नाटक '(पूर्वार्द्ध) (1918), वेणीराम त्रिपाठी

कृत 'महाभारत नाटक '(1920) व न्याढर सिंह 'बेचैन 'देहलवी कृत 'महाभारत '(1940) अपना प्रभाव छोड़ने में सफल रहे। महाभारत से ही द्रौपदी को आधार बनाकर नाटक लिखे गये। द्रौपदी का चीरहरण लोगों को भीतर तक उद्वेलित कर जाता है। वामनाचार्य गिरि कृत 'द्रौपदी चीरहरण '(वि. 1955), प्रभुलाल अस्थाना कृत 'द्रौपदी वस्त्र - हरण 'अथवा 'पांडव वन गमन '(वि. 1953), ज्वालाराम नागर कृत 'द्रौपदी स्वयंवर '(1929), राधेश्याम कथावाचक कृत 'द्रौपदी स्वयंवर '(1930) आदि प्रमुख नाटक रहे। महाभारत के ही पात्रों को लेकर किशोरीदास वाजपेयी ने 1940 में 'द्वापर की राज्य-क्रांति 'नाटक लिखा। उक्त नाटक में गुरु संदीपन के उपदेशानुसार सुदामा अपना सर्वस्व देकर भी देश- सुधार में लगने की घोषणा करते हैं। वे किसानों को अत्याचार - अनाचार का डटकर मुकाबला करने के लिए उकसाते भी हैं। नाटक का अंत प्रजातंत्र की स्थापना एवं प्रजा की भलाई के संकल्प के संदेश के साथ होता है। महाभारत पर आधारित कथानक के साथ- साथ पं. शिवदत्त मिश्र ने रामायण से कथानक को आधार बनाकर 'लंका दहन 'नाटक (1940) लिखा। इस नाटक में सीता हरण से लेकर लंका दहन तक की कथा वर्णित है। अन्य नाटकों में 'सत्य हरिश्चंद्र '(भारतेंदु), 'सीता हरण '(बंदीदीन दीक्षित, 1857) व पं. बालकृष्ण भट्ट कृत 'मेघनाथ वध 'प्रमुख रहे।

पौराणिक कथाओं के अलावा ऐतिहासिक घटनाओं और चरित्रों के माध्यम से तत्कालीन विषमताओं को लोग के सम्मुख बखूबी प्रस्तुत किया गया। 1857 में राधाचरण गोस्वामी ने 'अमरसिंह राठौर 'नाटक लिखा। इस नाटक में अमरसिंह की वीरता का वर्णन है, जिसके प्रारंभ में दो वैतालिक गाते हुए कह रहे हैं-

"भारत को वेग दास-भाव से छुड़ाओ, जय भारत, जय भारत, जय "भारत गाओ।"

अमरसिंह राठौर प्रतिज्ञा करते हैं कि चित्तौड़ और सोमनाथ का बदला लिये बिना अमरसिंह न मानेगा। एक स्थान पर कहते हैं- "जो दिल्ली - पति का शीश न काट गिराऊँ। राठौर अमरसिंह जग में नहीं कहाऊँ ।" नारियों के अंदर स्वाभिमान जागृत करने के उद्देश्य से रचित काशीनाथ खत्री का 'गुन्नौर की रानी 'राजस्थान के गुन्नौर की रानी की वीरता और आत्मत्याग की कथा पर आधारित है। यह नाटक 1884 में प्रकाशित हुआ था। शालिग्राम वैश्य कृत 'पुरु- - विक्रम 'नाटक (1905) में भारत पर सिकंदर के आक्रमण की घटना का वर्णन है। यवनों से युद्ध करने के पूर्व

पुरुराज इलविला से जब प्रेम-प्रदर्शन करते हैं तो वह कर्तव्य की स्मृति दिलाते हुए कहती है, "जाओ राजकुमार प्रथम युद्ध में जय-लाभ करो, यह प्रेमालाप का वक्त नहीं है।" इस प्रकार इतिहास को आधार मानकर लिखे गये नाटक भले ही प्रदर्शन तक न पहुँच पायें हों, किंतु उनके पढ़ने मात्र से ही मनो-मस्तिष्क में देश के प्रति कुछ करने की भावना जागृत हो जाना स्वाभाविक था। कुछ नाटकों में राणा प्रताप को भी आदर्श रूप में खूब प्रस्तुत किया गया जो कि उस युग की आवश्यकता थी। नरोत्तम व्यास तथा गुप्त बंधु ने 'महाराणा प्रताप नाटक '(1915) लिखकर महाराणा प्रताप के साहस और शौर्य को प्रस्तुत किया। राधाकृष्ण दास ने 'महाराणा प्रताप '(वि. 1958) लोगों के सम्मुख रखा, जिसमें स्वतंत्रता की बलिवेदी पर परिवार सहित हँसते-हँसते बलि होनेवाले प्रताप के धीरता, वीरता, क्षमाशीलता और दृढ़ता जैसे गुणों को प्रस्तुत किया है। इसका मंचन काशी में अनेक बार किया जा चुका है। प्राचीन काल के नाटकों में ऐसा माना जाता है कि इसका मंचन सबसे अधिक हुआ। वेणीराम त्रिपाठी ने 'महाराणा प्रताप '(1934) नाटक को पारसी शैली में लिखा। राजस्थानी वीरों का एक और ऐतिहासिक नाटक 'महाराजा संग्राम सिंह '(1940) है, जिसे शिव प्रसाद चारण ने लिखा था। हिंदू जाति और भारतव्यापी दुर्दशा को देखकर संग्राम सिंह के मन में जो तीव्र लगन उत्पन्न होती है, उसका वर्णन इस नाटक में किया गया है। इसी प्रकार कृष्णकुमार मुखोपाध्याय द्वारा रचित 'महारानी दुर्गावती 'अथवा 'रक्तवन्या '(1929) में महारानी दुर्गावती की स्वतंत्रता तथा राजपूती गौरव पर प्रकाश डाला गया है। राजस्थानी क्षत्राणियों को केंद्र में रखकर 1893 में राधाकृष्ण दास ने महारानी पद्मावती व 1940 में देव शर्मा ने 'महारानी पद्मिनी अथवा चित्तौड़ का फूल 'नाटक लिखे। स्वतंत्रता आंदोलन के समय भारतीय महिलाओं के लिए आत्मबल व चरित्रबल हेतु ये नाटक आधार स्तंभ सिद्ध हुए थे। राजस्थान के हि योद्धा वीर दुर्गादास को लेकर कई नाटक लिखे गये। इनमें सुवर्ण सिंह वर्मा 'आनंद 'कृत 'वीर दुर्गादास '(1934) व चंद्रभानचंद्र कृत 'वीर दुर्गादास राठौर '(1905) प्रमुख रहे। इन नाटकों में वीर दुर्गादास की सच्ची देश भक्ति तथा वीरता के साथ- साथ औरंगजेब के क्रूर अत्याचारों की भी अभिव्यक्ति की गई है। वहीं पर शिवचरण 'चारण 'द्वारा लिखित 'वीर हम्मीर '(1911) व रुद्रनाथ सिंह कृत 'वीर हम्मीर 'नाटक (1912) वीरता, देश-प्रेम और राष्ट्रीयता से परिपूर्ण है। महाराष्ट्र के अनन्य सेनानी और योद्धा शिवाजी को आधार मानकर भी कई प्रेरक नाटक लिखे गये। मिश्रबंधु ने 'शिवाजी

'(वि. 1994), आरसीप्रसाद सिंह ने 'शिवाजी 'और 'भारत- राज्य लक्ष्मी', हरिकृष्ण प्रेमी ने 'शिव साधना '(1937) व सवर्ण सिंह वर्मा 'आनंद 'ने 'छत्रपति शिवाजी नाटक लिखकर जन-भावनाओं को बल दिया। इन सभी नाटकों में शिवाजी के पराक्रम, देशभक्ति एवं आत्मबलिदान की भावना को व्यक्त किया गया है। इस प्रकार के लिखे गये नाटकों का निश्चित रूप से एक सामयिक महत्व था। 'शिवाजी और भारत- राज्य लक्ष्मी का स्वतंत्रता आंदोलन के समय कई विद्यालयों में मंचन किया गया। नाटक 'श्री छत्रपति शिवाजी 'में राष्ट्रीय - भवाना को जागृत करनेवाला यह गीत बहुत चर्चित हुआ-

"हर वक्त मुल्क के लिए हम सरफरोश हैं।
इस पर भी अपनी जाँ के कभी दाम न लेंगे ।।
हँसते हुए हम मौत के हाथों में जायेंगे ।
लेकिन हम अपने मुल्क को तुमसे छुड़ायेंगे ।।

जयशंकर प्रसाद ने भारतीय सांस्कृतिक, ऐतिहासिक पृष्ठभूमि में अजात शत्रु से नाटक रचना प्रारंभ कर, मौर्य वंश के चुदंगुप्त को, उसको तराशने वाले चाणक्य को, गुप्तकाल के स्कन्दगुप्त को पराधीन भारत के सामने प्रस्तुत किया। उनके चरित्रों के द्वन्द्व के चित्रण में अद्भुत कौशल दिखाया और उन्होंने पराधीन भारत के लिए एक अमोघ मंत्र दिया। समूचे भारत को एक मानकर ही स्वतंत्रता की प्राप्ति हो सकती है- "मालव और मागध को भूलकर जब आर्यावर्त का नाम लोगे, तभी वह मिलेगा। राजश्री, अजातशत्रु, जनमेजेय का नाग यज्ञ, स्कंदगुप्त, चंद्रगुप्त, ध्रुतस्वामिनी ये नाटक न होते तो हिंदी नाटक के पास क्या रह जाता। हिंदी के अनेक नाटकों के समान रंगमंच की दृष्टि से इनकी सफलता पर प्रश्न चिन्ह के बावजूद ये हिंदी साहित्य की अमूल्य निधि है ।

स्वतंत्रता आंदोलन के समय सामाजिक परिवेश को भी लेकर ऐसे नाटक लिखे गए जो कि बिना किसी ऐतिहासिक या पौराणिक आख्यान को लेकर थे। ये नाटक सीधे-सीधे अपने मंतव्य को व्यक्त करते थे। सुदर्शन कृत 'अंजना '(1929) इसका एक प्रमुख उदाहरण है। कथानकके अनुसार अंजना एक पतिव्रता नारी है जो कि अपने पति के देश-प्रेम के कार्यों में बाधक नहीं बनना चाहती । विपन्नावस्था में उसे अरण्य- प्रदेश में भी शरण लेनी पड़ती है । उस समय वह पति के देश-प्रेम के मार्ग में बाधा डालने की अन्य व्यक्तियों की मंत्रणा को ठुकराकर कहती है- " वे इस

समय युद्ध भूमि में यशः प्राप्ति का कार्य कर रहे हैं, देश की सेवा कर रहे हैं, संसार में अपने देश का सिर ऊँचा कर रहे हैं, मैं जाकर उनके हृदय को दूसरी ओर कर दूँगी तो साराकामं चौपट हो जाएगा। उनके अद्वितीय बल में न्यूनता आ जाएगी, पराक्रम थोड़ा हो जाएगा। मैं यह पाप कर्म नहीं कर सकती। अपनेसुख पर देश और जाति के सुख को निछावर नहीं कर सकती। इसी निर्जन वन में मैं भी दुःख और कष्ट सहूँगी।" इसी प्रकार ताराप्रसाद वर्मा द्वारा लिखित सामाजिक नाटक 'आजकल 'में देश- सेवा के भावों को प्रेरित करने का प्रयास किया गया है। ठा. लक्ष्मण सिंह कृत 'गुलामी का नशा '(1924) असहयोग आंदोलन का चित्र उपस्थित करता है। यह आंदोलन देश के राजनैतिक जीवन में एकदम युगांतर उत्पन्न कर देता है। नाटक में यह दिखलाया गया है कि किस प्रकार लोग गाँधीजी की प्रेरणाओं से प्रेरित होकर परतंत्रता को दूर कर स्वतंत्रता प्राप्ति का हर संभव प्रयास करते हैं। इसी क्रम में लाला किशनचंद जेबा रचित नाटक 'चिरागे वतन 'अर्थात् 'देश- दीपक 'गाँधीवादी भावनाओं से पूर्ण है। इस नाटक में हिंदू-मुस्लिम एकता, मातृभाषा- - प्रेम एवं स्वाभिमान की रक्षा आदि को दर्शाया गया है। इस नाटक का उद्देश्य देश की दुर्दशा के विविध कारणों पर प्रकाश डालकर गाँधीजी के सिद्धांतों द्वारा इसको स्वाधीन कराना है। राष्ट्रीयता की भावना इसमें ओत-प्रोत है। दाऊदयाल गुप्त कृत 'देश की दुर्दिन '(वि. 2000) में तत्कालीन सत्याग्रहियों के आंदोलन के माध्यम से देश-भक्त वीरों का परिचय मिलता है। नाटक की प्रमुख घटनाओं में कांग्रेस के जुलूस, सत्याग्रह के साथ ही साथ महिलाओं के अपमान की भी घटनाएँ हैं, जो तत्कालीन समाज को प्रतिबिंबित करता है। तत्कालीन युग के स्वतंत्रता आंदोलन के नायकों को भी केंद्रीय पात्रमानकर नाटक लिखकर लोगों को प्रेरित करने का प्रयास किया गया। लाला कृष्णचंद्र 'जेबा 'कृत 'भारत-दर्पण 'या 'कौमी तलवार '(1922) का उद्देश्य सोये हुए भारतीयों में पुनर्जीवन का संदेश देना था, जिससे भारतीय परतंत्रता की बेड़ियों को काटकर स्वतंत्रता की ओर अग्रसर हो सकें। नाटक के पात्रों में पंजाब केसरी लाला लाजपतराय और महात्मा गाँधी का नाम प्रमुख है। कुछ नाटककारों ने स्वतंत्रता को प्रतीक के रूप में प्रयोग करके नाटक लिखे तथा प्रो. सरदार सिंह कृत 'नयाः अवतार '(1928)। इस नाटक में स्वतंत्रता को नया अवतार माना गया है। ऊँच-नीच सभी नये अवतार के उपदेश से प्रभावित होते हैं और देश की समस्या सुलझाने की प्रतिज्ञा करते हैं। इसी प्रकार सेठ गोविंद दास कृत 'प्रकाश 'नाटक (1934) के माध्यम से स्वार्थी, ढोंगी, जनता के शोषक, अंग्रेज़-

भक्तों एवं स्वदेश-भक्तों के मध्य संघर्ष को चित्रित करता है। गाँधीजी द्वारा प्रवर्तित असहयोग आंदोलन तत्कालीन नाटककारों के लिए एक महत्वपूर्ण विषय रहा। इंद्र वेदालंकार ने 'स्वर्ण देश का उद्धार '(1921) में इसी कथन का प्रयोग किया। नाट्यकार ने इस नाटक का उद्देश्य 'एक राजनीति समस्या का हल 'घोषित किया। इस नाटक में यह दिखलाया गया है कि असहयोग आंदोलन में धर्म के प्रतीक निःशस्त्र तपस्वी महात्मा गाँधी क्रूर शस्त्रधारियों से युद्ध कर रहे हैं। इस काल का एक और महत्वपूर्ण नाटक रघुवीर शरण 'मित्र 'कृत 'राष्ट्रध्वज '(1939) है, जिसमें आपसी मतभेद को ही भारत की पराधीनता का मुख्य कारण बताया गया है। फिर राष्ट्र-प्रेमी सत्य और अहिंसा के द्वारा देश को विदेशी दासता से मुक्त कराने के लिए अपने जी-जान की बाजी लगाकर आपसी फूट को दूर करते हैं। सच्चे भारतीय सपूत स्वर्ग में भी अपने देश की दुर्दशा को नहीं सहन कर पाते और वे इसे दूर करने के लिए पुनः भारत में ही अवतरित होते हैं। अंत में सच्चे देश प्रेमी अपने अथक प्रयास से राष्ट्र को एक ध्वज के नीचे संगठित कर लेते हैं। एक और नाटक 'हर हर महादेव', जो कि गोविंद शास्त्री दुगवेकर द्वारा लिखा गया है 1920 में बनारस से प्रकाशित हुआ, में सत्रहवीं - अठारहवीं शताब्दी के स्वातंत्र्य आंदोलन का चित्रण है। इसमें दिखाया गया है कि सत्रहवीं - अठारहवीं शताब्दी में स्वतंत्रता का नारा 'हर हर महादेव 'माना गया और इसी के द्वारा वीर योद्धा जातियाँ राजपूत और मराठे, देश के स्वातंत्र्य युद्ध में कूद पड़े।

उस काल के उन अन्य नाटकों का उल्लेख करना आवश्यक होगा, जो प्रत्यक्ष या परोक्ष रूप से आंदोलन को एक सार्थक गति व प्रेरणा प्रदान करते रहे । निश्चित रूप से ये सभी नाटक ऐतिहासिक चरित्रों को केंद्र में रखकर लिये गये और अपना पूरा प्रभाव छोड़ने में सफल रहे । ब्रजवासी लाल कृत 'स्वराज '(सचित्र नाटक) (1928), सरयू प्रसाद 'बिंदु 'कृत 'सिंहनाद '(1925) जो कि बजरंग परिषद, कलकत्ता द्वारा अभिनीत होने के लिए विशेष रूप से लिखवाया गया, बिशनदास गुप्ता शाहपुरी कृत 'शहीदे आजम सरदार भगत सिंह '(1940), हरिकृष्ण प्रेमी कृत 'प्रतिशोध '(1936), परिपूर्णानंद वर्मा कृत 'नाना फड़वनवीस '(1946), महाशय राजबहादुर 'शरद 'बी. ए. कृत 'देशभक्त '(1936) बदरीनाथ भट्ट कृत 'चंद्रगुप्त 'नाटक, श्री अमर नाथ कपूर कृत 'आदर्श गुरु गोविंद सिंह (1922) तथा आल्हा ऊदल के कथानक को लेकर लिखा गया नाटक यमुनाप्रसाद त्रिपाठी कृत 'आजादी या मौत

'(1936) तथा इसी नाम से सन् 1923 में प्रकाशित मकतूल मुंशी अब्दुल समी साहब द्वारा लखा गया नाटक, ऐसे प्रमुख नाटक थे, जो कि सदैव प्रेरणा के स्रोत रहे।

उक्त सभी नाटकों का मंचन भले ही न हुआ हो, किंतु वे पाठकों के मनो-मस्तिष्क पर अमिट छाप छोड़ने में सफल रहे। स्वतंत्रता आंदोलन - काल में ऐसे साहित्य की अतीव आवश्यकता थी और नाटककारों ने अपने कर्तव्य के निर्वहण में कोई भी कसर नहीं छोड़ी। हम उनके इस अमूल्य योगदान को अस्वीकार नहीं कर सकते

5. युगीन नाटक: विविध आयाम (हिंदी)

5.1 सामाजिक नाटक

जो नाटक पिछले युग की राष्ट्रीय चेतना, देश-प्रेम तथा सामाजिक और राजनीतिक प्रश्नों को लेकर लिये गये या लिखे जा रहे हैं, इस वर्ग के अंतर्गत आते हैं। इनमें देश-प्रेम की चेतना के फलस्वरूप नवीन जागरण के रूप में सुधारात्मक एवं नैतिक आदर्शवादी विचारधारा को स्थान दिया गया है। सामाजिक नाटकों में व्यवहार पक्ष की ही प्रधानता रहती है, उसके गूढ़तम तत्व को प्रायः छोड़ दिया जाता है। इन नाटकों में सूक्ष्म एवं गहन आध्यात्मिक देश प्रेम, राजनीति एवं समाज की सुधारात्मक समस्याएँ ली गई। परंतु प्रसाद-युग के अंतिम चरण से व्यक्तिगत समस्याओं को लेकर कुछ नाटककारों ने एक पृथक श्रेणी के नाटकों का निर्माण किया । इन दो वर्गों के नाटकों का आज इतना विकास हो चुका है कि वे दो पृथक दिशाओं में काफी आगे बढ़ चुके हैं । इसीलिए हम समाज के सुधारात्मक विषयों को लेकर चलने वाले नाटकों को सामाजिक नाटकों की श्रेणी में रखेंगे तथा जीवन का यथार्थवादी चित्रण करने वाली नाटकों को समस्या नाटकों की श्रेणी में रखेंगे। इन दो वर्गों के नाटकों की तुलनात्मक विशेषताएँ नीचे दी जाती हैं-

1. आज के समस्या प्रधान नाटक जीवन के यथार्थ की ओर अधिक उन्मुख रहते हैं, किंतु सामाजिक नाटकों में आदर्शवादी एवं सुधारात्मक दृष्टिकोण की प्रमुखता रहती है।
2. समस्या नाटकों में केवल एक विशेष दृष्टिकोण की ही प्रधानता रहती है। वहाँ सामाजिक नाटकों के एक साथ कई उद्देश्य निहित रहते हैं ।
3. समस्या नाटक बौद्धिक होते हैं। अतः उनमें रस और भाव पक्ष को स्थान नहीं होता। वे केवल आर्थिक, दार्शनिक अथवा मनोवैज्ञानिक गहन समस्याओं को

लेकर चलते हैं। सामाजिक नाटक भावना - प्रधान होते हैं और उनका उद्देश्य रस की सृष्टि होता है।

4. समस्या नाटकों में चरित्र के चित्रण की अपेक्षा विचार - पक्ष को अधिक महत्व दिया जाता है। इसके विपरीत सामाजिक नाटकों में चरित्र-चित्रण प्रमुख होता है।

5. समस्या नाटक में एक ही वस्तु एक ही विषय तथा एक ही चित्र पर नाटककार का ध्यान स्थित रहता है, किंतु सामाजिक नाटकों में जीवन की विविधता, व्यापकता और विशालता का चित्रण होता है।

6. समस्या नाटक टेकनीक की दृष्टि से सामाजिक नाटकों से अधिक विकसित होते हैं। इनमें संवाद छोटे एवं प्रश्नोत्तर के रूप में होते हैं। भाषा में आलंकारिकता नहीं होती। वह सीधी और सरल होती है। इसके विपरीत सामाजिक नाटकों में संवाद लंबे तथा भाषा अलंकारमय रहती है। समस्या नाटकों में काल, स्थान, समय के संकलन का निर्वाह अच्छा रहता है। नये युग के सामाजिक नाटकों में संकलन तत्व की उपेक्षा भी की गई है।

7. समस्या नाटक प्राचीन मान्यताओं को तोड़ कर नवीनता की ओर उन्मुख रहता है। सामाजिक नाटक अपनी परंपरागत शैली को पूर्ण रूप से नहीं छोड़ता।

8. समस्या नाटकों में फ्रायड, एडलर, युंग के विश्लेषणों का अधिक प्रभाव दृष्टिगोचर होता है। इन नाटकों में सेक्स जनित समस्या की अधिक प्रधानता है। सामाजिक नाटकों में व्यक्ति का महत्व नहीं है। वह तो समाज को लेकर चलता है। अतः सेक्स का पक्ष प्रधान नहीं रहता है।

उपरोक्त विभिन्नताओं के कारण सामाजिक नाटकों को समस्या नाटकों की श्रेणी से पृथक स्थान दिया गया है। वैसे सामाजिक नाटकों का अपना ऐतिहासिक महत्व भी है। 18 वीं, 19 वीं शताब्दी में जब नाटक मृतप्राय हो गया था, उस समय सामाजिक नाटकों के द्वारा ही उसको पुनर्जीवन मिला। समस्या नाटकों के विषय में यह बात नहीं कही जा सकती।

5.1.1 सामाजिक नाटकों को श्रेणियाँ

सामाजिक नाटकों को हम कई वर्गों में विभाजित कर सकते हैं:

5.1.1.1 राष्ट्रीय आंदोलन संबंधी

देश-प्रेम की भावनाओं से प्रेरित होकर राजनीतिक समस्याओं को जनता के सम्मुख रखने की चेष्टा अनेक नाटककारों ने की है। इसके दो रूप मिलते हैं-- एक में अंतर्राष्ट्रीय समस्याएँ हैं और दूसरी में राष्ट्रीय समस्याएँ। राष्ट्रीय समस्याएँ देश की विभिन्न राजनीतिक विचारधाराओं का प्रतिपादन करती हैं। इस वर्ग के नाटकों के कुछ उदाहरण यह हैं, जैसे सेठ गोविंददास कृत 'सिद्धांत स्वातंत्र्य '(1932) तथा 'पाकिस्तान '(1946) और वृंदावनलाल वर्मा कृत 'धीरे-धीरे '(1939) तथा 'काश्मीर का काँटा '(1942)

5.1.1.2 सामाजिक समस्या संबंधी

1. रूढ़िवादी कुरीतियों को लेकर- इसके अंतर्गत उस समय की प्रचलित कुप्रथाओं पर सुधारवादी दृष्टिकोण को प्रस्तुत करने वाले नाटक आते हैं। बाल-विवाह, विधवा-विवाह, नारी-शिक्षा, अछूतोद्धार, वेश्या, जुआ शराब आदि विषयों पर कई नाटक लिखे गये। इनके कुछ उदाहरण हैं- शिवरामदास गुप्त कृत 'समाज का शिकार '(1935), महमूद अली कमलेश कृत 'अछूतोद्धार 'गोविंदवल्लभ पंत कृत 'अंगूर की बेटी '(1937), जनार्दनराव कृत 'पतित का स्वर्ग '(1940), सेठ गोविंददास कृत 'दलित कुसुम '(1942), 'पतित कुसुम '(1942) और चंद्रशेखर पांडेय कृत 'जीत में हार '(1942) ।

2. आर्थिक विषमताओं को लेकर- जनता की आर्थिक स्थिति को लेकर जिनमें पूँजीपतियों का शोषण एवं किसानों तथा मजदूरों की दयनीय विवशता और मध्यवर्गीय शिक्षित समाज की कठिनाइयाँ व्यक्त की गई हैं। इन नाटकों के कुछ उदाहरण यह हैं, हरिकृष्ण प्रेमी कृत 'बंधन '(1941), शिवरामदास गुप्त कृत 'धरती माता '(1942), वीरसिंह देव 'वीर 'कृत 'भूख '(1943) और सेठ गोविंददास कृत 'हिंसा या अहिंसा '।

3. नैतिक विषयों को लेकर- इसमें समाज में प्रचलित धर्म और नैतिक दृष्टिकोण को लेकर रचनाएँ की गई हैं। उदाहरण हैं- वृंदावनलाल वर्मा कृत 'राखी की लाज '(1943), 'बाँस की फाँस '(1947) ।

5.1.2 सामाजिक नाटकों का विकास

हिंदी में सामाजिक नाटकों का प्रारंभ हमें भारतेंदु युग से ही मिलता है 1 इस युग में सामाजिक नाट्यधारा स्पष्ट रूप से दो वर्गों में थी। एक में देश प्रेम एवं राष्ट्रीयता की, दूसरे में सुधारवादी प्रवृत्ति। सामाजिक नाटकों के यह दो रूप भारतेंदु युग की मुख्य विशेषता है। भारतेंदु ने सबसे पहले देश-प्रेम की भावना से प्रेरित होकर 'भारत दुर्दशा 'नाटक लिखा। इसी प्रेरणा स्वरूप कई नाटक लिखे गये। जैसे शरत् कुमार मुखर्जी कृत 'भारतोद्धार (1882), खंगबहादुर सिंह मल्ल कृत 'भारत आरत '(1885), अंबिका दत्त कृत 'भारत सौभाग्य '(1887), दुर्गादत्त कृत 'वर्तमान दशा '(1890), गोपालराम गहमरी कृत 'देश दशा '(1892), जगतनारायण कृत 'भारत दुर्दिन '(1885), देवकीनंद त्रिपाठी कृत 'भारत हरण '(1899) तथा प्रतापनारायण मिश्र कृत 'भारत दुर्दशा '(1902)।

कला और चरित्र चित्रण की दृष्टि से यह नाटक उत्कृष्ट नहीं कहे जा सकते। केवल वे सामयिक राष्ट्रीय भावना का दिग्दर्शन अवश्य कराते हैं। सुधारात्मक धारा के अंतर्गत बाल-विवाह, वैवाहिक - प्रथा की बुराइयाँ, स्त्री जाति की दुर्दशा, गो-रक्षा और गो-वध आदि समस्याओं को लेकर नाटकों की रचनाएँ हुईं। इस धारा के नाटकों के कुछ उदाहरण हैं-

शरण कृत 'बाल-विवाह '(1874), देवकी नंदन त्रिपाठी कृत 'गो वध निषेध '(1881) तथा 'बाल-विवाह '(1881), काशीनाथ खत्री कृत 'विधवा- विवाह '(1882), रुद्रदत्त शर्मा कृत 'अबला - विवाह '(1884), पाखंडपूर्ति (1888) तथा 'आर्य मत मार्तंड '(1885), रामगरीब चौबे कृत 'नागरी विलाप '(1885), प्रतापनारायण मिश्र कृत 'गौ-संकट '(1886), तथा 'कलि कौतुक रूप '(1886), जगन्नाथ भारती कृत 'समुद्र यात्रा वर्णन '(1887), 'वर्ण व्यवस्था '(1887) तथा 'नवीन वेदांत '(1890), घनश्यामदास कृत 'वृद्धा अवस्था विवाह '(1888), रत्नचंद कृत 'हिंदी उर्दू '(1890), बलदेव प्रसाद मिश्र 'तपस्विनी '(1902) और पुत्तनलाल सारस्वत कृत 'स्वतंत्र बाला '(1903) | श्रीनिवास दास प्रसिद्ध नाटक 'रणधीर प्रेम मोहिनी 'प्रेम कहीन के बहाने लेखक ने राजा-प्रेम, ऊँच-नीच के संघर्ष को वाणी दी थी।

इन नाटकों के अध्ययन के पश्चात यह स्पष्ट हो जाता है कि भारतेंदु युग में देश-प्रेम तथा सुधारवादी दोनों नाट्य धाराएँ पृथक थीं और यह कि इनमें से किसी में भी राजनीतिक चेतना का कोई अंश न था। भारतेंदु युग के पश्चात हिंदी - नाट्यधारा में

देशप्रेम और सामाजिक सुधारात्मक प्रवृत्तियों का सम्मिलन हो जाता है। आगे चलकर वे एक दूसरे में इतनी समाविष्ट हो गई कि उनका पृथक अस्तित्व देखना ही असंभव हो गया। इसी के साथ-साथ एक और नवीन प्रवृत्ति अपने विशेष रूप में आई। वह थी राजनीतिक चेतना। उस समय के वातावरण के प्रभाव के कारण ही यह चेतना नाटकों में समाविष्ट हुई। इस धारा के प्रधान नाटक हैं-

भगवती प्रसाद कृत 'वृद्ध - विवाह '(1905), रुद्रदत्त शर्मा कृत 'कंठी जनेऊ का विवाह '(1906), राजेंद्रनाथ वंद्योपाध्याय कृत 'दुखिया '(1908), गोस्वामी कृत 'भारत रहस्य '(1914), लोचन प्रसाद पांडेय कृत 'साहित्य सेवा '(1914) तथा 'विज्ञान '(1915), कृष्णानंद जोशी कृत 'उन्नति कहाँ से होगी '(1915) तथा मिश्र बंधु कृत 'नेत्रोन्मीलन '(1915)।

भारतेंदु के पश्चात् माधव शुक्ल का 'महाभारत', बद्रीनाथ भट्ट का 'दुर्गावती 'नाटक और माखनलाल चतुर्वेदी का 'कृष्णार्जुन युद्ध 'की रचना हुई। ये नाटक पौराणिक एवं ऐतिहासिक पृष्ठभूमि के हैं। "परंतु इनमें कोई दूर तक जानेवाला वैशिष्ट्य नहीं था (sustained individuality)। अतः उनका प्रभाव अपने तक ही सीमित रहा।" (डॉ. नगेंद्र, आधुनिक हिंदी नाटक - डॉ. नगेंद्र ग्रंथावली - खण्ड-9, पृ. 281)

उपरोक्त नाटकों में 'नेत्रोन्मीलन 'के अतिरिक्त किसी अन्य नाटक में नाटकीय तत्वों की दृष्टि से अधिक विशेषता नहीं है। 'नेत्रोन्मीलन 'में सरकार अदालतों का दृश्य है जिसमें अधिकारी वर्ग वकील, वादी, प्रतिवादी आदि के कार्यों का उल्लेख मिलता है। इस नाटक का विषय नवीन है, जिससे प्रतीत होता है कि इस समय पुरातन और नूतन विचारधाराएँ परस्पर मिल रही थीं। इसके उपरांत हम यह देखते हैं कि प्रसाद युग में ऐतिहासिक नाटक ही अधिक लखे गये, राष्ट्रीय और सामाजिक नाटकों का सृजन बहुत ही कम हुआ। इस समय की उल्लेखनीय रचनाएँ हैं-

काशीनाथ वर्मा कृत 'समय '(1917), प्रेमचंद कृत 'संग्राम '(1921), गोपाल दामोदर तामंस्कर कृत 'राधा-माधव '(1922), कन्हैयालाल कृत 'देशदशा '(1923), जगन्नाथ प्रसाद कृत 'मधुर मिलन '(1923), लक्ष्मण सिंह कृत 'गुलामी का नशा '(1924) तथा छविनाथ पांडेय कृत 'समाज '(1929)।

इन नाटकों में या तो किसान जमींदार और पुलिस का संघर्ष दिखाया गया या अछूतोद्धार आदि धार्मिक एवं सामाजिक समस्याओं पर विचार किया गया।

गोविंदवल्लभ पंत कृत 'अंगूर की बेटी '(1937) में मदिरापान के दुष्परिणामों का चित्र प्रस्तुत किया गया है। इस नाटक का नायक मोहनदास एक शराबी मनुष्य है।

उसकी इस लत से घर में निर्धनता, अशांति और कलह का अड्डा हो गया है। मोहनदास नशे के लिए अपनी पत्नी कामिनी को मार कर उसके आभूषण छीन लेता है।

पंत जी का दूसरा नाटक 'सिंदूर की बिंदी '(1943) है। इसमें हिंदू- समाज की निष्ठुरता से पीड़ित एक स्त्री की कहानी है। विजया अपने पति कुमार से बिछुड़ जाती है। उसको घर छोड़ने के कारण ही पतित समझ लिया जाता है। उसका पति, भाई, पिता कोई भी उसे रखने को तैयार नहीं होता। नाटककार ने विजया की दुर्दशा दिखा कर समाज के खोखलेपन का स्वरूप व्यक्त किया है। अंत में कुमार और विजया का मिलन होता है, परंतु उस समय विजया की मृत्यु सर्प दंशन से हो जाती है। यह नाटक भी कला और रंगमंच की दृष्टि से 'अंगूर 'की बेटी 'के समान है। इसकी भाषा सरल है।

सेठ गोविंददास कृत 'सिद्धांत स्वातंत्र्य '(1902) में उन दिनों के राजनीतिक और सामाजिक वातावरण का चित्रण किया गया है। चतुर्भुजदास एक धनी जमींदार है और राजभक्त है। उसका पुत्र त्रिभुवनदास बड़ा भावुक है और विचारों तथा सिद्धांतों के स्वातंत्र्य में विश्वास रखता है और इसी कारण अपने पिता की अवज्ञा करता है। वह आंदोलन में भाग लेता है और सक्रिय रहना चाहता है।

सेठ गोविंददास रचित 'दलित कुसुम '(1942) में एक विधवा की वेदना भरी कहानी प्रस्तुत की गई है। नायिका कुसुम एक बाल-विधवा है। उसे समाज से सदैव ही प्रताड़ना मिली। उसका दुःख जब असह्य हो गया तो उसने आत्महत्या कर ली। इस नाटक में लेखक ने समाज के ठेकेदारों का भंडाफोड़ किया है। मदन, जो पहले कुसुम से पुनर्विवाह करने का इच्छुक है, दहेज के लोभ में दूसरी लड़की से विवाह कर लेता है। उसका झूठ आदर्शन धन के लोभ में समाप्त हो जाता है। विधवा आश्रम का रक्षक रसिकलाल भी कुसुम का भक्षक बन जाता है। इस नाटक में कुसुम अपने मनोभावों को अपनी पालतू बिल्ली के माध्यम से प्रकट करती है। नाटक रंगमंचीय है और चरित्र-चित्रण तथा भाषा-शैली साधारण है।

सेठ जी कृत 'पाकिस्तान '(1946) नाटक पाकिस्तान बनने के पहले ही लिखा जा चुका था। नाटककार ने यह बताने की चेष्टा की है कि भारत विभाजन हो जाने पर भी हिंदू-मुस्लिम समस्या का अंत न होगा। जहाँ आरा और शांतिप्रिय पड़ोसी हैं। उनमें शुद्ध भाई बहिन का सा प्रेम है। इनके अतिरिक्त पीरबक्स, दुर्गा, अमरनाथ, महफूज खाँ आदि अन्य पात्र भी हैं। महफूज खाँ और अमरनाथ राष्ट्रवादी हैं। पीरबक्स

तथा दुर्गा का दृष्टिकोण सांप्रदायिक है। भारत- विभाजन तथा पाकिस्तान के निर्माण की चर्चा को लेकर दो समुदाय बन जाते हैं और हिंदू-मुसलमानों में संघर्ष होने लगता है। बहुमत होता है और पाकिस्तान बन जाता है। पाकिस्तान बन जाने पर भी समस्याएँ कम नहीं होतीं, प्रत्युत ओर भी बढ़ जाती हैं। अल्पसंख्यकों के प्रश्न पर दोनों राष्ट्रों में झगड़ा शुरू हो जाता है। दोनों राष्ट्रों की जनता विभाजन के विरुद्ध आवाज उठाती है और दोनों राष्ट्रों की सरकारों को त्यागपत्र देने के लिए विवश कर देती है। धार्मिकता की भित्ति पर स्थित इन राष्ट्रों के विरुद्ध एक राष्ट्रीय आंदोलन आरंभ होता है। नाटक का कथानक रोचक है, कार्य व्यापार की भी कमी नहीं है। चरित्रों मं शांतिप्रिय और जहाँआरा के चरित्र उत्कृष्ट हैं। दोनों पात्र सांप्रदायिकता की दूषित भावना से परे हैं। अमरनाथ और महफूज हाँ का चरित्र चित्रण भी स्पष्ट हुआ है। भाषा सरल
है।

वृंदावनलाल वर्मा कृत 'धीरे-धीरे '(1939) का कथानक भारत की सामयिक राजनीति से संबंधित है। नाटक में कांग्रेस सरकार की मंदगति से कार्य करने की आलोचना व्यंग्यात्मक ढंग से की गई है। द्वितीय महायुद्ध के पश्चात जब कांग्रेस ने कौंसिलों में प्रवेश स्वीकार किया और मंत्रिमंडल बनाकर शासन की बागडोर अपने हाथों में ले ली, तो भी वह अपनी धीरे-धीरे नीति के कारण अधिक जनसेवा न कर सकी। इसी को लेखक ने अपने नाटक में कथानक का रूप दिया है। कला की दृष्टि से नाटक उत्कृष्ट नहीं कहा जा सकता। नाटक की भाषा सर्व साधारण सरल है।

वर्मा जी की दूसरी कृति 'राख की लाज '(1943) में राखी बंद भाई मेघराज जो डाकुओं के साथ हो गया था, अपनी धर्म - बहिन चंपा की रक्षा उस समय करता है, जब रात्रि में उसके पिता बालाराव के यहाँ डाका पड़ता है। मेघराज जब डाकुओं के साथ डाका डालने आया तो उसे पता लगा कि यह घर उसकी धर्म - बहिन चंपा का है। यह जानकर वह दूसरे डाकुओं को भगा देता है और इस प्रकार अपनी बहिन की रक्षा करता है।

वर्मा जी कृत तीसरा नाटक 'बाँस की फाँस '(1947) में नारी हृदय का सूक्ष्म विवेचन मिलता है। गोकुल, फूलचंद तथा मंदाकिनी कॉलेज के छात्र हैं। पुनीता एक भिखारिन की लड़की है। रेल दुर्घटना में मंदाकिनी और पुनीता घायल हो जाते हैं। गोकुलं निस्वार्थ भाव से पुनीता को अपना ताजा मांस और रक्त देकर उसकी प्राण रक्षा करता है। आगे चल कर इन दोनों में प्रेम हो जाता है और उनका विवाह भी हो

जाता है। दूसरी ओर फूलचंद मंदाकिनी को अपना रक्त तो दे देता है, परंतु यह वह बड़ी दुविधा में करता है। बाद में वह बार-बार अपने त्याग का स्मरण मंदाकिनी को भी कराता रहता है। मंदाकिनी को यह बात चुभ जाती है और जब फूलचंद उससे विवाह का प्रस्ताव करता है तो वह उसके प्रस्ताव को अस्वीकार करती है।

जनार्दनराय कृत 'पतित का स्वर्ग '(1940) में वेश्या वर्ग की समस्या - है। शरद गुलबदन नामक एक वेश्या की पुत्री है। ज्योतिशंकर क्षितिज सुधारवादी युवक है जो शरद के संपर्क में आता है। दोनों में प्रेम हो जाता है: और वे विवाह कर लेते हैं। गुलबदन प्यारेलाल की हत्या के अभियोग में पकड़ी जाती है और उसे फाँसी हो जाती है। ज्योतिशंकर अत्यन्त दृढ विचारों वाला युवक है। शरद की माँ गुलबदन को बचाने के लिए वह बहुत प्रयत्न करता है, यहाँ तक कि इस कार्य के लिए वह अपनी वाग्दत्ता पत्नी उमा से भी धन लेता है। शरद से विवाह कर लेने के उपरांत वह उमा को अपनी बहिन के रूप में स्वीकार कर लेता है। किस प्रकार विधवा मनोरमा प्यारेलाल द्वारा भगाई गई और परिस्थितियों से विवश होकर वेश्या गुलबदन बनी, इसका चित्रण करके लेखक ने समाज के खोखलेपन का उद्घाटन किया है। गुलबदन के हाथों प्यारेलाल की हत्या इस बात का प्रमाण है कि एक स्त्री वेश्या बन जाने पर भी अपने आत्म- सम्मान को और अधिक ठेस नहीं पहुँचा सकती। शरद एक वेश्या की पुत्री होकर भी अपने वातावरण से घृणा करती है।

शारदा देवी मिश्र कृत 'विवाह मंडप '(1941) में एक बाल-विधवा की करुण गाथा है। रमा एक सुंदर परिष्कृत विचारों की बाल विधवा है। उसने कुछ शिक्षा भी पाई है। अतः वह पुनर्विववाह के पक्ष में है। इसको लेकर कॉलेज के तीन युवक नरेंद्र, वसंत और कैलाश वाद-विवाद करते हैं। कोई भी उससे विवाह करने को तैयार नहीं है। कैलाश नरेंद्र और रमा के संबंध में बदनामी उड़ा देता है। नरेंद्र कॉलेज से निकाल दिया जाता है और इधर रमा को उसका चाचा, 'जो कॉलेज का चौकीदार है, घर से निकाल देता है। कैलाश नरेंद्र की वाग्दत्ता पत्नी उमा के पिता को भी नरेंद्र के विरुद्ध कर देता है । रमा दर-दर भटकती है और परिस्थितियाँ उसे आत्महत्या करने के लिए विवश कर देती हैं। परंतु वसंत उसे बचा लेता है। अंत में कैलाश की नीचता का भंडाफोड़ हो जाता है, और वह आत्महत्या कर लेता है। वसंत की रमा से और नरेंद्र की उमा से शादी हो जाती है ।

शारदा देवी रचित यह नाटक उनका प्रथम प्रयास है। फिर भी नाटक सामान्यतः अच्छा है। कार्य व्यापार की कमी नहीं है। नाटकीयता की दृष्टि से इसका अभिनयन

थोड़े हेर-फेर के बाद सफलता पूर्वक हो सकता है। रमा, कैलाश और नरेंद्र का चरित्र-चित्रण उत्तम है। इसके अतिरिक्त वसंत, नरेंद्र के पिता भोलानाथ, उमा के पिता मधुसूदन तथा रमा की माँ और नारायण चौकीदार का चित्रण भी अच्छा हुआ है। भाषा सरल एवं प्रांजल है ।

हरिकृष्ण प्रेमी कृत 'बंधन '(1941) में आर्थिक शोषण का चित्र उपस्थित किया गया है। नाटक में मिल मालिक तथा मजदूरों के संघर्ष का वर्णन है और समस्या का हल गाँधीवादी अहिंसात्मक सत्याग्रह से किया गया है। मिल मालिक खजाँचीराम पहले तो निर्दयतापूर्वक मजदूरों की न्यायसंगत माँगों को ठुकरा देता है, पर अंत में मजदूरों के कष्ट सहिष्णुता और उनके नेता मोहन के आदर्श चरित्र के कारण खजांचीराम का हृदय परिवर्तित हो जाता है। नाटककार

ने वर्ग संघर्ष का गाँधीवादी नीति से सुझाव प्रस्तुत किया है। मजदूरों के नेता मोहन तथा मिल मालिक खजांचीराम की पुत्री मालती का विवाह करा कर लेखक ने अंत में यह प्रस्ताव रखा है कि ऊँच-नीच की भावना इस युग में आधार रहित है। इस नाटक के द्वारा प्रेमीजी ने वर्तमान जीवन के सामाजिक और वैयक्तिक चित्र खींचे हैं। कार्य व्यापार की प्रचुरता है और पात्रों के चरित्र में गांभीर्य है। नाटक रंगमंचीय है। भाषा- निर्दोष तथा नाटक के अनुकूल है।

शिवरामदास गुप्त रचित 'धरती माता '(1942) प्रेमचंद जी के उपन्यास रंगभूमि पर आधारित है जिसमें जमींदारी प्रथा के दोषों का वर्णन है। नाटक में राय साहब और सूरे प्रधान पात्र हैं। इनका चित्रण स्वाभाविक तथा सुंदर ढंग से चित्रित हुआ है। इनके अतिरिक्त जान साहब, विलियम, पंडा, गजाधर, बलबीर, कला, मंजरी आदि भी हैं । नाटक में आदि से अंत तक सूरे की महानता एवं त्याग को दिखाया गया है जिससे राय साहब का संघर्ष होता है । अंत में सूरे राय साहब की निर्दयता शिकार होता है। नाटक आदर्शवादी भावना से ओत- प्रोत है। इसके पात्र वर्ग वि हैं ।

चंद्रशेखर पांडे कृत 'जीत में हार '(1942) में मुकदमेबाजी के दुष्परिणाम को चित्रित किया गया है। इसमें दोनों पक्ष तबाह हो जाते हैं और भला केवल वकीलों का होता है। रामघन और सुखई दो पड़ोसी किसान हैं जो जमीन के प्रश्न पर लड़ पड़ते हैं। कचहरी तक पहुँचते हैं, मुकदमेबाजी में अपने धन को बरबाद करते हैं। झूठ, छल, कपट, ईर्ष्या, बैर आदि दुर्गुणों का निवास उनके अंतःकरण में हो जाता है। नाटक सामान्य कोटि का है और उसके विषय में कोई नवीनता नहीं है। इसके चरित्र एक टाइप अथवा प्रकार के हैं। ग्रामीण वातावरण की सृष्टि में नाटककार को सफलता

मिली है। नाटक का प्रारंभ प्राचीन पद्धति के अनुसार मंगलाचरण से किया गया है। नाटक की भाषा साधारण है।

वीरदेव 'वीर 'कृत 'भूख '(1943) में लेखक ने दो भाव विशेष रूप से अंकित किए हैं। एक है मनुष्य का मनुष्यत्व की ओर उभार और दूसरा है हिंदू - मुस्लिम ऐक्य का संपादन। अभियुक्त फीरोज अपने कैद की अवधि को समाप्त करके जब जेल से छूटता है तो अपने को संसार में बिल्कुल अकेला ही पाता है । डॉ. कौल उसको एक रात के लिए आश्रय दे देते हैं। रात के समय फिरोज अपनी कुवृत्तियों से पराजित होकर डॉ. कौल का शमादान चुरा लेता है और उनके घर से भाग जाता है। जब पुलिस उसको शमादान के साथ पकड़ कर डॉ. कौल के पास लाती है तो वह परिस्थिति को समझ कर यह कह देते हैं कि शमादान उसने स्वयं ही फीरोज को दिया है। इस तरह वे फीरोज के हृदय में अपनी मनुष्यता की छाप अंकित कर देते हैं। बाद में फीरोज के जीवन क्रम में सुधार होता है और वह अपने परिश्रम के फलस्वरूप धनी बन जाता है और रहमान के नाम से प्रसिद्ध हो जाता है। इस नाटक में दो और उप कथानक हैं, जिनमें अकाल और उससे पीड़ित जनता की दुर्दशा का वर्णन है । इसमें हिंदू- मुस्लिम ऐक्य की समस्या भी मिलती है। मुसलमान रहीम एक हिंदू की लड़की मीना को अपनी पुत्री के समान पालता है और एक हिंदू भिखारिणी फीरोज की पुत्री सुलताना का पोषण करती है। नाटक रंगमंच के उद्देश्य से ही लिखा गया है । किंतु पात्रों की अधिकता और उप कथानकों से नाटक में जटिलता आ गई है। भाषा साधारणतः बोलचाल की है।

5.1.3 निष्कर्ष

सामाजिक नाटकों के अध्ययन से हमें निम्निलिखित तथ्य प्राप्त होते हैं-

1. हिंदी - नाट्य साहित्य का आरंभ ही सामाजिक नाटकों के द्वारा हुआ और इन्हीं नाटकों की प्रेरणा से पौराणिक, ऐतिहासिक तथा अन्य दूसरी धाराओं के नाटकों का जन्म और विकास हुआ।
2. भारतेंदु युग में सामाजिक नाटकों के दो पृथक-पृथक रूप थे। एक में देश-प्रेम की भावना थी और दूसरे में सुधारात्मक प्रवृत्तियाँ थीं। आगे चलकर यह दोनों धाराएँ एक दूसरे में समाहित हो गई। आलोच्य युगीन सामाजिक नाटकों में एक नवीन प्रवृत्ति आई। वह है राजनीतिक चेतना । आज के सामाजिक

नाटकों में देश-प्रेम, राजनीतिक चेतना तथा सुधारवादी दृष्टिकोण, इन तीनों प्रवृत्तियों का समन्वय हो गया है।

3. राष्ट्रीय चेतना के युग में सामाजिक नाटकों में गहन समस्याओं का प्रवेश हुआ। आदर्शवादी की जगह यथार्थवादी तथा रूढ़िवाद का स्थान बौद्धिकता ने लिया। इस प्रकार सामाजिक नाट्य साहित्य समस्या नाट्य साहित्य में परिणत हो गया। हम आज यह कह सकते हैं कि सामाजिक नाटकों ने अपने पूर्ववर्ती रूप का अस्तित्व ही खो दिया है।

4. आलोच्य काल में जिन सामाजिक नाटकों की रचना हुई उन्हें हम दो वर्गों में विभाजित कर सकते हैं। एक तो रंगमंचीय नाटक हैं जिनमें पारसी नाटकों की झलक है। इन नाटकों के लेखक राधेश्याम कथावाचक, पं. शैदा, जमुनादास मेहरा तथा शिवरामदास गुप्त हैं। दूसरे साहित्यिक नाटक हैं जिनकी रचना सुदर्शन, बेचन शर्मा 'उग्र', गोविंदवल्लभ पंत, हरिकृष्ण प्रेमी, पृथ्वीनाथ शर्मा, सेठ गोविंददास, वृंदावनलाल वर्मा तथा उपेंद्रनाथ अश्य ने की। इनमें से कुछ ने अपने नाटकों का सृजन रंगमंच का विशेष ध्यान रखते हुए किया है। इन नाटककारों में प्रमुख सुदर्शन, गोविंदवल्लभ पंत, सेठ गोविंददास तथा उपेंद्रनाथ अश्क है। इन लेखकों के नाटक रेडियो, सिनेमा तथा विभिन्न रंगमंचों पर खेले जा चुके थे।

5.2 समस्या नाटक

बीसवीं शताब्दी के प्रारंभ में ही इब्सन और शाँ के प्रभाव स्वरूप 'भारतीय नाटक रचना में भावपूर्ण रोमांटिक नाटकों के विरुद्ध प्रतिक्रिया प्रारंभ हो गयी थी । इब्सन का मुख्य सिद्धांत इस प्रकार है- "नाटक में नित्य प्रति के जीवन की सच्ची सजीव व्याख्या होनी चाहिए। हमारे सामने जो रोज की समस्याएँ हैं उनका विवेचन और समाधान करने में ही नाटक की उपयोगिता है।

कल्पना या आद र्शभूमि पुरातन से उतरकर हमें चिर- संघर्षमय वर्तमान में आना चाहिए। एक शब्द में, ये समस्या - नाटक है।" (डॉ. नगेंद्र नगेंद्र ग्रंथावली - खण्ड-9, आधुनिक हिंदी नाटक- पृ. 28)

पाश्चात्य साहित्य के आदर्श एवं रोमांस की विरोधी प्रतिक्रिया का प्रभाव हिंदी - साहित्य पर भी पड़ा। अभी तक हम अपने वास्तविक सत्य को भुला कर स्वर्णिम

अतीत की याद में मग्न थे। किंतु 1921 के असहयोग आंदोलन ने समाज और देश में नवीन क्रांति का रूप प्रस्तुत किया। समाज का प्रत्येक व्यक्ति अपने अधिकारों की माँग करने लगा। इस प्रकार एक नवीन बौद्धिक दृष्टिकोण की रूपरेखा प्रस्तुत हो गई। जहाँ आज तक समाज को महत्व दिया जाता था, वहाँ अब व्यक्ति की समस्या को स्थान मिला। इस बौद्धिक क्रांति का प्रभाव साहित्य पर भी पड़ा और समस्या नाटकों का सृजन होने लगा। नाटकीय क्षेत्र में यह संभवतः सबल और सजीव प्रयास है।

5.2.1 समस्या नाटकों की प्रमुख विशेषताएँ

1. इन नाटकों में संघर्ष अथवा द्वन्द्व सर्वथा बौद्धिक धरातल पर चलता है। यह द्वन्द्व विचारों के तर्क-वितर्क प्रस्तुत करता है। प्रायः समाज की बाह्य समस्या तथा मान्यताओं से इनका संबंध नहीं है। इनमें व्यक्तिगत अथवा सामाजिक समस्याओं का बौद्धिक विश्लेषण होता है। इन नाटकों में प्रधान समस्या काम की अथवा उससे संबंधित दूसरे विषयों की है।

2. इन नाटकों में घटना चक्र या क्रम इस प्रकार चलता है कि वे ऐसी परिस्थितियों को उत्पन्न करें जिनमें नाटककार अपनी बौद्धिकता के अनुकूल यथार्थवादिता का प्रदर्शन कर सके। तात्पर्य यह है कि मानसिक संघर्ष के अनुकूल ही कार्य व्यापार ढाल लिया जाता है। इसीलिए समस्या नाटकों में कार्य व्यापार अपने सूक्ष्म रूप में रहता है और केवल उन्हीं घटनाओं का सृजन किया जाता है जो विषय की बौद्धिकता की ओर प्रेरित करे। इन नाटकों का अंत प्रायः दुखांत या अनिश्चय में होता है, क्योंकि समस्या उठाना सरल है, परंतु उसके समाधान को प्रस्तुत कर सकना कठिन। इसलिए नाटकों को दुखांत या अनिश्चय में रखने से स्वाभाविकता की भी रक्षा हो जाती है। यहाँ यह बात भी ध्यान देने योग्य है कि हमारे जीवन में भी कार्य व्यापारों का अंत हमेशा निश्चयात्मक नहीं होता है।

3. इन नाटकों के पात्रों का सृजन भी बौद्धिक समस्याओं के अनुकूल ही करना पड़ता है। उनका निर्माण उसी सीमा तक होगा जितना प्रतिपाद्य विषय के लिए अपेक्षित है। इस भाँति यह पात्र किसी विशिष्ट विचारधारा के प्रतीक मात्र बन जाते हैं। इस प्रकार वे स्वयं का मानवीय अस्तित्व खो बैठते हैं। प्राचीन एवं नवीन का संघर्ष दिखाने के लिए ही नाटककार रूढ़िवादी और प्रगतिवादी

दोनों पक्षों के पात्रों का निर्माण करता है। चूँकि संघर्ष बौद्धिक स्तर पर होता है, पर पात्र सदैव शिक्षित वर्ग से ही लिये जाते हैं।

4. इन नाटकों में संवादों का रूप चरित्र और परिस्थिति के विकास के लिए न होकर लेखक के बौद्धिक तर्क-वितर्क के अधीन रहता है । नाटककार का उद्देश्य संवादों से यही रहता है कि विषय की दार्शनिक विवेचना हो जाय । इसी कारण कथावस्तु का क्षेत्र भी सीमित रहता है। क्रिया व्यापार का अभाव होने के कारण संवादों द्वारा ही अन्य पात्रों और चरित्रों का परिचय मिलता है।

5. आधुनिक समस्या नाटकों की भूमिका दृश्य वर्णन तथा रंगमंच निर्देशन आदि में नाटककार इतनी सूक्ष्म विवेचना करता है कि संपूर्ण नाटक पर बौद्धिक वातावरण छा जाता है। रंग संकेतों का विस्तार अधिक होता है और इसके लिए लेखक की कल्पना शक्ति की आवश्यकता होती है।

5.2.2 समस्या नाटकों का स्वरूप

भारतीय संस्कृति सदैव आदर्शोन्मुख रही है। हृदय की दैवी तथा आसुरी वृत्तियों में जब भी संघर्ष हुआ है, विजय दैवी वृत्ति की ही दिखाई गई। इस भाँति सत्य और धर्म की विजय की भावना हमारी संस्कृति का मूल मंत्र बन गई। हमारा साहित्य भी इन्हीं प्रवृत्तियों से प्रभावित हुआ है। इसके अतिरिक्त हमारे नाटकों में रस निष्पत्ति की अनिवार्य स्थिति भी स्वीकार की गई है। इस प्रकार हम देखते हैं- जो समस्या नाटक यहाँ लिखे गये, उनमें आदर्शवाद एवं रस की प्रतिष्ठा अनिवार्य रही और समस्या गौण हो गई। इसका अच्छा उदाहरण हमें प्रसाद जी कृत 'ध्रुवस्वामिनी ‘नाटक में मिलता है । ऐतिहासिक नाटक होते हुए भी यह नाटक नारी - जीवन की समस्या को प्रस्तुत करता है। इस नाटक में समस्या इस प्रकार है-रामगुप्त क्लीव है, उत्तरदायित्व - हीन है और अपनी पत्नी ध्रुवस्वामिनी को उपहार की वस्तु समझ कर शक राज को भेंट स्वरूप देना चाहता है। प्रश्न यह उठता है कि ऐसे उत्तरदायित्व - हीन पुरुष से उसकी स्त्री अपना संबंध विच्छेद कर सकती है या नहीं? नाटककार ने ध्रुवस्वामिनी का चंद्रगुप्त से पुनर्विवाह करा कर इस समस्या का समाधान प्रस्तुत किया है। समस्या नाटक के गुणों की कसौटी पर रखने से ज्ञात होता है कि इस नाटक में बहुत से तत्वों की कमी है। समस्या का स्वरूप यहाँ पर प्रमुख न होकर गौण रूप में है। इसके अतिरिक्त इस नाटक में रागात्मक वृत्ति, भावुकता से परिपूर्ण संवाद

योजना तथा प्रेम के लिए मर मिटने वाली कोमा तथा ध्रुवस्वामिनी के चंद्रगुप्त के प्रति स्नेहमय उद्गार आदि ऐसे तत्व हैं जिनकी समस्या नाटकों में प्रायः स्थान नहीं दिया जाता।प्रसाद की इसी पद्धति को लेकर आगे चल कर सेठ गोविंददास ने कई नाटक लिखे जिनमें उन्होंने समस्या को प्रमुख स्थान दिया । उनकी चेष्टा यथार्थवादी दृष्टिकोण को अपनाने की भी रही, किंतु आदर्शवादी परंपरा से उनका पल्ला न छूट सका। आगे चल कर यथा स्थान सेठ जी के समस्या नाटकों का विवेचन करेंगे।

उपेंद्रनाथ अश्क कृत 'स्वर्ग की झलक '(1937) तथा सेठ गोविंददास कृत 'बड़ा पापी कौन '(1942), 'सेवापथ '(1943), 'त्याग या ग्रहण '(1943), 'संतोष कहाँ '(1945), 'महत्व किसे '(1947), 'अमीरी गरीबी '(1947) और 'सुख किसमें '(1948)।

सेठ गोविंददास कृत 'बड़ा पापी कौन '(1942) में प्रमुख दो पात्र हैं । एक खानदानी रईस त्रिलोकीनाथ जो सभ्य, सुसंस्कृत तथा दानी हैं परंतु वेश्यागामी और शराबी है। दूसरा नया रईस रमाकांत है जो पाखंडी है और समाज से छिप कर नैतिक अनाचार एवं व्यभिचार करता है। ऊपर से वह यह दिखावा करता है मानो वह कोई अत्यन्त निस्वार्थ भाव से कार्य करने वाला जनसेवक है । नाटककार ने इन दोनों चरित्रों के द्वारा यह बताने की चेष्टा की है कि सबकी जानकारी में वेश्यागामी होना और शराब पीना उस पाप की अपेक्षा कम हानिकारक है जिसमें लोग छिप-छिप कर अनैतिक आचरण द्वारा स्त्रियों को पतन के मार्ग पर ले जाते हैं। पहले पाप से केवल उस व्यक्ति को ही हानि पहुँचती है, परंतु दूसरे पाप से पूरा समाज प्रभावान्वित होता है। इस नाटक में सेठ जी ने समाज की नैतिक समस्या प्रस्तुत की है। उन्होंने इस नाटक का स्वरूप यथार्थवादी रक्खा है। त्रिलोकीनाथ की अंत में मृत्यु हो जाती है और रमाकांत सार्वजनिक यश लाभ करता है। समाज तो त्रिलोकीनाथ को ही बड़ा पापी मानता है, परंतु नाटककार की सहानुभूति उसी के साथ है।

सेठ जी की दूसरी कृति 'सेवापथ '(1943) है। इसमें तीन प्रमुख पात्र हैं, दीनानाथ एक निर्धन युवक है जो गाँधी जी के सिद्धांतें का अनुगामी है। शक्तिपाल एक मध्यमवर्ग का व्यक्ति है जो समाजवाद में विश्वास रखता है और राजनीति के माध्यम से देश की सेवा करना चाहता है। श्रीनिवास एक धनी युवक है और भोगवादी है। वह अपने को कष्ट न देकर केवल धन से देश सेवा करना चाहता है। नाटककार ने इन तीनों विभिन्न विचारधाराओं के बीच संघर्ष का चित्रण किया है और अंत में

गाँधीवाद की विजय प्रदर्शित की है। शरीर से देश और समाज की सेवा करना ही उच्च्च सेवा है।

सेठ जी कृत 'महत्व किसे '(1947) में धन के महत्व को दो पक्षों द्वारा व्यक्त किया है। नाटक का नायक कर्मचंद गाँधीवादी है। उसका मत है कि निर्धनता की ही अंत में विजय होगी। उसकी पत्नी सत्यभामा सांसारिक बुद्धि-विवेक वाली और व्यावहारिक दृष्टिकोण रखनेवाली स्त्री है। उसका विश्वास है कि धन के बिना मनुष्य का मूल्य अथवा महत्व नहीं है। कर्मचंद देश सेवा के कारण निर्धन हो जाता है। निर्धनता एक अभिशाप बन कर आती है और उस पर कई झूठे लांछन लगाये जाते हैं। जीवन में एक बार फिर कर्मचंद धनी हो जाता है और धन के साथ ही उसका महत्व भी बढ़ जाता है ।

सेठ जी की ही एक अन्य कृत 'अमीरी-गरीबी '(1947) में भी धन ही की प्रमुख समस्या है। यह सेठ जी का एक अच्छा समस्या नाटक है। अफ्रीकी निवासी करोड़पति सेठ लक्ष्मीदास की पुत्री अचला तथा निर्धन कहानीकार विद्याभूषण में प्रेम हो जाता है। विद्याभूषण एक आदर्शवादी और भावुक युवक है । वह अचला के साथ विवाह इस शर्त पर करने को तैयार है कि अचला अपने पिता और उसकी संपत्ति का परित्याग कर दे। अचला को अपने पिता से बड़ा मोह है। परंतु और कोई उपाय न देखकर वह विद्याभूषण की शर्त को स्वीकार कर लेती है और उससे विवाह करके उसके साथ निर्धनता का जीवन व्यतीत करने लगती है। थोड़े ही समय में वह इस दरिद्र जीवन से ऊब जाती है और जब उसके एक पुत्र हो जाता है तो यह जीवन असह्य जान पड़ता है। पति को छोड़कर वह फिर अपने पिता के घर चली जाती है। पति से दूर रह कर वह यहाँ भी संतुष्ट नहीं होती वह पिता का घर भी छोड़ देती है और अकेले रहकर निर्धनता का कठोर जीवन व्यतीत करने लगती है ताकि पति के आदर्शों के अनुसार वह अपने को ढाल सके। जब वह इस साधना में सफल होती है तब तक उसके पति के चरित्र की नैतिक दृढ़ता समाप्त हो जाती है और वह जीवन में धन को महत्व देने लगता है। एक बार फिर जब पति-पत्नी मिलते हैं तो उन दोनों की विचारधाराएँ एक दूसरे से विपरीत होती हैं। विद्याभूषण मत परिवर्तन के पूर्व ही सहसा हृदय की गति रुक जाने से मर जाता है।

सेठ जी कृत 'सुख किसमें (1948) में लेखक ने भौतिक विलास वैभव तथा आध्यात्मिक जीवन में कौन श्रेष्ठ है- यह समस्या रखी है। सृष्टिनाथ वैभवशाली विलासी युवक है और धन तथा अधिकार उसके इष्ट हैं। एक दिन, जब उसका धन

और वैभव जाता रहा तो उसने आत्महत्या का प्रयत्न किया।- वैराग्य नामी सन्यासी ने उसके आत्महत्या से विरत करके फिर जीवन की ओर प्रेरित किया । सृष्टिनाथ ने अब वैराग्य में सुख प्राप्त करना चाहा, परंतु श्रद्धा न होने के कारण उसे वहाँ भी सुख न मिल सका। इसके पश्चात उसे प्रेमपूर्णा मिलती है और पुत्री मोहनमाला का जन्म होता है। उसके जीवन में एक बार फिर बहार आती है। किंतु मोहनलाल की मृत्यु से फिर मानसिक व्यथा ने उसे घेर लिया । सृष्टिनाथ को सुख तभी मिलता है जब वह विश्वबोध से प्रेरित होकर अध्यात्म-पथ पर चलने लगता है। लेखक ने इस नाटक में आरंभ से अंत तक मनोविज्ञान की सृष्टि की है।

5.3 वैयक्तिक समस्या नाटक (काम संबंधी)

भौतिक आदर्शवादी और यथार्थवादी नाटकों का विवेचन हम पहले कर चुके हैं। यहाँ पर हमने वे नाटक लिये हैं जिनका संबंध मुख्य रूप से व्यक्ति की काम समस्या से है। यह समस्या विश्व की एक व्यापक समस्या है और फ्रायड के अनुसार जीवन के सभी व्यापारों में यह विद्यमान रहती है। वैसे तो काम वासना एक व्यक्तिगत विषय है, परंतु विवाह संस्था की परंपरा एवं नियम रूढ़िवादी होने के कारण आधुनिक वातावरण में पले युवक-युवतियों को उनसे टक्कर लेनी पड़ती है। पाश्चात्य सभ्यता एवं साम्यवाद के बढ़ते हुए प्रभाव ने यहाँ के स्त्री- पुरुषों में अधिक स्वछंदता भर दी है। परिणाम यह होता है कि सामाजिक नियमों और मर्यादा के भय के कारण उन्हें अपनी इच्छा के विरुद्ध स्वछंद काम-वासना को दबाना पड़ता है। इसका फल यह होता है काम संबंधी उलझनें उत्पन्न हो जाती हैं।

पृथ्वीनाथ शर्मा का दूसरा नाटक 'साध '(1944) में भी काम की ही समस्या है। नाटक की नायिका कुमुद शिक्षित एवं पाश्चात्य वातावरण से प्रभावित युक्ती है। वह स्वच्छंद प्रेम में विश्वास करती है और विवाह को बंधन समझती है। बच्चे पैदा करने से उसे घृणा है। वह अजीत से प्रेम करती है और उससे विवाह भी कर लेती है, किंतु इस शर्त पर कि अजीत उसे बच्चे पैदा करने को बाध्य न करे। वह पाश्चात्य प्रभाव और स्वच्छंद जीवन के प्रेम के कारण संतानोत्पत्ति से घृणा अवश्य करती है, परंतु विवाह के पश्चात उसमें चिरंतन नारी की मातृत्व की भावना जाग उठती है जो उसे अपने हठ को छोड़ने को बाध्य करती है। इस प्रकार कुमुद के हृदय में एक संघर्ष उठ खड़ा होता है। अंत में कुमुद एक बालक के संपर्क में आती है और उसके हृदय में स्थित मातृत्व की भावना विजयिनी होती है । नाटककार ने कुमुद के चरित्र में बड़ा

सुंदर मानसिक संघर्ष दिखाया है। बालक मोहन के संपर्क में आने के बाद उसके मन में बालकों के प्रति स्नेह उत्पन्न हो जाता है। जब वह बालक उससे दूर चला जाता है तो उसे एक व्यथा होती है।

उदयशंकर भट्ट कृत 'कमला '(1939) में वृद्ध - विवाह की समस्या का चित्रण किया गया है। नाटक का नायक देवनारायण वृद्ध जमींदार है जो शक्की और चिड़चिड़ा भी है। वह स्त्री को केवल पुरुष के उपभोग की वस्तु ही समझता है। इसी विचार को लेकर वह एक सुशिक्षित युवती कमला से विवाह कर लेता है। यहाँ पुरातन पुरुषत्व की विचारधारा और आधुनिक शिक्षित नारी की भावना में संघर्ष होता है। उधर देवनारायण के बड़े पुत्र और उमा की अवैध संतान शशि के आगमन और कमला के द्वारा उसे आश्रय देने के कारण संघर्ष और भी तीव्र हो जाता है। देवनारायण को संदेह हो जाता है कि शशि कमला का ही पुत्र है जो कमला की चरित्रहीनता का परिणाम है। कमला को इससे आत्मवेदना होती है और वह आत्महत्या कर लेती है। भट्ट जी ने इसमें देवनारायण का चरित्र विशेष स्वाभाविक चित्रित किया। इसमें लेखक ने अभिनय, भाषा-शैली, अनुभव आदि का कौशल से उपयोग किया है। इस नाटक में स्वगत उनके अन्य नाटकों को अपेक्षा कम है। 'कमला 'भट्ट जी के अन्य नाटकों से प्रौढ़ और कलात्मक रचना है।

हरिकृष्ण प्रेमी कृत 'छाया '(1941) नाटक एक कलाकार की व्यक्तिगत समस्या को प्रस्तुत करता है। प्रकाश एक कवि है और समाज उसकी कृतियों को साहित्य की अमूल्य-निधि मानता है, किंतु यह देखने वाला कोई नहीं है।

उपेंद्रनाथ अश्क कृत 'कैद '(1945) में विवाह की समस्या है। नाटक की नायिका अप्पी दिलीप को चाहती है, परंतु उसका विवाह रुचि के विपरीत प्राणनाथ से हो जाता है और वह कई बच्चों की माँ भी बन जाती है। प्राणनाथ के पास धन था, सरकारी नौकरी थी और समाज में उसका स्थान था। परंतु यह आकर्षण भी अप्पी के दिल की घुटन न मिटा सके। नाटक में अश्क जी ने अप्पी का चित्रण बड़े मनोवैज्ञानिक ढंग से किया है। उसको दिलीप से प्रेम है और एक अमर आकर्षण है। विवाह के पश्चात वह अपने जीवन को काला पानी समझती है और अपनी स्फूर्ति खोकर बीमार सी हो जाती है। अश्क जी ने उसके घर का वातावरण भी निराशा और घुटन से भर दिया है। अचानक जब अप्पी को अपने बचपन के साथी दिलीप के आगमन का समाचार मिलता है तो उसकी मुर्दा रगों में जान आ जाती है। उसके पीले गाल गुलाबी हो जाते हैं और वह जल्दी से घर की व्यवस्था में जुट जाती है।

अश्क जी की दूसरी कृति 'उड़ान'(1949) में भी विवाह की ही समस्या है। नाटक की नायिका माया युद्ध काल में बर्मा से भाग कर भारत आती है। यहाँ उसका संपर्क तीन पुरुषों से हो जाता है। शंकर नारी को अपने विषय वासना की वस्तु समझता है। मदन उसे अपनी संपत्ति समझ कर उस पर अधिकार चाहता है। रमेश उसे देवी मान कर उसकी पूजा करना चाहता है।

सेठ गोविंददास कृत 'प्रेम या पाप'(1946) में एक ऐसी युवती की कथा है जिसे कला और प्रेम का नशा है और जो ऐसे आदमी से ब्याह दी जाती है जिसे अपने व्यस्त व्यापारिक जीवन से फुर्सत नहीं है। यह युवती कीर्तिलता है जो अपने पति सेठ लक्ष्मीनारायण की ओर से निराश होकर कलानाथ एवं नरेंद्र की ओर मृगतृष्णा में दौड़ती है। कीर्ति के चरित्र का विश्लेषण मनोवैज्ञानिक है। वह सौंदर्य - गर्विता है और प्रशंसा में पागल होकर बिना समझे सोचे ही किसी भी ओर खिंच जाती है। आधुनिक बनावटी और धोखेबाज समाज में उसे पग-पग पर ठोकरें लगती हैं।

वृंदावनलाल वर्मा कृत 'खिलौने की खोज'(1950) में प्रेम विषयक गहन समस्या प्रस्तुत की गई है। सलिल और सरूपा बचपन में एक दूसरे से प्रेम करते हैं, किंतु विवाह न हो सकने के कारण अपनी भावनाओं को दबाये रखते हैं। फलस्वरूप दोनों ही रोगग्रस्त हो जाते हैं। सरूपा की पूर्व स्मृतियाँ एक खिलौने को देख कर उभर आती है और उसकी अस्वस्थ दशा अत्यन्त ही करुण हो जाती है। सलिल डॉक्टर है और जब वह सरूपा को देखने आता है तब बचपन की पुरानी बातों का स्पष्टीकरण हो जाता है। इस तरह से दोनों के दिल का भार हल्का हो जाता है और दोनों ही स्वस्थ हो जाते हैं। वर्मा जी ने बलपूर्वक दमन की चेष्टाओं का निषेध किया है। यह स्वास्थ्य के लिए हानिकारक होता है। वर्मा जी की यह सफल कृति है। कथानक यद्यपि सुव्यवस्थित नहीं है, तथापि चरित्र-चित्रण प्रभावशाली है। सलित और सरूपा की पीड़ित आत्मवेदना का मनोवैज्ञानिक चित्र प्रस्तुत किया गया है।

5.3.1 निष्कर्ष

उपर्युक्त समस्या नाटकों के अध्ययन से हम इस निष्कर्ष पर पहुँचते हैं कि हिंदी में समस्या नाटक पश्चिम के समान कलावाद और सौंदर्यवाद की प्रतिक्रिया स्वरूप आये। नाट्य- रचना में हमारे नाटककार इब्सन और शा से प्रभावित अवश्य हुए, परंतु उनका अंधानुकरण नहीं किया गया। देश की बौद्धिक हलचल और नवजागरण की क्रांति ने नाटकों में जीवन के यथार्थ चित्रण की माँग की। राजनीतिक स्वतंत्रता के

साथ-साथ सामाजिक स्वतंत्रता का आंदोलन भी चला, जिसका उद्देश्य व्यक्तिगत जीवन को सामाजिक विषमताओं से मुक्त कराना था। इन्हीं कारणों से बौद्धिकता का आविर्भाव हमारे नाटकों में हुआ। किंतु पश्चिम के समस्या नाटकों के समान शुष्क तर्क प्रणाली का आश्रय नहीं लिया गया। यहाँ के नाटककारों ने पात्रों से सजीवता और भावुकता को दूर नहीं जाने दिया। उन्होंने बौद्धिकता की सीमा वहीं तक रक्खी जहाँ तक कि वह हृदय का साथ दे सके। रचना विधान की दृष्टि से भूमिकाओं, दृश्य वर्णन, रंगमंच निर्देशन, गीत तत्व आदि का बहिष्कार किया गया है। इस दृष्टि से हमारे समस्या नाटक पाश्चात्य रचना विधान से प्रभावित हैं। किंतु रसात्मकता और काव्यतत्व जो भारतीय नाटक के प्राण रहे हैं उनकी अवहेलना हमारे नाटककार न कर सके। यह कारण है कि हिंदी के समस्या नाटक पाश्चात्य रुक्ष बुद्धिवादी नाटकों से भिन्न रहे।

हमारे समस्या नाटक लेखकों में श्री लक्ष्मीनारायण मिश्र का विशिष्ट स्थान है। उनके अतिरिक्त अन्य नाटककारों में उपेंद्रनाथ अश्क, सेठ गोविंददास, पृथ्वीनाथ शर्मा मुख्य हैं। अश्क जी ने यथार्थवादी व्यंग्यात्मक नाटकों का सृजन किया है। इनकी समस्याएँ विवाह और प्रेम से संबंधित है जिनको उन्होंने बड़े सुलझे हुए ढंग से अपनी प्रभावात्मक शैली में प्रस्तुत किया है। सेठ गोविंददास • गाँधीवाद से प्रभावित होने के कारण व्यावहारिक आदर्शवादी हैं। उन्होंने सामाजिक समस्याओं का समाधान गाँधीवादी दृष्टिकोण की सहायता से करने की चेष्टा की है। शर्मा जी के नाटक काम एवं विवाह समस्या से संबंधित हैं।

5.4 प्रतीक नाटक

प्रतीक नाटकों में नाटककार अपनी मनोवृत्तियों को विभिन्न रूपों से पात्रों का स्वरूप देकर अपनी रचना करता है। इस प्रकार नाटककार रहस्यमय ढंग से अपने उद्देश्य को पाठकों के सम्मुख प्रस्तुत करता है। रहस्यमय उद्देश्य की अभिव्यक्ति के लिए भाषा की शक्ति एवं प्रौढ़ता अनिवार्य है। किसी वस्तु की अभिव्यक्ति के लिए निम्नलिखित स्तर होते हैं-

1. **मानवीकरण** - किसी अचेतन वस्तु को सचेत मान कर उसी के अनुसार बर्ताव करना। जैसे यह कहना कि समुद्र क्रोध से गरज रहा है। यहाँ पर समुद्र को चेतन मान लिया गया है।

2. **मूर्तिमान-** जबकि उपमेय उपमान का साकार रूप धारण कर लेता है तब उसे मूर्तिमान कहते हैं। जैसे युद्ध में राम मानों शेर था। जहाँ पर राम को शेर ही मान लिया गया है।

3. **उपमा-** किसी वस्तु की तुलना जब दूसरी वस्तु से की जाती है तो वह उपमा कहलाती है। जैसे राम शेर की तरह लड़ा। यहाँ पर राम की तुलना शेर से की गई है।

4. **वास्तविक स्वरूप-** जब कोई वस्तु अपने वास्तविक रूप में ही रहती है तो वह इस श्रेणी में आती है और सशक्त अभिव्यक्ति करता है।

साधारणतः नाटककार अपनी उद्देश्य की अभिव्यक्ति के लिए चौथी श्रेणी को अपनाते हैं। यदा-कदा जब कभी किसी नाटककार ने अपने उद्देश्यों की अभिव्यक्ति संकेतात्मक और रहस्यात्मक ढंग से करना चाहता है तब उसको प्रथम तीन श्रेणियों का आश्रय लेना पड़ता है। इसी संकेतात्मक तथा रहस्यात्मक ढंग को प्रतीकात्मक शैली कहते हैं।

डॉ. दशरथ ओझा ने प्रतीक नाटकों को तीन वर्गों में विभक्त किया है-

(1) पहला वर्ग वह है जिसमें प्रस्तुत अथवा प्रत्यक्ष कथा और दूसरी अंतर्निहित अथवा रहस्यमय कथा दोनों ही रोचक होती है। सारांश यह है कि प्रस्तुत कथा का रहस्यमय रूप न जानने पर भी उसकी रोचकता में कोई कमी नहीं आती है और जब उसका रहस्यमय रूप समझ में आ जाता है तो उसकी रोचकता और भी बढ़ जाती है।

(2) दूसरा वर्ग वह है जिसमें प्रस्तुत अथवा प्रत्यक्ष कथा में रोचकता तभी आती है, जबकि उसके अंतर्निहित अथवा रहस्यमय रूप का ज्ञान हो।

(3) तीसरी श्रेणी वह है जिसमें मिश्र प्रतीक - नाटक आते हैं। इसमें कतिपय पात्र मानवीय होते हैं और कतिपय मानवीकरण के रूप में आते हैं।

5.4.1 प्रतीक नाटकों का अभ्युदय

संस्कृत-साहित्य में प्रतीक नाटकों की परंपरा अति प्राचीन है। 18 वीं तथा 19 वीं शताब्दी में इन संस्कृत नाटकों का अनुवाद हिंदी में हुआ। उनमें 'प्रबोध चंद्रोदय' प्रमुख स्थान रखता है। 'उत्तर रामचरित' में भी तमसा और मुरला जो दो नदियाँ हैं, उनका मानवीकरण किया गया है। उन्हें दो स्त्रियों के रूप में उपस्थित किया गया है।

अंग्रेज़ी - साहित्य की प्रतीकवादी रचनाएँ 'फ्रेयरी क्वीन' तथा 'पिलिग्रिम्स प्रोग्रेस' भी महत्वपूर्ण नाटक है जिनका प्रभाव हिंदी साहित्य पर भी पड़ा। हिंदी साहित्य में इस परंपरा का प्रथम नाटक भारतेंदु द्वारा रचित 'भारत दुर्दश'(1880) है। इस नाटक में नाटककार ने तत्कालीन परिस्थितियों को सांकेतिक भाषा में जनता के सम्मुख रक्खा था। इस नाटक के पात्र भारत, भारत - दुर्दैव, भारत दुर्दशा, सत्यनाश, निर्लजता, मदिरा, अंधकार ,रोग आदि है ।

इसी परंपरा को लेकर कमलाचरण मिश्र ने 'अद्भुत नाटक', राधाचरण गोस्वामी ने 'यमलोक यात्रा '(1889), रत्नचंद्र प्लीडर ने 'न्याय सभा '(1892), दरियावसिंह ने 'मृत्यु - सभा '(1896), शंकरानंद ने 'विज्ञान '(1897) तथा किशोरीलाल गोस्वामी ने 'नाट्य संभव '(1904) आदि नाटक लिखे थे ।

इन नाटकों के पश्चात हम देखते हैं कि प्रतीकवादी नाटकों की परंपरा शिथिल रही। प्रसाद युग में ही आकर हम को एक मात्र प्रतीकवादी नाटक 'कामना '(1927) ही मिलता है। प्रसाद रचित यह रचना इस परंपरा में महत्वपूर्ण स्थान रखती है । आर्य संस्कृति की उपेक्षित अवस्था देखकर ही इस नाटक की रचना की गई है। 'कामना 'में कामना भारतीय संस्कृति और संतोष उसका पति तथा फूलों का द्वीप उसका देश है। विदेशी विलास कामना को पथभ्रष्ट करने की चेष्टा करता है और वह भुलावे में आकर संतोष से दूर जाती है। इसके साथ देश में अशांति और अनाचार का पदार्पण हो जाता है। अंत में कामना को अपनी भूल समझ में आ जाती है और वह संतोष के साथ मिलकर देश में फिर से सुव्यवस्था स्थापित कर लेती है। कामना में पश्चिमी सभ्यता पर आक्षेप किया गया है और अपनी संस्कृति की पतनावस्था का कारण बताया गया है।

सुमित्रानंदन पंत कृत 'ज्योत्स्ना 'एक संकेतात्मक नाटक है, जिसमें मनुष्य की भावनाएँ पात्रों के रूप में अवतरित होकर आधुनिक समस्याओं पर प्रकाश डालती हैं। पंत जी प्रमुख रूप से कवि हैं, अतः उनका यह रूपक सर्वत्र काव्यमय है। इसमें प्रकृति के सुंदर रंगीन चित्र स्थान-स्थान पर उपलब्ध हैं। वैसे कथानक तो अत्यन्त संक्षिप्त है। संसार में सर्वत्र ऊहापोह और घातक क्रांति देखकर इंदु शासन की बागडोर अपनी महिषी ज्योत्स्ना को दे देता है जो स्वर्ग से भूमि पर आकर पवन और सुरभि अथवा स्वप्न और कल्पना की सहायता से संसार में प्रेम का नवीन स्वर्ग, सौंदर्य का नवीन आलोक, जीवन का नवीन आदर्श स्थापित कर देती है । मानवता के ह्रास का उल्लेख कई स्थानों पर किया गया है।

नाटक के पीछे कवि का दार्शनिक उद्देश्य है। वास्तव में मानव-जीवन को महान बनाने के अभिप्राय से ही पंत जी ने इस नाटक की रचना की है। कथोपकथन काव्य की मिठास के कारण सुंदर अवश्य है, किंतु साहित्यिक भाषा जो संस्कृतमय बोझिल भाषा हो कर भार सहन नहीं कर पाती और कृत्रिम हो जाती है। 'ज्योत्स्ना' में नाटकीय दृष्टि से कई दोष हैं। इसके संवाद और वार्तालाप सजीव नहीं हैं और कार्य तथा चरित्र विकास भी सम्यक रूप से नहीं हुआ है। कारण यह है कि पात्रों का कोई माँसल व्यक्तित्व ही नहीं है। इस नाटक का सबसे अधिक महत्व इसके रंगीन दृश्यों, मधुर गीतों तथा दार्शनिक उद्देश्यों में निहित है।

भगवतीप्रसाद वाजपेयी कृत 'छलना' प्रतीकवादी नाटक होते हुए भी समस्या नाटक कहा जा सकता है। इसमें नारी की चिरंतन समस्या का प्रदर्शन किया गया है। इस नाटक के पात्र साधारण जन-समाज के व्यक्ति हैं, जिसमें कॉलेज के विद्यार्थी, प्रोफेसर तथा सिनेमा के अभिनेता भी सम्मिलित हैं।

कुमार हृदय कृत 'नक्शे का रंग' भी एक प्रतीकवादी नाटक है जिसमें दीन दासताग्रस्त भारत का प्रतीक है। करुणा इसकी पत्नी तथा शांति इन दोनों की संतान है जो अहिंसा और शांति की प्रतीक है। इस नाटक में दो और चरित्र हैं। एक कलाकुमार जो संस्कृति का प्रतीक है, दूसरा अराजकेतु जो फासिस्ट नेता है। यह नाटक एक राजनीतिक समस्या को लेकर चला है, इसमें गाँधीजी की अहिंसा तथा सत्याग्रह सिद्धांत का प्रतिपादन किया गया है। नाटक में पश्चिम की शोषक नीति तथा भारत की आध्यात्मिक सहिष्णुता की नीति का तुलनात्मक चित्रण किया गया है। इसके संवाद मार्मिक और सुंदर हैं।

सेठ गोविंददास का 'नवरस' अपने ही ढंग का प्रतीकवादी नाटक है। इसमें सेठ जी ने साहित्य के नौ रसों का मानवीकरण करके युद्ध और शांति की समस्या का विवेचन किया है। नौ रसों का मानवीकरण इस प्रकार है-

वीर का वीरसिंह, श्रृंगार रस का प्रेमलता, रौद्ररस का रुद्रसेन, भयानक रस का भीम, हास्य रस का लीला, करुण रस का करुणा, शांत रस का शांता, अद्भुत रस का अद्भुत चंद्र तथा वीभत्स रस का ग्लानिदत्त।

नामकरण के अतिरिक्त सेठ जी ने उनका रंगरूप, वेशभूषा का वर्णन भी उनके गुणों के अनुसार ही किया है। यह पात्र अपने नाम के अनुसार ही क्रियाकलाप भी करते हैं।

5.4.2 नवीन प्रवृत्ति के नाटक

इस नवीन प्रवृत्ति का उदय हमें सेठ गोविंददास कृत 'प्रकाश '(1935) तथा उपेंद्रनाथ अश्क कृत 'विवाह के दिन '(1940) और 'देवताओं की छाया में '(1940) में मिलता है। इन नाटकों में जो प्रवृत्ति मिलती है वह प्राचीन प्रतीकवादी नाटकों से सर्वथा भिन्न है। इन नाटकों में न तो पात्रों का मानवीयकरण किया गया है और न कथानक ही रहस्यमय है। इस प्रवृत्ति में भावनाओं की अभिव्यक्ति संकेतों के द्वारा की गई है।

सेठ जी के 'प्रकाश' नाटक का नायक प्रकाश है। प्रकाश अपनी वृद्धा माता के साथ ग्राम में पला है। बड़े होने पर वह शहर जाता है। यहाँ उसका संपर्क संपादक और जमींदार राजा अजयसिंह से होता है। शहर में प्रकाश प्रभावशाली वक्तृता और निर्भीकता के कारण नेता बन जाता है। राजा अजयसिंह की जमींदारी में शांतिभंग करता है और जेल भेजा जाता है। उस समय राजा अजयसिंह को पता चलता है कि प्रकाश उन्हीं का औरस पुत्र है।

उपेंद्रनाथ अश्क रचित, 'विवाह के दिन' में भी संकेतों के द्वारा ही मनोभावों की स्थिति का चित्रण किया गया है। विवाह के अवसर पर लाई गई वस्तुएँ जैसे कागज का सेहरा, कागज का तीर कमान या फिर कभी उड़ने और कभी बैठने वाली मक्खी तथा कभी डर कर भागने और फिर आ जाने वाली छिपकली को प्रतीकों के रूप में प्रयोग में लाया गया है। इस प्रकार हम देखते हैं कि प्रधान पात्र और कथानक सर्वथा भिन्न हैं, फिर भी नाटककार ने अपनी मनोविश्लेषण की प्रवृत्ति के द्वारा दूसरे के मन का असंतोष की भावना को उपर्युक्त प्रतीकों के माध्यम से व्यक्त किया है

5.4.3 निष्कर्ष

सारांश यह है कि आलोच्य युग में प्रतीक नाटकों का सृजन अल्पसंख्या में हुआ है। इस दिशा में प्रगति और प्रयोग अधिक नहीं हुए। केवल सेठ जी कृत 'प्रकाश', उपेंद्रनाथ अश्क कृत 'विवाह के दिन'और 'देवताओं की छाया में' नवीन प्रवृत्ति के प्रतीकात्मक नाटकों के संकेत मिलते हैं। अश्क जी ने अपने नाटकों में मनोविश्लेषणात्मक सांकेतिक पद्धति को स्थान देकर एक नवीन प्रयोग प्रस्तुत किया है। इनके अतिरिक्त जिन नाटकों का सृजन हुआ है, वे प्राचीन पद्धति के अनुरूप ही कहे जा सकते हैं।

6. युगीन नाटक : विविध आयाम (तेलुगु)

6.1 बीसवीं शताब्दी का प्रथम चरण: नाटक और नाटककार

6.1.1 पूर्वपीठिका

बीसवीं शताब्दी तक भाषा और साहित्य के प्रयोग में अनेक परिवर्तन हुए। यह पहला दशक भाषा और साहित्य के लिए महत्वपूर्ण समय था। इस काल में भाषा और साहित्य के जो नये-नये मार्ग परिलक्षित होने लगे थे।उन सभी परिवर्तनों के बीज इसी काल में पड़ गये थे। समाज-सुधार, भाषा एवं साहित्य के कार्य के साथ अनेक महान् ग्रंथों की रचना भी इसी काल में हुई।

6.1.2 समाज सुधार एवं ब्रह्मसमाज का प्रचार-प्रसार

वीरेशलिंगम के ब्रह्म समाज संबंधी विचारधारा का प्रचार-प्रसार और प्राचीन प्रथाओं की कटु आलोचना ने तत्कालीन समाज में हलचल पैदा कर दी थी। किंतु सनातन धर्म एवं आचार विचारों की आस्था आसानी से छूटनेवाली नहीं थी। इसलिए वीरेशलिंगम् के धर्म संबंधी विचारों से अधिक उनके समाज-सुधार संबंधी विचारों ने तत्कालीन समाज को अधिक आकर्षित किया। विचारकों ने सोचा कि धर्म-परिवर्तन न करते हुए भी समाज में सुधार लाने के लिए समाज में व्याप्त दुराचारों और कुप्रथाओं के संशोधन से समाज की प्रगति ही हो सकती है । मूर्तिपूजा का विरोध वीरेशलिंगम् ने भी किया। किंतु मूर्तिपूजा का विरोध तत्कालीन समाज के लिए विशेष महत्व का

नहीं रहा। बाल विवाह का विरोध, स्त्री शिक्षा एवं विधवा विवाह को केंद्र में रखकर समाज सुधार संबंधी कार्य प्रारंभ हुआ था।

1857-60 में तेलुगु में बाइबिल का अनुवाद प्रकाशित हुआ। 1871 में भी एक प्रति का मुद्रण हुआ। 1830 के आसपास ब्राउन ने 'लूका सुवार्ता 'का प्रकाशन किया 1 1857 में कलकत्ता, मद्रास, बंबई विश्वविद्यालयों की स्थापना हुई ।

1857 तक ब्रिटिश शासन की सुस्थिरता के साथ अंग्रेज़ी राजकाज की भाषा के रूप में प्रचलित हो गयी। धीरे-धीरे अंग्रेज़ी का पठन-पाठन होने लगा। विदेशी भाषा एवं साहित्य के अनुशीलन के फलस्वरूप कुछ भारतीय विद्वानों के विचारधारा की दिशा बदल गयी । दिशा परिवर्तन के ये लक्षण तत्कालीन आंध्र, मद्रास एवं बंगाल में स्पष्ट लक्षित होते हैं। ईसाई मिशनरियों ने धर्म प्रचार प्रारंभ किया। विभिन्न भारतीय भाषाओं में बाइबल एवं उसके अंशों का अनुवाद होने लगा था। वर्णाश्रम धर्म के प्रति आस्था समाप्त होने लगी । यह धारणा सूत्र रूप में प्रबल होने लगी कि मानव सब एक है। परिणाम यह हुआ कि सनातन धर्म दोषपूर्ण माना जाने लगा। इस असंतोष के फलस्वरूप समाज में धर्म-परिवर्तन करनेवालों की संख्या बढ़ने लगी। इस गंभीर स्थिति से उबरने के लिए बंगाल में ब्रह्म समाज की स्थापना हुई। जब धर्म प्रचार के लिए ब्रिटिश शासन को कठिनाई का सामना करना पड़ रहा था तो कंपनी सरकार ने दूसरा उपाय सोचा। उन्होंने इसके लिए सोचा राजनीति के आधार पर जिस देश पर आधिपत्य जमाया उसको पर धर्म परिवर्तन के आधार पर सुस्थिर नहीं कर सकते । अंग्रेज़ी शिक्षण-प्रणाली को कायम करके अंग्रेज़ी के पठन-पाठन को बढ़ावा दिया। कलकत्ता एवं मद्रास में विश्वविद्यालयों की स्थापना हुई । विद्यालयों में अंग्रेजी की शिक्षा दी जाने लगी। कुछ विद्यालयों को मिशनरियाँ स्वयं चलाती थीं। हम कह सकते हैं कि कुछ हद तक उनकी इस दूरदर्शिता के कारण अंग्रेजी का पठन-पाठन अधिक होने लगा था। उधर बंगाल में बंकिम जैसे साहित्यकारों ने साहित्य को नयी दिशा एवं प्रेरणा देकर विकास के मार्ग को प्रशस्त किया।

आंध्र में भी तत्कालजीन परिवर्तित चिंतन का प्रभाव दो व्यक्तियों पर पड़ा। ये दो व्यक्ति थे रघुपति वेंकट रत्न नायडू एवं कंदुकूरि वीरेशलिंगम् । नायडू जी अंग्रेजी के प्रकांड विद्वान थे, शायद इसलिए उनका क्षेत्र ब्रह्म समाज के प्रचार-प्रसार ही अधिक रहा। परंतु वीरेशलिंगम् (1848-1919) देशीय सरोकारों से संपन्न व्यक्ति थे। उन्होंने अपने विचारों के लिए अपनी भाषा का प्रयोग किया। उनकी रचनाओं में उनकी सुधारवादी चेतना के साथ-साथ समाज की अव्यवस्था के प्रति वेदना भी स्पष्ट

परिलक्षित होती है। उन्होंने साहित्य को अपने विचारों के संवाहक रूप में स्वीकार किया। हिंदू समाज में व्याप्त बाल विवाह, अनमेल विवाह, मूर्तिपूजा, विधवाओं के प्रति अत्याचार आदि ने उनके हृदय को विचलित कर दिया। ब्रह्मसमाज के प्रचार-प्रसार के लिए नायडू जी के साथ काम करते हुए भी उन्होंने अपना समय, धन एवं प्रतिभा को इन दुराचारों को दूर करने में खर्च किया । इन दोनों के व्यक्तित्व के प्रभाव से समाज के चिंतन को नयी दिशा मिली। कहीं-कहीं गंभीर मतभेद भी रहे, वाद-विवाद का वातावरण रहा। कुल मिलाकर इस नयी सोच के कारण साहित्य को निश्चित रूप से वीरेशलिंगम् जी ने नयी दिशा दी । भाषा की दृष्टि से, साहित्य की विविध विधाओं की रचना की दृष्टि से और अन्य भाषाओं से अनुवाद की दृष्टि से वीरेशलिंगम् जी का योगदान ऐतिहासिक महत्व का है ।

वीरेशलिंगम् से पहले भी नाटकों की रचना हुई । तंजावूर लाइब्रेरी एवं मद्रास ओरियंटल लाइब्रेरी में भी ये नाटक एवं यक्षगान बड़ी संख्या में हैं । किंतु उन नाटकों की संरचना यक्षगान एवं लोकनाट्य की परंपरा से अधिक प्रभावित है । उनमें से अत्यन्त प्रसिद्ध नाटक 'मन्नारु दासु विलासम् 'को आंध्र साहित्य परिषद ने प्रकाशित किया।

वीरेशलिंगम् के समय तक ही बल्लारि में दो महानुभावों ने संस्कृत नाटकों की शैली के तेलुगु नाटकों के अभाव को ध्यान में रखकर नाटकों की रचना की। उनमें प्रथम है धर्मवरम् रामकृष्णाचार्य (1843-1911) पेशे से वकील थे एवं हृदय से साहित्यकार थे। उन्होंने 'चित्रनलीयम्' नामक नाटक की रचना की। आंध्र प्रांत में यह नाटक इतना लोकप्रिय हुआ कि आचार्य जी को * आंध्र नाटक पितामह' के रूप में सम्मानित किया गया। कोलचालम् श्रीनिवासराव ने ऐतिहासिक कथावस्तु के आधार पर नाटक की रचना की। ये दोनों नाटककार ही नहीं वे अभिनेता भी थे। रंग-शिल्प का अच्छा ज्ञान था। दोनों ने स्वयं अपनी नाटक कंपनियाँ भी चलायीं। लक्ष्मीकांत कवि ने 'हरिश्चंद्र नाटक' की रचना की । तेलुगु के श्रेष्ठ नाटकों में इसका महत्वपूर्ण स्थान है । लक्ष्मीकांत कवि भी अभिनय में प्रसिद्ध थे । वेंदम् वेंकटराय शास्त्री ने 'अभिज्ञान शाकुंतलम्' का अनुवाद किया। इस पृष्ठभूमि में वीरेशलिंगम् जी ने नाटक रचना के क्षेत्र में पदार्पण किया। उन्होंने 'शाकुंतलम्' का तेलुगु में अनुवाद किया। उनके पश्चात् अनेक साहित्यकारों ने शाकुंतलम् का अनुवाद किया। फिर भी प्रदर्शन के लिए उपयुक्त सर्वश्रेष्ठ नाटक के रूप में इनका 'शाकुंतलम् 'अनुवाद ही प्रसिद्ध है।

ओंगोल के वेंकटस्वामी नाटक प्रदर्शन के लिए स्त्रियों को भी तैयार करते थे और नाटकों में उनको भी लेते थे। स्त्री पात्रों को स्त्रियाँ ही अभिनय करती थी। यह परंपरा वेटस्वामी एवं सुरभि कंपनी वालों ने चलायी। बल्लारि राघव से भी पहले ही इसका प्रचलन हो गया था।

एक राष्ट्र में जब सामाजिक, धार्मिक, राजनीतिक समस्याएँ गहरी होती जाती हैं तो समाज के अभिन्न अंग होने के कारण उस समाज के मनुष्य का हृदय आंदोलित होता है। उस वेदना का परिणाम यह होता है कि चित्रकार के चित्र में, साहित्यकारों के साहित्य में यह प्रतिबिंबित होता है। यही कारण है कि साहित्य समाज का प्रतिबिंब कहा जाता है। वीरेशलिंगम् के साहित्य में भी उनके हृदय की वेदना, सुधार की कामना स्पष्ट परिलक्षित होती है। उन्होंने अपने साहित्य को अपने विचारों का संवाहक बनाया। हिंदू समाज में व्याप्त धार्मिक अंधविश्वास, सामाजिक दुराचार, बाल विवाह, विधवा विवाह, अनमेल विवाह, मूर्ति पूजा आदि का उन्होंने विरोध किया। समाज सुधार की भावना से प्रेरित होकर इन्होंने अपने विचारों का प्रचार किया। तत्कालीन आंध्र समाज में रघुपति वेंकटरत्नं नायडू एवं वीरेशलिंगम् पर ब्रह्म समाज का प्रभाव पड़ा। वीरेशलिंगम् धार्मिक सुधार के क्षेत्र में नायडू जी के साथ काम करते रहे और ब्रह्म समाज के प्रचार-प्रसार में योगदान किया। इतना ही नहीं, समाज सुधार के लिए अपनी प्रतिभा, धन एवं पूरा जीवन ही समर्पित किया। इससे केवल समाज को ही नहीं भाषा एवं साहित्य का भी उपकार हुआ।

उस समय अंग्रेज़ी पठन-पाठन से प्रभावित उस प्रदेश के सभी छात्र उनकी सुधारवादी चेतना से प्रभावित थे और उनके अनुयायी थे। उनकी सहायता से विधवा विवाह संपन्न किये। वीरेशलिंगम् जी ने अनेक बाल विवाहों को संपन्न होने से रोका। नायडू जी के भी अनेक शिष्य उनकी सुधारवादी विचारधारा से प्रभावित थे। ब्रह्म समाज के प्रचार प्रसार में उन्होंने बड़ी निष्ठा से नायडू जी की प्रेरणा ग्रहण की। कहना होगा इन दोनों महानुभावों की प्रेरणा से उस समय के समाज में जागरूकता आयी और धार्मिक अंधविश्वासों में थोड़ा ढीलापन आया।

साहित्य के क्षेत्र में भी उनकी सेवा अनुपम है। अंग्रेजी साहित्य के अध्ययन के साथ उन्हें यह पता चला कि तेलुगु साहित्य में कथा साहित्य विशेष कर उपन्यास, नाटक आदि का अभाव है। उस साहित्य के चरित्र चित्रण एवं शिल्पगत सौंदर्य से प्रभावित हुए। उन्होंने तेलुगु साहित्य में भी इसी प्रकार के उपन्यास लिखने का प्रयत्न किया और सफल भी हुए। तेलुगु में प्रथम सामाजिक उपन्यास लिखने का श्रेय

वीरेशलिंगम् जी को है ।

वीरेशलिंगम् से पहले तेलुगु में नाटक अपने प्रारंभिक रूप में मिलते हैं-

6.1.3 प्रारंभिक नाटकों की स्थिति

1. तेलुगु रंगमंच के विशेषज्ञों ने हमारे तेलुगु नाटक इतिहास में प्रदर्शन के शिल्प पर जितना ध्यान दिया उतना संरचना पर ध्यान नहीं दिया ।
2. नाटककार अपनी धुन में विस्तार से दृश्यों एवं अंकों का विधान करते चलता है तो रंगमंच पर प्रस्तुत करनेवाले प्रायः उसको अपने रंगमंच की सीमाओं के आधार पर उसको संक्षिप्त कर, कुछ भागों को हटा कर ही प्रदर्शन देते रहे । चाहे वह नाटक चित्रनलीयम् हो, प्रताप रुद्रीयम् हो कन्याशुल्कम् या कोई और नाटक । हर प्रसिद्ध नाटक के साथ यही स्थिति है - मूल रचना एक और रंगमंच पर प्रस्तुत करनेवाला संक्षिप्त रूप दूसरा । ध्यान देने की बात है कि जहाँ स्वयं रचनाकार ही प्रदर्शन करनेवाला भी हो तब भी यही स्थिति रही । साधारण रूप से तेलुगु नाटक रचना की दो पद्धतियाँ थीं-

    1) इतिवृत्त के आधार पर, घटनाओं के संदर्भ में स्थान और काल का निर्देश
    2) रंगमंच पर पात्रों के प्रवेश और निष्क्रमण को दृष्टि में रखकर स्थान और काल का निर्देश । तात्पर्य है कि रंगमंच की सीमाओं को दृष्टि में रखकर रचना करना।

3. अच्छे नाटक की रचना के लिए नाटककार, निर्देशक एवं संगीत निर्देशक मिल-बैठकर चर्चा करना आवश्यक रहता है । ऐसा नहीं लगता कि इस प्रकार का कोई प्रयत्न हुआ हो । इसके विपरीत कुछ ऐसे भी उदाहरण हैं जहाँ - अभिनेताओं ने अपने अभिनय सामर्थ्य एवं प्रदर्शन को ध्यान में रखते हुए नाटककार के द्वारा निर्देशित सीमाओं का अपने-अपने पात्रों का विस्तार कर लिया।
4. नाटककारों ने पढ़ने योग्य नाटकों की रचना की तो प्रदर्शक प्रदर्शन करने योग्य बनाकर ही नाटक प्रस्तुत कर सकते थे।
5. तेलुगु में एक-एक नाटक को लेकर उसकी रचना-पद्धति, कथा- संगठन, दृश्य - विभाजन, मूल वस्तु और नाटक के रूप में उस वस्तु का परिणाम इनका विवेचन नहीं के बराबर हुआ है।

6. तत्कालीन रंगमंच के प्रमुख नाटक: बलिजेपल्लि लक्ष्मीकांत कवि 'हरिश्चंद्र', बल्लारि कृष्णमाचार्य (1853-1913) 'चित्रनलीयम् 'वीरेशलिंगम्-'शाकुंतलम् '(अनुवाद) पौराणिक नाटक। तिरुपति वेंकटेश्वर-पांडवोद्योग विजयालु (महाभारत पर आधारित), सुब्बराय कवि का 'वेणीसंहार '(अनुवाद)।

7. 'हरिश्चंद्र 'एवं 'चित्रनलियम 'दोनों की कथावस्तु पौराणिक है। कथावस्तु को वहाँ से लेकर उसमें आवश्यक परिवर्तन कर, अनेक घटनाओं एवं दृश्यों की कल्पना के द्वारा नाटक- रचना करना, उसमें रस - परिपाक लाना इन नाटककारों की विशेषता रही। 'हरिश्चंद्र ' की कथावस्तु में नाटककार ने ज्यादा परिवर्तन नहीं किया। पात्र - योजना एवं संवाद शैली ने नाटक को सशक्त बनाया। नाटकीय दृश्य एवं घटनाएँ इस नाटक के प्रदर्शन की सफलता के कारण हैं। 'चित्रनलीयम् ' का प्रदर्शन उस समय होता था। आजकल इस नाटक का अभिनय समकालीन स्थितियों में कठिन है। हरिश्चंद्र नाटक की कथा करुण रस पूर्ण होने के कारण, कथा लोकप्रिय होने के कारण आज भी इसका प्रदर्शन जहाँ-तहाँ होता रहता है

8. तिरुपति वेंकटेश्वर कवियों का 'पांडवोद्योग विजयालु' 'की कथा महाभारत से ली गयी है। इस कथा से प्रसंगों का चयन, पात्र - योजना एवं संवाद कवियों की प्रतिभा का परिचायक है। तेलुगु रंगमंच पर सफलता के नये कीर्तिमान स्थापित करने वाले नाटकों में यह नाटक महत्वपूर्ण है। इसके संवाद इतने लोकप्रिय हैं कि उस समय ये दर्शकों के कंठस्थ हो जाते थे। संवादों के कुछ अंश मुहावरे भी हो गये। ' गयोपाख्यान ' नाटक की कथावस्तु महाभारत के आधार पर कृष्ण और अर्जुन के युद्ध की कवि-कल्पना का विस्तार है। रंगमंच पर हज़ारों प्रदर्शन के साथ यह अत्यन्त लोकप्रिय नाटक है।

9. 'वेणीसंहार 'नाटक भाषांतर ही प्रमुख था। नाटककार ने विषय वस्तु या नाटक संरचना में कोई परिवर्तन नहीं किया। अनुवाद करते हुए कथावस्तु की सारी विशेषताओं, पात्रों के विशेष पहचान को बनाये रखते हुए अनुवाद श्रम साध्य है। वेणीसंहार नाटक सुंदर भाषांतर के रूप में मूल की समस्त विशिष्टताओं को सुरक्षित रखकर सुंदर रूप में प्रस्तुत हुआ है।

10. श्रीपाद कृष्णमूर्ति शास्त्री जी का 'बोब्बिलियुद्धम्', वेदं वेंकटराय शास्त्री जी का 'प्रतापरुदीयम्' लोकप्रसिद्ध ऐतिहासिक घटनाओं का संयोजन कर

नाटकों के रूप में प्रस्तुत कर प्रदर्शन के योग्य बनाया। लोक प्रसिद्ध वीर गाथाओं को जो लोक साहित्य में है उनको साहित्य में स्थान देने का श्रेय इन दोनों नाटककारों को है। वीर रस एवं राजनीति इन नाटकों की विशेषताएँ हैं।

11. इनमें सबसे महत्वपूर्ण और एक नाटक है 'कन्याशुल्कम् '। यह एक महान् सामाजिक नाटक है। इसमें नाटककार का उद्देश्य है परिस्थितियों को यथार्थ रूप में प्रतिबिंबित करना। इस उद्देश्य की पूर्ति में नाटककार अत्यन्त सफल हुआ। तत्कालीन अंग्रेज़ी का पोंगा पंडित 'गिरीशम् पात्र की कल्पना की। अंग्रेजी पढ़ा-लिखा 'गिरीशम् के चरित्र की विशेषताएँ हैं- सनातन आचार-विचार एवं परंपरा के पक्षधरों पर व्यंग्य करना, समाज-सुधार के नाम पर प्रचलित पापाचार, स्वार्थ भावना, व्यभिचार, धनार्जन में अमर्धपथ का अवलंबन, हृदयहीन व्यवहार, यहाँ तक कि देवताओं के प्रति भी हास्य-व्यंग्य भरे वक्तव्य देना। 'कन्याशुल्कम् 'नाटक में ही नहीं व्यावहारिक जीवन में भी इस प्रकार के गुणों से समन्वित किसी भी व्यक्ति को 'गिरीशम् कहना आंध्र समाज में प्रचलित था। 'गिरीशम् व्यक्ति नहीं इस प्रकार के व्यक्तियों के वर्ग का प्रतिनिधि बन गया था। बाह्य रूप से नाटक हास्य प्रधान लगता है, दर्शकों का मनोरजंन करता है और उसमें छिपा सामाजिक व्यंग्य भी पाठकों और दर्शकों को तिलमिला देता है।

12. इस काल के ईमनि लक्ष्मण स्वामी एक अभिनेता ही नहीं एक सफल नाटककार थे। आप एक महान् देशभक्त थे। हिंदी भाषा के विद्वान भी थे। इनके विचार में भारत में सर्वत्र हिंदी भाषा का प्रचार प्रसार होना चाहिए। हिंदी ही भारत की प्रमुख भाषा है। 'पीश्वा नारायण राव' ''शिवाजी 'जैसे महत्वपूर्ण ऐतिहासिक नाटकों की हिंदी में रचना कर, स्वयं के निर्देशन में इन नाटकों का रंगमंच पर प्रदर्शन भी करते थे। बीसवीं शताब्दी के प्रथम एवं द्वितीय दशक में इन नाटकों का विशेष प्रदर्शन होता था।

13. स्थानम नरसिंहराव ने 'श्रीकृष्णतुलाभारम्' में सत्यभामा और 'सारंगधर' नाटक में चित्रांगी जैसे नारी पात्रों का अभिनय लगातार 25 साल अनेकानेक प्रदर्शन देकर आंध्र के रंगमंच पर स्त्री पात्रों के अभिनय में सर्वश्रेष्ठ अभिनय के लिए प्रसिद्ध हो गये। मेरे विचार में केवल आंध्र ही नहीं अन्य भारतीय भाषाओं के अभिनय के क्षेत्र में भी स्थानम् नरसिंहराव के समकक्ष स्त्री पात्रों के अभिनय की क्षमता रखने वाले विरल ही हैं।

6.1.4 प्रमुख नाटककार

6.1.4.1 चिलकमर्ति लक्ष्मी नरसिंहम्

आंध्र प्रांत के सुधारवादी चिंतक महानुभावों में अधिकांश अंग्रेज़ी के विद्वान थे। उनमें चिलकमर्ति लक्ष्मी नरसिंहम् प्रमुख थे और अंग्रेज़ी के महान् विद्वान थे। इन्होंने भी वीरेशलिंगम् के समान ही साहित्य सृजन किया। इनकी लेखनी की लोकप्रियता अनुपम थी। इन्होंने उपन्यास, नाटक, प्रहसन, कहानी, निबंध, कविता आदि साहित्य की अनेक विधाओं में रचना कर साहित्य को समृद्ध किया। इनकी लेखनी ने जिस विधा को स्पर्श किया वह लोकप्रिय हो गयी। तेलुगु में 'अहल्याबाई" पहला ऐतिहासिक उपन्यास है। उपन्यासकार के रूप में भी उनका तेलुगु साहित्य में महत्वपूर्ण स्थान है । इनको तेलुगु साहित्य में 'आंध्र स्कॉट' का रूप में जाना जाता है। तेलुगु के प्रथम नाटककारों में इनका स्थान अत्यन्त महत्वपूर्ण है। कीचक वध, द्रौपदी परिणयमय, श्रीरामजननम्, गयोपाख्यान, पारिजातापहरणम्, प्रसन्न यादवम् आदि महत्वपूर्ण नाटक हैं।

तत्कालीन नाटक समाजों के द्वारा इन नाटकों का प्रायः प्रदर्शन होता है। प्रत्येक नाटक का अनेक बार रंगमंच पर प्रदर्शन हुआ। ये अत्यन्त लोकप्रिय नाटक थे। उन नाटकों के अनेक संवाद सामान्य दर्शकों को कंठस्थ थे। 'गयोपाख्यान' नाटक का प्रदर्शन अब भी यहाँ वहाँ होता रहता है। कहा जाता है-इस नाटक के संवाद उस समय गाड़ी के कोचवान भी गाते थे। (क्योंकि ये नाटक गद्य-पद्य मिश्रित रचना होती थी ।)

नाटक खेलनेवालों के अनुरोध पर नाटक खेलने के लिए कभी-कभी अभिनेताओं को भी ध्यान में रखकर उन्होंने रचना की ।1887 विक्टोरिया महारानी के शासन के स्वर्णोत्सव के अवसर पर पहली बार कविता की ।

द्रौपदी परिणयम्: 1889 में प्रदर्शन

गयोपाख्यान : 1889 दिसंबर प्रदर्शन अप्रैल 1890

श्रीरामजननम् : 1889 प्रदर्शन जनवरी 1890

पारिजातापहरणम्: 1890

मल्ल नाटक : 1890 प्रदर्शन 1892

सीता कल्याण: मार्च 1890, रामनवमी के दिन प्रदर्शन

प्रसन्न यादवम: कथावस्तु श्रीकृष्ण एवं नरकासुर का युद्ध 1905-06 रचनाकाल

प्रह्लाद चरित : : 1927

दोनों नाटकों की स्वतंत्र रचना

चतुर चंद्रहास: 1927

चतुर चंद्रहास नाटक एक ही दुखांत नाटक है ।

प्रकाशन- पारिजातापहरण - 1906

गयोपाख्यान - 1909

आंध्र के बीसवीं शताब्दी के प्रथम चरण में प्रदर्शन में अत्यन्त प्रसिद्ध कुछ नाटकों में 'गयोपाख्यान इसके संवाद आंध्र प्रांत में इक्के वालों के लिए भी कंठस्थ हो गये।

यह कहना कोई अतिशयोक्ति नहीं कि ऐसा कोई नाटक समाज नहीं जिसने 'गयोपाख्यान' का प्रदर्शन नहीं दिया हो। उसमें भी 'गयोपाख्यान 'जैसी ख्याति किसी और नाटक को नहीं मिली। (पृ.सं.248 आधुनिक नाटक विकास, पी.एस.आर. अप्पाराव)

राजमहेंद्री हिंदू नाटक समाज : चिलकमर्ति लक्ष्मी नरसिंहम् 1901 से 1908 तक इसके अध्यक्ष रहे ।अपने कार्यकाल में इस समाज को अपनी सक्रियता से तत्कालीन नाटक समाजों में महत्वपूर्ण स्थान पाने का अधिकारी बनाया।

चिलकमर्ति बहुमुखी प्रतिभा संपन्न महान् व्यक्ति थे | कह सकते हैं कि ये व्यक्ति नहीं एक संस्था थे। 1906 में 'मनोरमा 'मासिक पत्रिका का और 1907 में 'देशमाता 'साप्ताहिक पत्रिका को चलाया। 'सरस्वती 'पत्रिका का संपादन आपने किया ।आपके जीवन काल में अनेक महान् कार्य संपन्न किये। जैसे- नाटक समाज की स्थापना, विद्यालय की स्थाना, पत्रिका - स्थापना, हरिजनों के लिए राममोहन राय विद्यालय की स्थापना, स्त्री-शिक्षा, सुधारवादी आंदोलन, राष्ट्रीय आंदोलन एवं साहित्य सेवा |

आप पर ब्रह्म समाज की चिंतन धारा का प्रभाव था। आप सुसंस्कृत, सहृदय एवं मृदुभाषी थे। सभाओं में अच्छे वक्ता के रूप में मंच के आकर्षण का केंद्र रहते थे।प्रमुख नाटककार के रूप में आपको विशेष ख्याति मिली। आप राजमहेंद्री में निवास करते थे।

6.1.4.2 श्रीपादकृष्णमूर्ति शास्त्री

गोदावरी नदी तट राजमहेंद्री इनका निवास स्थान था। आप संस्कृत एवं तेलुगु भाषा के प्रकांड विद्वान थे। आप व्यास भी एवं वाल्मीकि भी। आपने महाभात, वाल्मीकि रामायण एवं श्रीमद्भागवत का तेलुगु में अनुवाद किया। तेलुगु के महान ग्रंथकारों में इनका उल्लेख होता है।

आपकी विशेषता है कि इन महान् ग्रथों की रचना के साथ एक महत्वपूर्ण ऐतिहासिक नाटक की रचना भी की। उस नाटक का नाम है- 'बोब्बिलि युद्धम् -यह ऐतिहासिक नाटक तत्कालीन रंगमंच पर अत्यन्त प्रसिद्ध हुआ। आज भी यहाँ- वहाँ इस नाटक का प्रदर्शन होता रहता है। इस एक नाटक के कारण ही आप तेलुगु नाटक साहित्य में अमर हो गये। आप अपने साहित्य के कारण अनेक बार सम्मानित हुए। 'कलाप्रपूर्ण 'एवं 'महामहोपाध्याय जैसे उपाधियाँ मिलीं। प्रयाग में 'अखिल भारतीय कवि सम्मेलन 'महादेवी जी के संयोजन में हुआ था, उस सभा का सभापतित्व का उत्तदरायित्व आपको सौंपा गया।

6.1.4.3 वड्डादि सुब्बाराय कवि (वसुराय कवि)

आप कवि एवं नाटककार थे। 'प्रबोध चंद्रोदय', 'अभिज्ञान शाकुंतलम्', 'विक्रमोवंशीयम् 'एवं 'वेणीसंहार 'इनके प्रमुख नाटक थे। ये नाटक अनुवाद होते हुए भी अपनी सहज - सरस शैली के कारण आंध्र प्रांत में अत्यन्त प्रसिद्ध थे। इनमें 'वेणीसंहार 'नाटक सबसे लोकप्रिय नाटक रहा।

6.1.4.4 वेदम् वेंकटराय शास्त्री

आप मद्रास की ईसाई महाविद्यालय में आंध्र भाषा के अध्यापक थे। इसलिए अंग्रेज़ी साहित्य विधाओं से भी प्रेरित थे। आपने 1909 में 'रामविलास सभा नामक नाटक की संस्था थी।यह समाज इस नाटक के प्रदर्शन के लिए प्रसिद्ध था। नेल्लूर में नाटककार ने स्वयं एक नट-मंडली को नाटक प्रदर्शन के लिए तैयार किया। डॉ. गोविंदरज्जुल वेंकट सुब्बाराव जैसे महान् अभिनेता इस नाटक के प्रदर्शन के कारण प्रसिद्ध होकर, पश्चात् चित्रपट में आकर अभिनय के क्षेत्र में अमर हो गये। इस नाटक में नारी पात्र नहीं, श्रृंगार और वीर रस में किसी रस को प्रधान नहीं बनाकर नयी परंपरा में नाटक रचना कर आपने नया कीर्तिमान स्थापित किया।महामहोपाध्याय शास्त्री

को कलापूर्ण संस्कृत नाटकों के अनुवाद के साथ स्वतंत्र नाटक रचना में भी सफलता मिली।

अनूदित - नागानंद (1891) अभिज्ञान शाकुंतलम् (1896), प्रियदर्शिका (1909) मालविकाग्निमित्रम् मालविकाग्निमित्रम् (1919), उत्तर रामचरित (1920) विक्रमोवंशीयम् (1920), रत्नावली (1921), प्रतापरुद्रीयम् (1896, नेल्लूर), 'अमेच्चूर ड्रमेटिक सोसाइटी ने लक्ष्मी विलास नाटक शाला में 24.1.1898 को इसका प्रदर्शन किया। इसकी कथावस्तु ऐतिहासिक कम काल्पनिक ज्यादा है। इस कथा के माध्यम से नाटककार ने देशभक्ति पूर्ण काल्पनिक वातावरण की सृष्टि करने का प्रयत्न किया।

6.1.4.5 मंजरी मधुकरीयम कोराड रामचंद्र शास्त्री

काल्पनिक कथावस्तु 1908 प्रकाशित। विभिन्न शोधों के आधार पर इसका रचना काल 1860 के आसपास माना जाता है।

1) वेणीसंहार, 2) शाकुंतलम्, 3) मुद्राराक्षस, 4) उत्तर रामचरित, 5) उन्मत्त राघवम् (संस्कृत से अनूदित) नाटक जिनका रचनाकाल उन्नीसवीं शती का अंतिम चरण।

6.1.4.6 श्रीवाविलाल वासुदेव शास्त्री

Julius Caesar का अनुवाद किया। The literary and scientific world may be interested to learn that Shakespear's Julius Caesar has been translated into Telugu by Vavilala Vasudeva

Sastry. The curator of books informs us that this is the first and fair attempt at a metrical translation of Shakespeare into this language.75 years ago today-The Statesman 17.4.1952

1853 मर्चंट ऑफ वेनिस का बंगाली भाषा में अनुवाद एवं प्रदर्शन। भारत में पहला अनुवाद शेक्सपीयर का -अनुवादक श्री हेमचंद्र घोष।

1872 K.G. Natu का अनुवाद जूलियस सीजर। पूना महाविद्यालय में इसका प्रदर्शन। जूलियर सीजर का भारतीय भाषाओं में पहला अनुवाद और वाविलाल जी का दूसरा अनुवाद माना जाता है।

6.1.4.7 श्री वड्डादि सुब्बाराय *कवि:*

वसुराय कवि के नाम से प्रख्यात है। वेणीसंहार, विक्रमोवंशीय, प्रबोध चंद्रोदय चंड कौशिक, अभिज्ञानशाकुंतल, मल्लिका मारुतम्, आंध्रमुकुंदमाला आदि। वेणीसंहार का प्रदर्शन 25 साल तक अनवरत रूप से होता रहा।

6.1.4.8 नादेल्ल पुरुषोत्तम कवि

बंदर नेशनल थियट्रिकल सोसाइटी के लिए आपने अनेक नाटकों की रचना हिंदुस्तानी में की थी।

(1) कालासुर वध, (2) सुभद्रा परिणय, (3) भस्मासुर वध, (4) कलावती परिणय, (5) लवणासुर संहार, (6) अहल्या संक्रंदन, (7) पुत्रकामेष्टि, (8) सीता कल्याण, (9) दशरथ निर्याण, (10) रामारण्यवासमु, (11) सीतापहरण, (12) सुग्रीव पट्टाभिषेक, (13) हनुमत्प्रताप, (14) रावण संहार, (15) सुकन्या परिणय, (16) हरिश्चंद्र चरित आदि। तेलुगु में चंद्रहास चरित, सारंगधर, पारिजतापहरणम् आदि नाटकों का प्रणयन किया था।

6.1.4.9 श्रीधर्मवरम कृष्णमाचार्युलु

आप नाटककार, निर्देशक एवं महान् अभिनेता के रूप में प्रसिद्ध हैं। आपको 'आंध्र नाटक पितामह ' के नाम से यश मिला। आंध्र के बल्लारि (रायलसीमा) प्रांत के रहने वाले थे।

उषा कल्याणम्-कन्नड भाषा में प्रदर्शन - 14.9.1886

चित्रनलीयम् - तेलुगु भाषा में प्रदर्शन - 29.1.1887

दोनों का प्रदर्शन सरस विनोदिनी सभा, बल्लारि द्वारा हुआ था जिसके अध्यक्षस्वयं कृष्णामाचार्य ही थे।

चित्रनलीयम् का प्रकाशन 1894 में हुआ। आपने अनेक नाटकों की रचना की, उनमें प्रमुख हैं-

(1)चित्रनलीयम, (2) सावित्री चित्राश्व, (3) बृहन्नला, (4) विषाद सारंगधर, (5) पादुका पट्टाभिषेक, (6) प्रमीलार्जुनीयम् (7) पांचाली स्वयंवरम्

आचार्य ने 'पांचाली स्वयंवर ‘में कन्याओं की युवावस्था में विवाह के पक्ष में अपने विचार प्रकारांतर से प्रस्तुत किये थे।

प्रमीलार्जुनीयम् स्त्री शिक्षा एवं स्त्री स्वातंत्र्य पर अजामिल में कन्या विवाह की समस्या एवं मद्यपान की समस्या का भी संदर्भ के अनुसार चर्चा कर अपनी सामाजिक स्पृहा का परिचय दिया ।

प्रमीलार्जुनीयम् का पहला प्रदर्शन 26.12.1905 में ‘सुगुण विलास सभा’ के द्वारा किया गया। उसका प्रकाशन कई सालों बाद हुआ ।

6.1.4.10 श्री आंचट वेंकटराय सांख्यायन शर्मा

आपने विक्रमोवंशीयम् एवं उत्तर रामचरित का अनुवाद किया।आंध्र नाटक इतिहास में शर्मा जी का योगदान है - उनका सामाजिक नाटक है- 'मनोरमा ‘। उन्होंने अपने गाँव में स्वयं के निर्देशन में इस नाटक का मंचन किया। इसका रचना काल है - 1895. इस नाटक में स्त्री शिक्षा को महत्वपूर्ण स्थान दिया गया है।1929 में आंध्र नाटक कला परिषद् की स्थापना में शर्मा जी का अद्वितीय योगदान रहा।

6.1.4.11 प्रतिनिधि नाटककार: गुरजाडा वेंकट अप्पाराव

गुरजाडा के अनुसार- सामाजिक दुराचारों के उन्मूलन के लिए साहित्य ही साधक है और साहित्य में भी नाटक ही सर्वश्रेष्ठ है। क्योंकि जहाँ निरक्षर समाज में सुधार लाना हो तो वहाँ नाटक ही साधन हो सकता है। इसलिए कन्याशुल्कम जैसे सामाजिक दुराचार को दूर करने के लिए गुरजाडा ने 1892 में 'कन्याशुल्कम ‘की रचना की । विजयनगरम के “जगन्नाथ विलासिनी नाटक समाज” ने इसका पहला प्रदर्शन दिया। इसकी सबसे बड़ी विशेषता है आंध्र में तेलुगु भाषा में व्यावहारिक भाषा (बोलचाल की भाषा) में पहली बार इस नाटक की रचना हुई। इसके प्रदर्शन को समाज ने एवं विद्वानों ने भूरि-भूरि प्रशंसा की ।

गुरजाडा का विचार है कि आम आदमी के लिए संबोधित विषय को आम भाषा में होना चाहिए। “कन्याशुल्कम्” का दूसरा प्रकाशन 1909 में हुआ । मूल रचना में काफी परिवर्तन किया गया। कुछ पात्रों के नाम तक परिवर्तित किये गये। दूसरे प्रकाशन को देखकर ऐसा लगता है कि उसी विषयवस्तु को लेकर एक दूसरा नया नाटक ही रचा गया।

इस नाटक रचना के पीछे गुरजाडा के तीन लक्ष्य थे- 1. समाज सुधार, 2. भाषाई दृष्टि, 3. उत्तम नाटक रचना।

1. समाज सुधारः बाल विवाह अनमेल विवाह जिनका सीधा कारण कन्याशुल्कम है, विधवा समस्या जो अनमेल विवाह का परिणाम स्वरूप है, वेश्या समस्या, सामाजिक दुराचार इनको कन्याशुल्कम् में बोलचाल की भाषा में प्रस्तुत किया- कथा के सूत्रों में पिरोकर ।फिर भी तत्कालीन कुछ आलोचकों ने इन पर प्रहार किया तो अप्पाराव जी ने उसका उत्तरं इस प्रकार दिया-

"Poetic Justice is not what it was at one time. I paint life, artistically, idealizing of course. Though art is my master, I have a duty to society. Therefore one question the reader may ask. "Have I made vice attractive ‘I hope not. In the first edition, Madhurvani is colourless iniquity. Now she is fully drawn. I am myself fascinated with Madhuravani. So, I reform her in the last act you cannot now quarrel."

"The book has gained an abtrusive but strong moral purpose. You wil find that I do not at all tnifle with life. I take it quite seriously, a very difficult matter in a book that bubbles with laughter.

Do not forget the humanity of a natch girl. Her Joys and Sorrows are as serious a matter as your or mine. How is an unchaste wife or a rakish husband (and Society teemes with both) better than a natch girl, who is not a fraud in this sense that her label is correct? She breaks no marriage bond."

Letter to Sri V.M. Subrahmaniyam
THE HINDU, 27.2.1936.

2. बोलचाल की भाषा में साहित्य की रचना में उनको अपूर्व सफलता मिली।
3. इस पर रंगमंच की दृष्टि से विचार करेंगे तो निश्चित रूप से बहुत बड़ा नाटक है जिसमें सात अंक हैं और दृश्य पैंतीस। इसलिए प्रदर्शनकर्ताओं ने इसको Edit करके प्रदिर्शत किया। इसके प्रामाणिक दो तीन संपादित रूप प्रसिद्ध हैं।

पात्र परिकल्पना में अप्पाराव जी की अद्भुत प्रतिभा परिलक्षित होती है। यह बात निश्चित रूप से कही जा सकती है कि कन्याशुल्कम के सभी प्रधान पात्र अपने

विशिष्ट व्यक्तित्व के साथ चित्रित हैं।

आस्कॉर बाइल्ड की हास्य-भंगिमा, पात्र - संरचना की विशिष्टता अप्पाराव की विशिष्टता है। बर्नाड शॉ जैसे मर्म को छूनेवाला व्यंग्य सहज रूप से लक्षित होता है। पी. एस. आर. अप्पाराव "आंध्र नाटक विकासमु "के अनुसार कन्याशुल्कम् की रचना में तीनों का प्रभाव परिलक्षित होता है ।उन्होंने मोलियर (पाश्चात्य नाटककार) का अध्ययन किया।मोलियर के अनुसार - Correction of social absurdities must of all times be the matter of true comedy.'गुरजाडा के लिए भी नाटक रचना के पीछे सामाजिक प्रयोजन महत्वपूर्ण है।

कन्याशुल्कम् के कन्नड़ अनुवाद की पीठिका में डॉ. सी. आर. रेड्डी ने इस प्रकार लिखा है-

Kanyashulkam remains a masterpiece in the difficult realer of social sative. It is a glow with life and humanity; its men and women move about with all the grace and kindness, oddities, crualities and chicameries, santities and hipocrasies of real life-a life in which nature and custom, reason and tradition, sentiment and superstition are in miserable conflict.

6.1.4.12 श्री कोलाचलम श्रीनिवासराव

Dramatic History of the world अंग्रेज़ी में आप की स्वतंत्र रचना है | ऐतिहासिक नाटक- सुलताना चाँद बी, रामराज्य चरित्रम्, शिलादित्य, मैसूर राज्यभिवृद्धि, चंद्रगिरि अभ्युदम्, प्रताप नगरीयम् ।

"रामराज्यचरित्र" सबसे प्रसिद्ध नाटक है। दर्शकों को मुग्ध कर देता था। बल्लारि राघव ने अनेक प्रदर्शनों में प्रमुख भूमिका निभाकर दर्शकों को इस नाटक के प्रसिद्ध होने में अपना महत्वपूर्ण योगदान दिया। इसके कुछ प्रमुख दृश्यों को हिंदी तथा अंग्रेज़ी में अनुवाद कर बल्लारि राघव ने अनेक प्रदर्शन दिये।

पौराणिक नाटक - गिरिजा कल्याणम्, रुक्मांगद, सत्य हरिश्चंद्रीयम्, कालिदास नाटक, मदालसा (मार्कंडेय पुराण), प्रह्लाद नाटक (दानव वध) ।

सामाजिक नाटक-मानावमान, युवती विवाह, मानव पिशाच आदि । महाभारत पर आधारित नाटक-धर्म विजय (महाभारत युद्ध) द्रौपदी वस्त्रापहरणम्, कीचक वध (सैरंध्री) आदि ।

रामायण पर आधारित नाटक - श्रीराम जननम्, सीता कल्याण, पादुका पट्टाभिषेक, लंकादहन, कुश -लव।

कोलाचलम श्रीनिवासराव के नाटकों में उनकी सामाजिक स्पृहा परिलक्षित होती है। वृद्धों का विवाह, बाल विवाह, कन्याशुल्कम, सती प्रथा, स्त्री शिक्षा, परंपराओं का अंधा अनुकरण आदि का संदर्भ के अनुसार नाटकों में चित्रित करके उन पर अपने विचारों को भी प्रकट किया, जो प्रगतिशील हैं।

ऐतिहासिक कथावस्तु के अंतर्गत देशभक्ति का भाव इस नाटक की विशेषता रही। इसके प्रचार-प्रसार के कारण ब्रिटिश सरकार ने 1918 में इसके प्रदर्शन पर निषेध लगाया।

श्रीनिवासराव जी मूलतः सुधारवादी चेतना से अनुप्राणित थे। सामाजिक चेतना से अनुप्राणित इनके नाटक प्रदर्शन के लिए ही लिखे गये और सफलतापूर्वक प्रदर्शन दिये गये। इस प्रकार श्रीनिवास राव का आधुनिक नाटक में महत्वपूर्ण स्थान हैं।

6.1.4.13 पानुगंटी लक्ष्मी नरसिंह राव

पौराणिक नाटकः राधाकृष्ण (1909), विप्रनारायण (1909), सरोजिनी (1930)

रामायण पर आधारित नाटक- पादुका (1909), विजयराघवम् (1909), वनवास राघवमु (1910), कल्याण राघवम्।

ऐतिहासिक नाटकः सारंगधर (1905), प्रचंड चाणक्य (1909), बुद्ध बोध सुधा (1910)

काल्पनिक नाटकः कोकिल (1909), वृद्ध विवाह (1910), कंठाभरण (1917), पूर्णिमा (1919), सरस्वती (1920), मालती माला - Comedy of errors का अनुसरण (1920), चित्र विवाह (1930), राति स्तंभम् आदि।

पीठापुरम राजा के आश्रय में साहित्यकार के रूप श्रीनिवास राव का जीवन सुख से व्यतीत हुआ था।

'सारंगधर 'नाटक को सुखांत नाटक के रूप में रचना की। ऐतिहासिक कथावस्तु है। इसका अंत दुखांत है। इनसे पूर्व नाटककारों ने दुखांत रूप में इसको प्रस्तुत किया। आपको 'राधाकृष्ण', 'विप्रनारायण 'एवं 'पादुका 'नाटकों के कारण

विशेष ख्याति मिली। भक्ति रस परिपाक में आपकी प्रतिभा अद्वितीय मानी जाती है। राधाकृष्ण में मधुर भक्ति का प्रतिपादन किया गया।

सामाजिक नाटकों में 'कंठाभरण' को विशेष प्रसिद्धि मिली। कन्याशुल्कम् के बाद हास्य-व्यंग्य का यह नाटक लोकप्रिय रहा। समाज में व्यभिचारी, विलासी पुरुष, परंपरावादी ब्राह्मण, लोभी महाजन, दंभी विद्वान आदि पात्रों का चित्रण करके समाज पर व्यंग्य किया। हास्य पर आधारित यह नाटक उन पात्रों जैसे व्यक्तियों को तिलमिला देता था।

6.1.4.14 मारेपल्ली रामचंद्र शास्त्री

आप देशभक्त, समाज सुधारक, नाटक समाज के संस्थापक, नाटककार अभिनेता थे।

'कलाभिलाषक नाटक समाज' (1895) अपने व्यवसाय को जिन वेश्याओं ने छोड़ दिया उन वेश्याओं के लिए 'सगीतमानिनी समाज' की स्थापना।

अनेक नाटकों की रचना। तत्कालीन शैली में गीत एवं (कविताओं) पद्यों से भरपूर इनके नाटक प्रदर्शन के योग्य होते थे।

बिल्हणीयम् 1902 संशोधित दूसरा संस्करण 1913, पारिजातापहरण 1902 संशोधित दूसरा संस्करण 1913 सुरभि कंपनी के लिए लिखा था।

6.1.4.15 वल्लूरी बापीराजू

वीरेशलिंगम् के मित्र सुधारवादी चिंतक 1897 विधवा विवाह विषय वस्तु को लेकर 'सागरिका' की रचना, 'सुगुण मणि' यह भी सामाजिक नाटक माता-पिता के विरोध के कारण प्रेमी-प्रेमिका आत्महत्या कर लेते हैं।

6.1.4.16 श्री गोमठम् श्रीनिवासाचार्य

"Harishchandra: The Martyr of Truth" सत्य हरिश्चंद्र नाटक अंग्रेजी में रचना। इसके अनेक प्रदर्शन हुए थे। तत्कालीन मद्रास गवर्नर बेनलक ने इस नाटक की प्रशंसा की। पारसी नाटक समाज का गुलेबकावली का प्रदर्शन देखकर प्रभावित होकर 'कमलापहरणम्' नामक नाटक की रचना कर उसका प्रदर्शन किया

गया। उनके सफल प्रदर्शनों में यह एक है। नाटककार, अभिनेता एवं नाटक संस्था के संस्थापक रहे। संस्था का नाम है - 'दि मद्रास ओरियंटल ड्रमेटिक कंपनी'। संस्कृत नाटकों का प्रदर्शनकरते थे और उसमें दुष्यंत का अभिनय।

6.2 बीसवीं शताब्दी का द्वितीय चरण: प्रवृत्तियाँ

बीसवीं शताब्दी के प्रारंभिक चरण प्रदर्शन योग्य एवं साहित्यिक मूल्यों से युक्त नाटकों की रचना हुई। ऐसे नाटकों में कोलाचलम श्रीनिवास राव का 'रामराज चरित्र', 'चाँद बी 'पानुगंटि लक्ष्मीनरसिंहाराव के 'राधाकृष्ण 'और 'विप्रनारायण 'नाटक, श्रीपाद कृष्णमूर्तिशास्त्री के 'बोब्बिलि युद्धम् 'और 'कलभाषिणी', तिरुपति वेंकट कवुलु के पांडवोद्योग विजयालु नाटक आदि आंध्र के महान नाटककारों की उत्कृष्ट रचनाएँ हैं। उनका साहित्यिक महत्व है ही साथ इन सभी नाटकों के शताधिक प्रदर्शन हुए होंगे। आज भी यहाँ वहाँ इनके प्रदर्शन होते ही रहते हैं। अनेक नाटक समाजों ने इनका प्रदर्शन किया। किंतु ये नाटककार किसी एक समाज से प्रतिबद्ध नहीं थे।

दूसरे प्रकार के नाटककार ऐसे हैं जो किसी-न-किसी नाटक समाज से प्रतिबद्ध थे। किंतु यह कहना सत्य होगा कि उनसे जुड़ने के कारण निश्चित रूप से नाटक समाजों की प्रतिष्ठा बढ़ी है।

भाव नारायण जी का 'संगीत सभा 'नाटक सेट्टि लक्ष्मी नरसिंहम का 'अहल्या ' नाटक बलिजेपल्लि लक्ष्मीकांत कवि का 'सत्य हरिश्चंद्रीयम 'और 'उत्तम राघवम्', गोपालाचार्य का 'रामदास और राम कबीर'; यज्ञ नारायण का 'राणा प्रताप सिंह 'मुत्तराजु सुब्बाराव का श्रीकृष्ण तुलाभारम् के हज़ारों प्रदर्शन हुए। इन नाटकों में अभिनय कर अनेक अभिनेताओं ने विशेष यश प्राप्त किया और आंध्र रंगमंच के लिए चिरंजीवी रह गये।

तीसरे प्रकार के नाटककारों में काव्यत्व के साथ पांडित्य भी झलकता है। इस वर्ग के कुछ नाटककारों के नाटक केवल रंगमंच के लिए ही लिखे गये थे। किंतु अधिकांश नाटककारों की रचनाएँ केवल उसी प्रयोजन से नहीं लिखे गये। साहित्यिक मूल्यों के साथ भी कई रचनाएँ की गयीं। केतवरपु रामकृष्ण शास्त्री एवं उमर अली शाह ने केवल रंगमंच के लिए नाटकों की रचना की। राजा भुजंगराव, राजा विक्रम देव वर्मा, राजा वेंकट कृष्णाराव आदि नाटककार केवल विद्वान नाटककार ही नहीं थे बल्कि स्वयं राज परिवारों से संबंधित थे। इसलिए स्वयं नाटक

रचना ही नहीं की अपने संरक्षण में अनेक नाटककारों को नाटक के लिए प्रेरित किया। उनकी रचनाओं का प्रकाशन किया। राजा भुजंगराव अनेक संस्कृत नाटकों को एवं शेक्सपीयर का 'As You like it 'को 'चारुमती परिणय 'के नाम से भारतीय वातावण के अनुरूप तेलुगु में अनुवाद किया। भारतीय नाटक परंपरा अनुसार, प्रदर्शन योग्य उन्होंने 'पांडव अज्ञातवास ' नाटक की रचना की जिसके अनेक प्रदर्शन हुए। पौराणिक आख्यानों के आधार पर काल्पनिक कथावस्तु की रचना कर अनेक नाटकों को रूप दिया। राजा विक्रमदेव वर्मा ने 'जगन्मित्र नाटक समाज ' की स्थापना की। उस समाज ने उनकी रचना 'श्रीनिवास कल्याणम् ' का प्रदर्शन किया। उस नाटक में पद्य एवं गीत भी है। राजा साहब को इसकी प्रेरणा 'सांगली नाटक कंपनी से मिली। राजा वेंकट कृष्णाराव शेरिडन कवि का नाटक School for Scandal का 'अपवाद तरंगिणी 'नाम से अनुवाद किया। तेलुगु के प्रख्यात जुगल कवि 'तिरुपति वेंकट कवुलु 'इनके दरबार में थे। उय्यूर जमींदार राजा वेंकटाद्रि अप्पाराव ने पृथ्वीरायातंम् एवं दुर्योधनांतम् नाटक अंग्रेजी ट्रेजडी की परंपरा में रचना की। उस समय दुःखांत नाटकों का प्रचलन नहीं था। फिर राजा साहब ने साहस के साथ प्रयोग किया।

तेलुगु नाटक विकास में मुसलमान नाटककार उमर अली शाह का नाम आदर के साथ लिया जाता है। आंध्र के पूर्व गोदावरी जिले पिठापुर (पीठिकापुर पूर्व नाम) में रहते थे। मणिमाला (1912), विचित्र बिल्हणीयम (1911) चंद्रगुप्त और एक सामाजिक नाटक कॉलेज गर्ल - इनके नाटक हैं।

चौथे वर्ग के नाटककारों में अधिकांश ऐसे नाटककार हैं जिन्होंने किसी समाज के लिए प्रतिबद्ध होकर उस समाज के प्रदर्शन हेतु नाटकों की रचना की। यह ध्यान देने की बात है कि पूर्वोत्तर वर्गों में भी कुछ ऐसे नाटककार थे जिन्होंने समाजों को अपनी रचनाएँ दी। किंतु वे प्रतिबद्ध नहीं थे। इस वर्ग में कुछ ऐसे नाटककार भी थे जिन्होंने एक दो ही नाटक लिखे किंतु उन नाटकों के कारण ही वे अत्यन्त प्रसिद्ध हुए।

आंध्र में आधुनिक नाटक का प्रारंभ और विकास का काल अपनी एक विशिष्टता के साथ है। इसमें कहीं संस्कृत नाटकों की संरचना के आधार पर, कहीं पाश्चात्य नाटकों की रचना - शैली के आधार पर, कहीं स्वतंत्र रचना पौराणिक आख्यानों के आधार पर, ऐतिहासिक कथावस्तु एवं पात्रों के आधार पर, कहीं तेलुगु के प्रबंध काव्यों के आख्यानों के आधार पर रचनाएँ होती थीं। इस काल की यह विशेषता रही कि किसी संप्रदाय या समाज से न जुड़ कर भी स्वतंत्र नाटकों की

रचनाएँ भी हुईं। प्रत्येक नाटक समाज ने अपने अभिनय करनेवाले नटों की प्रतिभा को ध्यान में रखकर पात्र - सृष्टि करने का प्रयत्न किया। कथानक का विकास, पात्रों का संतुलन एवं औचित्य में कहीं-कहीं साहित्यिक दृष्टि कम हो गयी थी। क्रमशः इसी प्रकार की (रचनाएँ) नाटक अधिक लिखे जाने लगे।

इस प्रकार विकास के इस मार्ग की जो कमियाँ थीं उनके विरोध में नाटकों में नये प्रयोग होने लगे। ये प्रयोग तीन प्रकार के हैं- 1. कथावस्तु को लेकर, रचना - शैली को लेकर, 3 नाटक प्रदर्शन को लेकर। 1925-30 के दर्मियान सामाजिक समस्याओं एवं प्रदर्शन के नये प्रयोगों से संबंधित नाटकों की रचना हुई। 1930-35 के बीच नाटककारों की दृष्टि पुनः परंपरागत नाटक रचना की ओर गयी। 1935-40 के बीच आंध्र की संस्कृति एवं अतीत गौरव ने नाटककारों के ध्यान को आकर्षित किया। 1940-45 के बाद हर प्रकार के नाटकों की रचना विस्तृत रूप से हुई।

6.2.1 कथावस्तु की विविधता

देशभक्ति, समाज-सुधार, प्राचीन संस्कृति का गौरवगान समाज में हो रहे अन्याय के प्रति विरोध नाटकों की विषयवस्तु के रूप में लक्षित होते हैं। पहले विश्वयुद्ध के बाद परिवर्तित राजनीतिक स्थिति के कारण ब्रिटिश शासन के प्रति विरोध की भावना एवं स्वतंत्रता की प्राप्ति की कामना प्रबल होने लगी। इन भावनाओं से सामान्य नागरिक भी प्रभावित रहा। इसलिए हर एक नागरिक में आजादी प्राप्त करने की भावना तीव्र होने लगी। कुछ देशभक्त नाटककारों ने प्रत्यक्ष एवं परोक्ष रूप से इस भावना को प्रेरित करनेवाली विषयवस्तु को लेकर रचना की। समाज सुधार के उद्देश्य से सुधारवादी चेतना से प्रेरित होकर तत्कालीन नाटककारों ने आंदोलन प्रारंभ किया। समाज में व्याप्त दुराचारों को, परंपराओं को, रीति-रिवाजों का खंडन करते हुए, समाज में सुधार लाने की नयी-नयी विचारधाराओं का प्रचार-प्रसार करने के एक माध्यम के रूप में नाटकों को लिया। सामाजिक विषयवस्तु लेकर उसमें केवल समाज-सुधार की भावना ही नहीं दी उसके अलावा समाज में व्याप्त परंपरागत व्यवहार को रीति रिवाज को बदलकर वैज्ञानिक चिंतन से सामाजिक व्यवस्था में परिवर्तन लाने के उद्देश्य से भी नयी विचारधारा का प्रचार-प्रसार किया। समाज में व्याप्त मदिरापान, वेश्यागमन समस्या को लेकर नाटकों की रचना की। कुछ नाटककारों ने स्त्रियों एवं पिछड़ी जातियों के साथ प्राचीन काल से हो रहे अन्याय के विरोध में समाज के प्रति विद्रोह करते हुए इनके साथ न्याय की माँग भी की थी। कुछ

नाटककारों ने आंध्र संस्कृति एवं अतीत वैभाव वीरता आदि को लेकर नाटकों की रचना की।

6.2.2 नाटक रचना में प्रयोग

भारतीय नाट्य शास्त्र के अनुरूप, लक्षणों से समन्वित नाटकों की रचना को कुछ नाटककारों ने महत्व दिया। कुछ नाटककारों ने पाश्चात्य नाटकों का अध्ययन कर उनसे कुछ तत्वों को लेकर नाटकों की रचना की। कुछ नाटककारों ने भारतीय एवं पाश्चात्य नाटकों का गंभीर अध्ययन कर उन दोनों का समन्वय कर नाटकों की रचना की। कुछ नाटककारों ने किसी का अनुसरण न कर स्वतंत्र अपनी एक अभिव्यक्ति पद्धति को लेकर नाटकों का प्रणयन किया जो आंध्र नाटक साहित्य में अपना एक विशिष्ट स्थान रखते हैं।

6.2.3 प्रदर्शन में प्रयोग

इस काल में रंगमंच पर प्रदर्शन करने योग्य अनेक नाटकों का प्रणयन हुआ। विषयवस्तु एवं रचना - शैली को महत्व जिन नाटकों में दिया गया वहाँ नाटककार की दृष्टि उन्हीं पर केंद्रित थी किंतु प्रदर्शन पर उतना नहीं। इसलिए उसमें नाटकों का साहित्यिक महत्व अधिक था। रंगमंच की दृष्टि से कम महत्वपूर्ण थे। प्रदर्शन को ध्यान में रखकर जिन नाटकों की रचना हुई वहाँ प्रदर्शन के समय उत्पन्न होनेवाली समस्याओं को ध्यान में रखकर ही नाटकों की रचना की जाने लगी। कम स्त्री पात्रों की सृष्टि सरल, साधारण भाषा का प्रयोग, हास्य को मूल रस के रूप में रखना आदि लक्षित होते हैं।

इस काल में पौराणिक एवं ऐतिहासिक नाटकों की रचना भी हुई तब भी परोक्ष रूप से देशभक्ति की भावना को प्रतिपादित किया जा रहा था। समाज- सुधार संबंधी नाटक, स्वतंत्रता आंदोलन संबंधी नाटक, देशभक्ति से पूर्ण नाटक- इन सभी नाटकों में एक आंदोलन की स्फूर्ति लक्षित होती है। इसका कारण है प्रत्यक्ष या परोक्ष रूप से स्वतंत्रता आंदोलन का प्रभाव। नाटक रचना एवं रंगमंच पर तालमेल बिठाना, नाटक प्रदर्शन में सहजता, कथा प्रवाह, घटना वैचित्र्य आदि पर ध्यान रखना इस काल की विशेषताएँ हैं।

6.2.4 प्रमुख नाटक: वर्गीकरण एवं विवेचन

6.2.4.1 देशभक्तिपूर्ण नाटक

प्रथम विश्वयुद्ध में भारत के नेताओं ने ब्रिटिश शासन का साथ दिया। उनका विचार था कि ब्रिटिश शासन भारत की स्वतंत्रता प्राप्ति के मार्ग को सहज- सुगम बनायेगा। किंतु निराश ही होना पड़ा। भारत के अग्रणी नेताओं ने स्वतंत्रता के मंत्र को जन-जन के मन में पूँक दिया। 1920 के आसपास ही महात्मा गाँधी ने कॉंग्रेस की स्वतंत्रता आंदोलन की बागडोर संभाली। गाँधीजी ने सत्याग्रह एवं अहिंसा मार्ग से स्वतंत्रता प्राप्ति का संदेश देते हुए स्वतंत्रता आंदोलन के लिए समस्त प्रजा को तैयार करने हेतु भारत भर का भ्रमण किया और आंध्र प्रांत में भी आये। उनसे प्रभावित कई युवक-युवतियों ने अपनी पढ़ाई और नौकरियों को छोड़कर स्वतंत्रता आंदोलन में भाग लेने का संकल्प लिया। अनेक नाटककार भी देशभक्ति भावना से प्रभावित हुए। इस प्रकार देशभक्ति से संपन्न नाटकों की रचना होने लगी। किंतु गाँधी के नेतृत्व से पहले स्वतंत्रता की भावना के बीज नाटकों में अंकुरित हो गये थे। किंतु गाँधी जी के राजनीति के क्षेत्र में आगमन के पश्चात् यह भावना पल्लवित एवं पुष्पित होकर, एक प्रबल आंदोलन के रूप में सामने आयी। 1920 से पहले जो नाटक लिखे गये उनमें भारत के पौराणिक आख्यानों में, ऐतिहासिक कथाओं में इस प्रकार के संदर्भ का परोक्ष चित्रण होता था। आदर्श पुरुषों एवं प्रसिद्ध पात्रों के माध्यम से तत्कालीन जनता को चेतना का संचार कराना चाहते थे। ऐतिहासिक महापुरुषों की जीवनियों एवं घटनाओं के आधार पर नाटक लिखे गये। प्रादेशिक इतिहास के साथ-साथ भारतीय इतिहास में प्रसिद्ध शिवाजी, राणा प्रताप आदि वीरों के भी आधार पर नाटकों की रचना होने लगी। इस प्रकार राष्ट्रीय भावना को प्रचार प्रसार में इन नाटककारों ने योगदान दिया। 1920 के बाद राजनीतिक घटनाओं को चरितों को विषयवस्तु के रूप में ग्रहण कर नाटक लिखे जाने लगे।

'गाँधी महोदयम्", 'गाँधी विजयम्', 'पाँचाली पराभवम् 'के नाटककार दामराजु पुंडरीकाक्षुडु थे। उन्होंने समकालीन घटनाओं के आधार पर 'गाँधीविजयम्" एवं 'गाँधीमहोदयम् 'की रचना की। 'पांचाली पराभव् 'में तत्कालीन राजनीतिक घटनाओं का अंग्रेज़ी शासन के दमन चक्र का परोक्ष वर्णन हुआ। उसमें डय्यर का शासन तंत्र, अमृतसर काँग्रेस महासभाओं का वर्णन इस प्रकार हुआ कि ब्रिटिश शासन का ध्यान भी इस तरफ आकृष्ट हुआ।

श्रीपाद कृष्णमूर्ति शास्त्री का 'तिलम महाराज नाटक ‘भी इसी प्रकार का है। इनके अन्य नाटक हैं- 'गाँधी विजयध्वज नाटक ‘और 'स्वराज्योद्यम नाटक ‘। इस काल के कुछ प्रमुख नाटक इस प्रकार हैं - श्री सीतारामय्या जी का ‘स्वराज्य ध्वजम्', बुद्धवरपु पट्टाभिरामय्या का 'मातृदास्य विमोचनम्, मंगल पाण्डेय के जीवन पर आधारित 'चिच्चुल पिडुगु ‘ वीर राघव कवि का 'पृथ्वीराज विजयम्'', रानी संयुक्ता (शेषगिरि राव) रामशास्त्री का 'राम राजु ‘(Fall of Vijayanagara Dynasty) इस प्रकार की राष्ट्रीय चेतना से युक्त नाटक हैं।

6.2.4.2 सुधारवादी चेतना और नाटक

एक ओर स्वतंत्रता आंदोलन में उत्साह और स्फूर्ति का संचार हो रहा था सत्याग्रहों में लोग बड़ी संख्या में सहयोग दे रहे थे तो दूसरी ओर समाज में एक ऐसा समुदाय भी था जो स्वार्थी एवं विलासमय जीवन को सर्वस्व मानकर विषय वासनाओं में व्यस्त होकर जीवन यापन कर रहे थे। इस समुदाय के कारण समाज में दुराचार और पतनशील मूल्य चिंता के कारण बने थे । साहित्यकारों के लिए चिंता का विषय बन गया। उन्होंने अपने साहित्य के माध्यम से समाज व्यप्त इन बुराइयों को दूर करने का प्रयास किया। इनमें प्रमुख सामाजिक समस्याएँ थीं- वेश्यागमन, मदिरापान, बाल विवाह, कन्याशुल्कम, दहेज प्रथा आदि। इन समस्याओं ने मध्यवर्ग को खोखला बना दिया है। कुछ नवयुवक नयी सभ्यता के प्रभाव में गलत रास्तों पर आगे बढ़ रहे थे। कुछ नाटककारों ने इस प्रकार की समस्याओं को विषयवस्तु बनाकर नाटकों की रचना की। इन नाटकों में समस्याएँ कहीं प्रत्यक्ष और कहीं परोक्ष रूप से प्रस्तुत की गयी हैं। यह ध्यान देने की बात है कि नाटककारों ने कहीं-कहीं पौराणिक कथावस्तु में भी समकालीन समस्याओं को परोक्ष रूप से प्रस्तुत करने का प्रयास किया। पूर्व युगों में भी कंदुकूरि चिलकमर्ति आदि नाटककारों ने सामाजिक नेपथ्य में अपने प्रहसनों की रचना की जिनमें बाह्य रूप से हास्य प्रधान लगने वाले इन प्रहसनों का उद्देश्य सामाजिक व्यंग्य ही था। प्रत्यक्ष रूप से सामाजिक समस्याओं का इतिवृत्त लेनेवालों में प्रमुख नाटककार हैं काल्लकूरि नारायण राव।

6.2.4.3 काल्लकूरी नारायणराव के सामाजिक नाटक

नारायण राव ने पौराणिक नाटकों की रचना की थी। साथ ही उन्होंने 'सामाजिक नाटकों की रचना भी की थी। सामाजिक नाटकों के क्षेत्र में नारायणराव का अपना एक विशिष्ट स्थान है। इनके तीन नाटक प्रसिद्ध हैं चिंतामणि (1921) वरविक्रयम् (1923) मधु सेव नम् (1926) आंध्र के रंगमंच पर तीन दशाब्दियों तक निरंतर प्रदर्शित होते रहे थे । 'चिंतामणि 'में वेश्यावृत्ति एवं व्यभिचार से जुड़ी समस्याओं को प्रधान विषयवस्तु बनाकर नाटक की रचना की गयी थी । समाज सुधार ही इसका मूल उद्देश्य था । 'वरविक्रयम् 'समाज में व्याप्त दुराचार दहेज प्रथा को लेकर लिखा गया। इस प्रथा के कारण समाज में लड़कियों की मानसिकता, माता-पिता की व्यथा-कथा का आधार लेकर नाटककार ने नाटक की रचना की। इसमें नायिका आत्महत्या करने के लिए उद्यत हो जाती है। पूरा वातावरण विषादमय हो जाता है। किंतु अंत में नाटककार ने इसको सुखांत नाटक का रूप दिया। पात्र योजना संवाद आदि की दृष्टि से यह नाटक अत्यन्त प्रभावोत्पादक रहा। 'मधुसेव 'नम् में मदिरापान रूपी गंभीर सामाजिक समस्या के कारण उत्पन्न गंभीर परिणामों का प्रस्तुतीकरण किया गया।

नारायण राव की दृष्टि केवल नाटक रचना पर नहीं थी। उनकी रचना धर्मिता समाज सुधारवादी चेतना से आपूरित है। उन्होंने अपने नाटकों के बारे में यह कहा भी हैं कि पाठकों एवं समीक्षकों को उन नाटकों को पढ़ते समय यह ध्यान रखना चाहिए कि उन नाटकों का मूल उद्देश्य है सुधारवादी चेतना का प्रचार-प्रसार ।

इस काल में कुछ अन्य नाटककारों ने भी सुधारवादी चेतना से प्रेरित होकर नाटकों की रचना की। इस काल में वेश्यागमन एवं मदिरापान की समस्याओं को लेकर अनेक नाटक लिखे गये। अनेक नाटकों का प्रदर्शन भी रंगमंच पर हुए थे। तत्कालीन सामाजिक स्थितियों को आधार बनाकर अनेक नाटक लिखे गये उनमें प्रमुख हैं 'भले पेल्लिल्लु', 'भाग्यरेखा', 'गर्ल वैफ', 'अनली एटर', 'क्लासमेट्स 'आदि। कुछ नाटकों में विषयवस्तु महत्वपूर्ण होते हुए भी प्रस्तुतीकरण, भाषा शैली में गंभीरता की कमी लक्षित होती है।

6.2.4.4 नाटकों की विशेषताएँ

इस काल की रचनाओं की यह विशेषता रही कि रचना परंपरानुरूप होते हुए भी विषयवस्तु में नवीनता लक्षित होती है। विषयवस्तु पर ध्यान देने पर पता चलता है कि उसमें परिवर्तित वैचारिकता एवं चिंतनशीलता इस नवीनता के कारण हैं। इन नाटकों की यह भी विशेषता है कि ये प्रदर्शन के लिए सुविधाजनक हैं। इनकी संरचना में प्रदर्शन का ध्यान रखा गया। इनकी कथावस्तु सामाजिक जन-जीवन के निकट रहती थी। स्त्री पात्र भी कम होते थे। इन नाटकों की भाषा शैली में सामान्य दर्शकों का ध्यान रखा गया। इन नाटकों में संदर्भ के अनुसार पद्यों की रचना की गयी। ये पद्य साधारण सामाजिक विषयवस्तु के होने के कारण यथा समय इनका उपयोग कर सकते थे।

6.2.4.5 साहित्यिक नाटक

विचारधारा भाषा ही नहीं शिल्प की दृष्टि से भी महत्वपूर्ण लिखे गये। साहित्यिक दृष्टि से नाटक लक्षणों से समन्वित नाटकों की रचना करने का प्रयत्न कुछ कवि नाटककारों ने किया। इन पर तेलुगु साहित्य का 'काल्पनिक कविता उद्यमम्' का भी प्रभाव देखा जा सकता है। ऐसे नाटककारों में महत्वपूर्ण हैं- दुव्वूरि रामरेड्डी, विश्वनाथ सत्यनारायण, चिंता दीक्षित, विश्वनाथ शास्त्री, काशीभट्ट ब्रह्मय्यशास्त्री, शेषाद्रि रमण कवुलु, वेलूरि शिवराम शास्त्री आदि। 'सीता वनवास '(पौराणिक नाटक) कुंभराणा (ऐतिहासिक) माधव विजयम् (मिश्रम) आदि प्रमुख हैं।

6.2.4.6 पौराणिक नाटक

"सीतावनवास" की कथावस्तु भवभूति के उत्तरामचरित की ही है। किंतु भवभूति के नाटक में श्रीरामचंद्र की मनोव्यथा का ही चित्रण अधिक है किंतु सीता की मनोदशा का चित्रण अधिक नहीं है। किंतु रामिरेड्डी ने सीता की वेदना को महत्व देकर सीता और राम में विरह व्यथा समान महत्व के साथ प्रस्तुत किया। अबोध बालक कुश-लव का चित्रण उनके युद्धभूमि के संवाद आदि नाटक को आकर्षक बनाते हैं।

“नर्तनशाला“विश्वनाथ सत्यनारायण ने प्राच्य एवं पाश्चात्य नाटक लक्षणों के संतुलित समन्वय कर इस नाटक की रचना की। इस नाटक का दूसरा नाम है। ‘कीचक वध'। इसका प्रतिपाद्य है परायी नारी पर आसक्त कामुक कीचक के अधर्म पक्ष का भीम के हाथों वध करके 'धर्म ‘की प्रतिष्ठा । रचना की कथावस्तु में भारतीय चिंतन का प्रतिपादन है किंतु शिल्प की दृष्टि से पाश्चात्य दुखांत नाटकों की नाट्य संविधान का प्रभाव परिलक्षित होता है।

शबरी: 'शबरी ‘चिंता दीक्षितुलु का प्रसिद्ध नाटक है। तेलुगु की 'भाव कविता ‘में सुकुमार भावों की अभिव्यक्ति एवं कोमलकांत पदावली के लिए आप प्रसिद्ध हैं। यह नाटक का प्रतिपाद्य है कोमल भक्ति भावना । उपदेश, साधना, परिवर्तन, प्रतीक्षा सिद्धि आदि भक्तिभाव की मानसिक दशाओं का क्रम इस नाटक में बताया गया है । इस काव्योपयोगी कथा का नाटक के रूप में प्रस्तुत करना नाटककार की विशेषता है। इस नाटक की और एक विशेषता है पूरा गद्य रचना होना। यह उस काल के लिए एक विशिष्ट प्रयोग है।

अन्य नाटक: इस काल के अन्य प्रमुख नाटक हैं महाभारत युद्ध महाभारत युद्ध और मेनका विश्वामित्रुडु आदि ।

6.2.4.7 ऐतिहासिक नाटक

कुंभराणा: यह एक दुखांत नाटक है। इस नाटक और शेक्सपीयर के 'ओथेलो ‘में समानताएँ हैं। इसमें भी ईर्ष्यालु पति के कारण भोली-भाली पत्नी का सर्वनाश। इस कथा में मीरा बाई को प्रधानता न देकर रेड्डीजी ने राणा को दुखांत नाटक के नायक के रूप में प्रतिष्ठित किया। तेलुगु साहित्य में दुखांत नाटकों में इस नाटक का विशेष स्थान है। उनके विचार में नाटक के प्रदर्शन एवं मनोरजंन के साथ साहित्यिक महत्व भी रखना है। रेड्डीजी ने अपने नाटकों की रचना में अपने इस विचार को कार्यान्वित किया ।

बेलराजु:सनातन धर्म की पुनः स्थापना इस नाटक का प्रतिपाद्य है। तेलुगु नाटक जगत् में इस नाटक का विवाद का विषय था । यह नाटक विश्वनाथ सत्यनारायण ने लिखा । इसकी मूल कथा के साथ शासन व्यवस्था का अहिंसा के आधार पर सामना करनेवाले महात्मा गाँधी का भी परोक्ष रूप से कथा का निर्वाह हो गया ।

त्रिशूलम् : ऐतिहासिक कथा के आधार पर इस नाटक की रचना हुई। दक्षिणापथ में शैव मत प्रचार में महाभक्त बसव की कथा का भी संग्रहन इसमें हैं। विश्वनाथ सत्यनारायण भाव कविता के भी कवि हैं। इसलिए एक पात्र में गीत - तत्व की प्रधानता का भी सुंदर आयोजन किया था।

अनारकली: अनारकली और सलीम की प्रेम कहानी इस नाटक की कथावस्तु है। प्रेम और श्रृंगार प्रधान यह नाटक विश्वनाथ की सुंदर रचना है। यह एक दुखांत नाटक है। विश्वनाथ ने पाश्चात्य एवं भारतीय नाटक - लक्षणों से समन्वित कर इस नाटक की तेलुगु के महत्वपूर्ण दुखांत नाटक के रूप में प्रस्तुत किया।विश्वनाथ के नाटकों का महत्व रंगमंच के साथ-साथ साहित्यिक दृष्टि से भी है।

6.2.4.8 सामाजिक नाटक

विश्वनाथ सत्यनारायण ने तल्लिलेनि पिल्ल, धन्यकैलासम्, अंतानाटकम् आदि सामाजिक नाटकों की रचना की। काशीभट्ट, ब्रह्मय्यशास्त्री जी का 'मंगतायि ‘भी इसी प्रकार का नाटक है। गरिमेल्ल सत्यनारायण शास्त्री ने भी 'माणिक्यम ‘ नाटक की रचना सामाजिक नेपथ्य में ही की थी।

6.2.4.9 परंपराविरोधी नाटक

बीसवीं शताब्दी के द्वितीय चरण में जिस प्रकार समाज में व्याप्त दुराचारों का चित्रण कर सुधार लाने की भावना प्रबल थी उसी प्रकार समाज की धार्मिक एवं सामाजिक परंपराओं के विरोध पर आधारित नाटक भी लिखे गये। समाज में स्थापित मूल्यों और कथाओं की विलक्षण विशद व्याख्याओं के साथ नयी व्याख्या एवं नये मूल्यांकन के आधार पर प्राचीन कथाओं का पुनराख्यान किया गया। ऐसे साहित्यकारों में त्रिपुरनेनि रामस्वामि चौधरी महत्वपूर्ण हैं। उन्होंने रामायण एवं महाभारत की नवीन व्याख्याएँ की थी।उन्होंने पौराणिक कथा पर आधारित अपने नाटकों में इस प्रकार का प्रयत्न किया-

कुरुक्षेत्र संग्राम: इस नाटक में यह प्रतिपादित किया कि पांडवों को कुरुक्षेत्र युद्ध के बाद जो विजय मिली, वह शास्त्र सम्मत नहीं है। उनके अनुसार पांडव राज्य के अधिकारी ही नहीं हैं और दुर्योधन ही राज्य का अधिकारी ठहरता।

शंबूक वध: इस नाटक में भी प्रचलित कथा की व्याख्या अन्य प्रकार से की। उनके अनुसार राम के हाथों शंबूक का वध राजनीतिक कारणों से हुआ था। शूद्र की तपस्या

का निषेध न मानकर नियमों का उल्लंघन करनेवाले शंबूक के कारण राज्य में राजाज्ञा का उल्लंघन होकर अव्यवस्था फैल जाने के डर से राज्य शासन राम के द्वारा शंबूक का वध कराया गया।

खूनी: इस नाटक की रचना विश्वनाथ के 'वेनराजु 'नाटक में व्यक्त विचारों के विरोध में उत्तर के रूप में की गयी।

रामस्वामी चौधरी अपने तार्किक चिंतन के लिए प्रसिद्ध हैं। कथा संरचना में कथा विश्लेषण में उन्होंने नयी दृष्टि एवं रचना शैली का परिचय दिया। इस प्रकार साहित्य के माध्यम से भी परंपरा विरोधी दृष्टि चौधरी जी की विशिष्टता है। चौधरी जी की और एक विशेषता है नाटकों में स्त्री पात्र का अभाव। अशोकमुः मुद्दु कृष्ण ने इस नाटक की रचना की। इस रचना के पीछे उनके परंपरा विरोधी विचारों का स्पष्ट प्रतिपादन मिलता है। सीता राम की कथा परंपरा के अनुसार अनेक काव्यों में जिस प्रकार प्रस्तुत किया गया, जिस प्रकार राम और राम -सीता को आदर्श दंपति के रूप में चित्रित किया गया और उनका आदर्शप्रणय जो प्रसिद्ध है उसको भी उन्होंने परिवर्तन कर प्रस्तुत किया। उनकी स्थापना है कि-

(1) रामायण की कथा संरचना के पीछे आर्य एवं अनार्य के संघर्ष में आर्यों का समर्थन करना ही वाल्मीकि का उद्देश्य थ।

(2) प्राचीन धर्म ग्रंथों में प्राचीन विचारकों ने स्त्री को पुरुष के साथ समान अधिकार न देकर उसके साथ अन्याय किया।

(3) राम एक नीतिकांक्षी पुरुष है।

(4) रावण दुष्ट एवं राक्षस न होकर एक अच्छा एवं भला आदमी है। वह एक प्रणयी भी है।

इस नाटक में कवि ने अनेक मौलिक उद्भावनाएँ की हैं जिनके कारण इस नाटक में सीता एवं राम की परंपरागत कथानक बिलकुल परिवर्तित हो गया। इस नाटक में नाटककार की विचार धारा तार्किक एवं पाश्चात्य चिंतन से प्रभावित है। नाटक की संरचना, भाषा-शैली आदि सुंदर बन पड़े हैं। इसके भी अनेक प्रदर्शन हुए किंतु परंपरा विरोधी होने के कारण समाज में विशेष आदर नहीं मिल सका।

हिरण्यकशिपुडु: इस नाटक के रचनाकार हैं गोपालराव | इस नाटक में नास्तिक चिंतन का प्रचार-प्रसार है। यहाँ परंपरागत कथा की मूल भावना को परिवर्तित कर अपने विचारों के प्रचार के लिए कथा को अपने अनुकूल बनाया।

चित्रांगी: यह नाटक प्रसिद्ध कथानक 'सारंगधर 'पर आधारित है। इसके लेखक हैं गुडिपाटि वेकटचलम् । चलम् अपने नवीन विचारधारा के प्रतिपादन के लिए प्रसिद्ध हैं। चलम् के विचार में व्यक्ति की स्वतंत्रता प्रमुख है। व्यक्तिवादी चेतना का प्रतिपादन ही उनके समूचे साहित्य-सृजन का लक्ष्य है। स्त्री को भी 'मानवी 'के रूप में देखने का श्रेय चलम् को जाता है। 'सारंगधर 'की कथावस्तु पुराने नाटकों के अनुरूप रखते हुए भी उसमें कुछ नवीन उद्भावनाएँ की हैं। उन्होंने चित्रांगी पात्र के साथ न्याय करने का प्रयत्न किया। चित्रांगी एवं वृद्ध राजा के विवाह के बाद कथा के पर्यवसान को दुखांत बनाकर नाटककार ने समाज को यह स्पष्ट करना चाहा कि बलपूर्वक किये गये विवाह का अंत दुखमय होता है। उन्होंने यह संकेत भी किया कि ऐसे बलपूर्वक विवाह समाज में अधिक हो रहे हैं। इस नाटक की नायिका 'चित्रांगी 'पिछले अनेक नाटकों की नायिका 'चित्रांगी 'से एकदम अलग एवं नवीन है।

शशांक: यह नाटक भी चलम् की रचना है। यह भी प्रख्यात कथानक तारा- शशांक का ही नवीनीकरण है। इस नाटक में भी प्रेमतत्व का प्रतिपादन किया है।

जयदेव: गीतगोविंद के कवि एवं भक्त जयदेव की जीवन गाथा इस नाटक की कथावस्तु है। जयदेव को सौंदर्य पिपासु, कामी के रूप में चित्रित किया है। उसके अनेक प्रयत्नों के बावजूद उसकी विषय वासना के प्रति आकर्षण कम नहीं होता। एक वृद्ध भिक्षु ने उसको एक मार्ग बताया कि तुम्हारी सारी इच्छाओं को एवं कामनाओं को परमात्मा के चरण कमलों में फूलों के समान समर्पित करो। उसके बाद जयदेव का जीवन ही बदल गया। अद्वितीय गीत काव्य गीतगोविंद का प्रणयन हुआ।

विडाकुलु : यह चलम् का सामाजिक नाटक है। इस नाटक में यह प्रतिपादित करने का प्रयास किया है कि (पारिवारिक) दाम्पत्य जीवन को स्वर्गतुल्य या नरकतुल्य बनानेवाला स्त्री-पुरुषों का प्रेम है न कि विवाह का विधि विधान। सामान्य जीवन में भी पति का स्वामित्व, पत्नी का अपमान आदि का सम्यक समालोचन इस नाटक में हुआ। चलम् की वैचारिकता से संपन्न होते हुए भी इस नाटक के पात्र सजीव प्रतीत होते हैं। इस नाटक में नाटककार चलम् कहीं भी सामने नहीं आते। प्रायः वैचारिक कथावस्तु से संपन्न नाटकों में साहित्यकार उपदेशक या प्रचारक बनकर कथानक पर छा जाते हैं। ऐसा इस नाटक में नहीं हुआ है।

चलम् के साहित्य की विशेषता है पात्रों के मानसिक संघर्ष को सहज रूप में चित्रण करना। चलम् के नाटकों की रचना का उद्देश्य है अपने विचारों को प्रकट करना। प्रदर्शन उनका मूल उद्देश्य नहीं। फिर भी भाव - संवेदन, पात्र - योजना, भाषा-शैली

एवं संघर्ष - तत्व के महत्व के कारण इन नाटकों का प्रदर्शन भी हुआ। चलम् के व्यक्तित्व की यह विशेषता है कि उन्होंने जिन विचारों पर विश्वास किया वही लिखा, केवल लिखा ही नहीं आचरण भी किया। चलम् के विचारों से कोई सहमत हो न हो उनकी रचनाओं का महत्व साहित्य में रहेगा।

मंगम्मा: चलम् का यह एक सामाजिक नाटक है।

त्यागम्: यह सामाजिक नाटक चलम् की सामाजिक चेतना का परिचायक है।

6.2.4.10 प्रदर्शन (प्रस्तुतीकरण) की दृष्टि से महत्वपूर्ण नाटक

किसी भी भाषा के नाटकों के लिए दो महत्वपूर्ण तत्व है साहित्यिक महत्व एवं प्रदर्शन की सुविधा। इन दोनों का समन्वय जिन नाटकों में उन नाटकों के कारण उस भाषा का साहित्य महत्वपूर्ण हो गया। आरंभ से ही नाटकों की रचना में प्रदर्शन का ध्यान रखा जा रहा था। इसलिए रंगमंच को दृष्टि में रखकर अनेक नाटकों को बार-बार लिखा गया। रंगमंच पर जब दृष्टि केंद्रित थी तो साहित्यिक मूल्य कम हो रहा था। इस प्रकार दोनों प्रकार के नाटकों की रचना हुई थी। किंतु परवर्ती नाटककारों में कुछ ऐसे नाटककार थे जिनका ध्यान पूरा रंगमंच के पर प्रदर्शन पर था। ऐसे नाटककारों में सुब्बाराव, कामेश्वर राव, नागेंद्र राव आदि प्रमुख हैं। कुछ महत्वपूर्ण नाटक इस प्रकार हैं-

रोशनारा: 'रोशनारा 'ऐतिहासिक आधार पर लिखा गया है। इसमें शिवाजी के प्रति आकर्षित रोशनारा, शिवाजी का रोशनारा के प्रति मातृभाव प्रकट करना, प्रेम में पराजित रोशनारा का शिवाजी के प्रति प्रतिकार की भावना, युद्ध में पराजय, पराजित रोशनारा का शिवाजी के प्रति सम्मान प्रकट करना आदि कल्पित अनेक दृश्यों का चित्रण इस नाटक में हुआ है। यह एक दुखांत नाटक है। इस नाटक में 'रोशनारा 'का अभिनय स्थानम् नरसिंह राव करते थे जिनकी अभिनय कुशलता के कारण यह नाटक अधिक प्रसिद्ध रहा। इस नाटक के अनेक प्रदर्शन हुए। इसके नाटककार हैं कोप्पवरपु सुब्बाराव।

नूरजहाँ: हिंदू एवं मुसलमान आपसी सद्भाव की प्रेरणा देनेवाला नाटक है। ऐतिहासिक कथावस्तु में इसमें भी मौलिक कल्पना है। यह भी। यह भी सुब्बाराव जी की रचना है।

वसंत सेना: मृच्छकटिकम् का तेलुगु में रूपांतर है। इसमें नाटककार ने अनेक मौलिक कल्पनाएँ भी की। रंगमंच पर प्रदर्शन करने हेतु लिखा गया। यह नाटक सुब्बाराव जी द्वारा लिखा गया।

तारा - शशांक: इस शीर्षक के नाटक तेलुगु रंगमंच पर अनेक प्रसिद्ध हुए। उनमें सुब्बाराव जी का महत्वपूर्ण है। रंगमंच को एवं दर्शकों को दृष्टि में रखकर लिखा गया। रंगमंच पर प्रस्तुतीकरण की कलात्मकता की दृष्टि से भी यह नाटक प्रसिद्ध है ।

इन नाटकों की विशेषता यह भी है इन नाटकों में अभिनय कर कुछ अभिनेताओं ने अभिनय क्षेत्र में यश प्राप्त किया। यह कहना कठिन है कि इन नाटकों के कारण अभिनेताओं को प्रसिद्धि मिली या नटों के कारण नाटक प्रसिद्ध हुए। यह सुखद संयोग इन नाटकों के साथ हुआ ।

मेवाड राज्य पतनमु: इस नाटक के रचनाकार पिंगलि नागेंद्र राव हैं। आपने 1919 में कलकत्ते में द्विजेंद्रलाल राय का 'मेवाड़ पतन ‘नाटक के प्रदर्शन को देखा। इस नाटक से वे अत्यन्त प्रभावित हुए। उन्होंने अनुभव किया इस ऐतिहासिक नाटक के माध्यम से स्वतंत्रता आंदोलन की भी अभिव्यक्ति परोक्ष रूप से हो सकती है। इसलिए आपने 1922 में इस नाटक का तेलुगु में अनुवाद किया । मचलीपट्टणम में इसका पहला प्रदर्शन 1924 में हुआ। यह नाटक रंगमंच की दृष्टि से नाट्य शिल्प की दृष्टि से सुंदर बन पड़ा था। इसलिए यह नाटक एवं इसके अभिनेता तेलुगु रंगमंच पर प्रसिद्ध हो गये ।

पाषाणी: यह नाटक भी नागेंद्र राव ने द्विजेंद्रलाल राय के एक नाटक का तेलुगु में स्वेच्छानुवाद किया है। इसको 'कृष्णा पत्रिका में प्रकाशित किया गया।

जेब्बुन्निसा : यह नागेंद्र राव की स्वतंत्र रचना है। इस नाटक को लेकर काफी विवाद चला। ‘उमर अली शाह ‘आदि साहित्यकारों की दृटि में यह नाटक हिंदू-मुस्लिम एकता को ख़तरे में डालनेवाला है। किंतु मुटूनूरि कृष्णाराव आदि प्रबुद्ध साहित्यकारों ने इस वाद का खंडन किया। फिर भी ब्रिटिश सरकार ने इसके प्रदर्शन पर प्रतिबंध लगाया। कहा जाता है कि प्रदर्शन की दृष्टि से एवं अभिनय की दृष्टि से अत्यन्त महत्वपूर्ण होते हुए भी इस नाटक को रंगमंच पर प्रस्तुत करने का सौभाग्य नहीं मिला।

विंध्यारानी: प्रयोगशील नाटककार नागेंद्र राव का यह सबसे प्रसिद्ध नाटक है। इसकी रचना 1928 में हुई थी। तेलुगु रंगमंच पर दस साल तक यह नाटक छा गया था। आस्कर वाइल्ड का नाटक The duches of Padua में निरूपित स्वच्छंद प्रणय

भावना का प्रभाव लेकर नागेंद्र राव ने इस नाटक की रचना की। रंगमंच - प्रस्तुतीकरण के कलात्मक वैभव संपन्न नाटकों में यह नाटक सर्वश्रेष्ठ है।

नाराजुः इस नाटक की रचना 1929 में हुई थी। यह नाटक भी पिंगलि नागेंद्र राव की ही रचना है। इसकी कथा 'मुद्राराक्षस 'कथा के समान है। इस नाटक में राक्षस मंत्री के समान 'विश्वपति 'के पात्र की सृष्टि हुई। इस पात्र की योजना में नागेंद्र राव की अद्भुत प्रतिभा परिलक्षित होती है।

क्षात्र हिंदूः यह नागेंद्र राव का सर्वश्रेष्ठ नाटक है। इसकी कथावस्तु पृथ्वीराज चौहान जो ऐतिहासिक पात्र है, पर आधारित है। इस कथा को उन्होंने 'पृथ्वीराज रासो 'नामक काव्य से ग्रहण किया। इस काव्य के रचनाकार हैं चंदबरदाई। इस काव्य की कथावस्तु को नाटक का रूपांतर प्रस्तुत कर नागेंद्र राव ने अपने नाटक - शिल्प की विशिष्टता का परिचय दिया। पात्र योजना में उन्होंने मौलिकता का पिरचय दिया। काव्य के पात्रों को यथा रूप रखते हुए संदर्भ के अनुरूप नये पात्रों की सृष्टि की है। भारत जाति की रक्षा करने वाले योद्धा के रूप में और उसकी वीर पूजा करनेवाली वीर नारी के रूप में संयुक्ता का चित्रण किया गया। धर्म निरपेक्ष जाति की एकता का प्रबोधन करनेवाला यह नाटक प्रमुख रूप से स्वतंत्रता आंदोलन के संदर्भ में प्रेरणाप्रद रहा। इसकी भाषा भी पुरानी परंपरा की न होकर सुंदर शिष्ट व्यावहारिक भाषा में लिखा गया है। साहित्यिक मूल्य एवं प्रस्तुतीकरण की कलात्मकता की दृष्टि से यह नाटक अत्यन्त महत्वपूर्ण है ।

6.2.4.11 आंध्र राज्य के लिए आंदोलन संबंधी नाटक

भाषाई राज्यों के लिए आंध्र का आंदोलन हुआ था। उस समय अनेक नाटक इस विषय को लेकर लिखे गये। इन नाटकों ने आंध्र की जनता को आंदोलन के लिए प्रेरणा दी।

आंध्र माता: इसके रचनाकार हैं ग्रंथि वेंकट सुब्बराय गुप्त । भाषा के आधार पर राज्यों के पुनर्गठन के लिए 'आंध्र 'में जो आंदोलन चल रहा था, उसी संदर्भ में यह नाटक है। यह नाटक राजनीतिक कथावस्तु का होते हुए भी संदर्भ के अनुसार 'खिलाफत आंदोलन', 'विधवा समस्या 'आदि की भी चर्चा मिलती है।

आंध्र पताकमुः राष्ट्रीय आंदोलन से जुड़े नाटकों में जिस प्रकार देशभक्ति की भावना दिखाई देती है उसी प्रकार आंध्र राज्य की स्थापना के इस आंदोलन में भी प्रदेश

विशेष के प्रति भक्ति भावना दर्शायी गयी है। इस नाटक के रचनाकार हैं द्रोणमराजु सीतारामा राव।

आंध्र ज्योति: इस नाटक के रचनाकार हैं गुल्लपल्लि नारायणमूर्ति | यह आंध्र आंदोलन से संबंधित सभी नाटकों में विशिष्ट है। इसके लेखक ने स्वयं स्वतंत्रता आंदोलन में महत्वपूर्ण योगदान दिया। इस नाटक में स्वतंत्र राज्य की कामना तीव्र रूप से लक्षित होती है।

आंध्र महानाटक: इस नाटक में भी आंध्र राज्य की स्थापना की माँग ही विषयवस्तु रही। इसके रचनाकार हैं मलपाल रामशास्त्री। आंध्र राज्य के अतीत गौरव पर भी प्रकाश डाला गया। इस प्रकार अतीत के आधार पर वर्तमान को प्रभावित करने का प्रयत्न इस नाटक में हुआ।

आंध्रवाणी साम्राज्यमु (श्रीकृष्णदेवरायलु): आंध्र राज्य आंदोलन में कुछ नाटककारों ने प्राचीन काल के कुछ वीरों को लेकर, राज्यों को लेकर नाटकों की रचना की। सुब्बाराव ने भी कृष्णदेवराय के राज्य शासन को कथावस्तु बनाकर इस नाटक की रचना की।

आंध्र तेजमु: आंध्र राज्य की सीमाओं, जो वीरगाथाएँ प्रचलित हैं उनमें 'घरणिकोट 'की गाथा प्रसिद्ध है। इस कथा के आधार पर इस नाटक की रचना की गई है। इसके लेखक हैं नंडूरि बंगारय्या। रंगमंच पर इसके अनेक प्रदर्शन हुए।

चितौड़ विजयमु: इस नाटक की विषयवस्तु स्वतंत्रता आदोलन पर आधारित है। एक तरफ आंध्र राज्य का आंदोलन चल रहा था। उस समय भी बृहत्तर भारत को दृष्टि में रखकर स्वतंत्रता के राष्ट्रीय आंदोलन के परिप्रेक्ष्य में इस नाटक की रचना हुई। इसके लेखक हैं कोटमर्ति चिनरघुपति।

अभिनव भारत समरमु: स्वतंत्रता आंदोलन का इतिहास इस नाटक की विषयवस्तु है। इसके रचनाकार एम. एस. एन. शर्मा हैं।

6.2.4.12 सामाजिक समस्यामूलक नाटक

6.2.4.12.1 छूआछूत की समस्या

हरिजन : समाज में व्याप्त छुआछूत की समस्या को केंद्र बिंदु बनाकर इस नाटक की रचना हुई। इस नाटक के लेखक हैं नीलकंठ शास्त्री। इस नाटक में आधी रात में भगवान हरिजन को मंदिर ले जाने का दृश्य प्रभावशाली है।

अस्पृश्य विजयम् या प्रेमचंद योगी: इसमें भी छुआछूत की समस्या का ही चित्रण हुआ। इसके लेखक हैं धर्मवरम् गोपालाचार्य ।।

नंदनारु चरित्र: भक्त नंदनार के जीवन चरित के आधार पर अस्पृश्यों की महानता पर इस नाटक में प्रकाश डाला गया। अस्पृश्य होते हुए भी नंदनार ने अपनी भक्ति भावना के आधार पर भगवान की कृपा दृष्टि पायी ।

विलास विहार : इस नाटक के लेखक दामराजु हैं। इस नाटक में भी हरिजन समस्या को प्रधानता दी गयी।

पतित पावन: इस नाटक में भी अस्पृश्यों की सामाजिक यातनाओं का वर्णन मिलता है। इसके रचनाकार हैं सुब्रह्मण्य शास्त्री। इसकी कथावस्तु काल्पनिक है। तिरुगुबाटु: इस नाटक में हरिजनों की समस्या का वर्णन मिलता है। इसके लेखक हैं मुनिमाणिक्यं नरसिंह राव। यह एक गद्य नाटक है। इस नाटक में विचारों की अभिव्यक्ति में तीव्रता, विद्रोह की भावना, प्रतिकार आदि का विशेष प्रदर्शन है। इसलिए इस नाटक को ब्रिटिश शासन ने प्रदर्शन पर प्रतिबंध लगाया। '

6.2.4.12.2 विवाह की समस्या

इस समस्या के अंतर्गत अनेक समस्याएँ अंतर्निहित हैं । सब समस्याएँ विवाह से जुड़ी हुई होने के बावजूद कुछ सूक्ष्म भिन्नताएँ हैं। असवर्ण विवाह दूसरे धर्मावलंबियों से विवाह, प्रेम विवाह, विधवा विवाह, बाल विवाह, अनमेल विवाह, देवदासी समस्या आदि। इन सभी समस्याओं को कथ्य के रूप में ग्रहण कर अनेक नाटक लिखे गये। इन नाटकों पर प्रत्यक्ष या परोक्ष रूप से पाश्चात्य चिंतन का प्रभाव लक्षित होता है। अनेक नाटककारों ने भारतीय परंपराओं की रीति रिवाजों की नयी व्याख्या की और सामाजिक विद्रोह लाने की चेष्टा की ।

इतडु-ईमे : इस नाटक में विधवा विवाह की समस्या को प्रस्तुत किया गया है। इसके रचनाकार हैं सी. वेंकटराम शास्त्री ।

कोपदारि मोगुडु: कामेश्वर राव इस नाटक के लेखक हैं । क्रोधी पति का चित्रण किया गया। इस नाटक में स्त्री की स्वतंत्रता एवं विधवा-विवाह की समस्या को प्रस्तुत किया गया है।

सरिपडनि संगतुलु (Facts unpleasant- 1933) : यह नाटक 1933 में बल्लारि राघवाचार्य द्वारा लिखा गया । बल्लारि राघव स्वयं एक अच्छे अभिनेता एवं कुशल निर्देशक रहे। आंध्र रंगमंच एवं नाटक विकास में उनका अपना स्थान है । उनके नाटकों में इस नाटक का विशेष स्थान है। उनकी विचारधारा इस नाटक में

प्रतिपादित हुई। राघवाचार्य ने विधवा विवाह को प्रोत्साहन दिया। उनका विचार है विधवा युवती अज्ञान के कारण कुछ गलतियाँ करें तो समाज को उनको क्षमा करना चाहिए और सही रास्ते पर जाने के लिए मार्ग-दर्शन करना चाहिए।

दंपतुलु: नाटककार रंगाराम ने इस नाटक में आदर्श प्रेम को प्रस्तुत किया है। उनके अनुसार स्त्री-पुरुष आपस में प्यार कर, उसके बाद विवाह करें तो ही वह विवाह आदर्श प्रेम का प्रतीक है।

गालि वान: इस नाटक के लेखक हैं मल्लादि अवधानि। उन्होंने इस नाटक के द्वारा प्रतिपदित किया है कि स्त्री के लिए आर्थिक स्वतंत्रता अत्यन्त आवश्यक है। उनका विचार है कि बिना आर्थिक स्वतंत्रता के नारी को समाज में उचित स्थान नहीं मिल सकेगा। इस नाटक ने तत्कालीन समाज में काफी हलचल मचायी। कुछ लोगों ने इस नाटक की नवीन प्रगतिशील विचारधारा के लिए प्रशंसा की और कुछ लोगों ने इस नाटक को भारतीय परंपरा के प्रतिकूल सिद्ध किया।

तेगनि समस्या : पी. वी. राजमन्नार और बल्लारि राघव ने मिलकर इस नाटक की रचना की। यह नाटक प्रकाशित नहीं हुआ था। किंतु प्रस्तुतीकरण की दृष्टि से महत्वपूर्ण होने के कारण इसका महत्व है। इस नाटक में प्रतिपादित किया है कि जहाँ प्रेम नहीं वह विवाह सफल नहीं होगा। सच्चा प्रेम त्याग के लिए सदा तत्पर रहेगा।

मंचिवाल्लेवरू : के. कृष्णाराव ने देवदासी समस्या को उजागर करने के लिए इस नाटक की रचना की। यह नाटक अपनी क्रांतिकारी प्रगति चेतना के लिए प्रसिद्ध है। तत्कालीन परिस्थितियों में इस प्रकार की विषय वस्तु को लेकर रचना में प्रवृत्त होना निश्चय ही साहस का विषय है।

मनोरमा: इस नाटक की विषयवस्तु है देवदासी समस्या। प्रगतिशील वैचारिकता के साथ इस नाटक में प्रस्तुतीकरण में कलात्मकता भी लक्षित होती है। पी. वी. राजम्नार ने इस नाटक की रचना नाट्य-शिल्प को दृष्टि में रखकर की थी।

प्रेम कुमारी: यह एक दुखांत नाटक है। इसमें तत्कालीन सामाजिक विकृतियों को प्रतिबिंबित किया गया। इसके रचनाकार हैं जयरामाराव।

बीद विद्यार्थी बी. ए. : यह एक सामाजिक नाटक है। परिवर्तित सामाजिक परिप्रेक्ष्य में सामाजिक जीवन की विडंबनाओं का चित्रण इस नाटक में हुआ।

अपोह: यह नाटक बालसुंदर राव की रचना है। इसमें परिवारों में आपसी विश्वास के अभाव में होनेवाली स्थितियों का चित्रण है। संदेह के कारण उत्पन्न विडंबनाओं का चित्रण है।

6.2.4.12.3 किसान की समस्या

समाज में व्याप्त आर्थिक असमानता और किसानों की समस्याओं को लेकर नाटकों की रचना हुई। ग्रामीण जीवन-पद्धति का चित्रण हुआ। भाषा-शैली शुद्ध व्यावहारिक थी। अमीर एवं गरीब के बीच जो समस्याएँ थीं दोनों वर्गों की समस्याओं का चित्रण हुआ है। इस प्रकार के नाटक कुछ इस प्रकार हैं- कृषीवलुडु: किसान के जीवन एवं उसकी समस्याओं का चित्रण है। इसके लेखक हैं दुव्वूरि रामरेड्डी।
स्वेच्छाजीवुलु: किसान अपनी सारी आर्थिक विवशताओं के बावजूद नाटककार की दृष्टि में स्वेच्छाजीवी है। किसान के जीवन का चित्रण इस नाटक में हुआ है। रैतुबिड्डा : इसके रचनाकार हैं सबनवीसु रामाराव | इस नाटक में ग्रामीण जीवन का सुंदर चित्रण हुआ। बोलचाल की मधुर भाषा का प्रयोग हुआ।

सूर्यनारायण का नाटक 'कृषीवल विजयमु ''हालिकोद्धारम 'आदि नाटक किसान की जिंदगी और उसकी समस्याओं को आधार बनाकर लिखे गये। इन नाटकों की विशेषता यह है कि प्रदर्शन की दृष्टि से अत्यन्त कलात्मक एवं सरल नाटक है।

6.2.4.13 कुछ अन्य नाटक

इस काल में कुछ काल्पनिक, ऐतिहासिक एवं महत्वपूर्ण व्यक्तियों की जीवनियों पर आधारित अनेक नाटक लिखे गये। इसमें महत्वपूर्ण कुछ ऐसे नाटक हैं जो अपने साहित्यिक महत्व के कारण प्रसिद्ध हैं। यद्यपि नाटक का संबंध रंगमंच से है फिर भी कुछ ऐसे नाटक भी हैं रंगमंच से हटकर भी उनका अपना महत्व है। कुछ नाटकों की रचना शैली में कुछ मौलिक तत्वों का समावश हुआ। ऐतिहासिक एवं पौराणिक पात्रों का मनोवैज्ञानिक दृष्टि से पात्र का चित्रण कर प्रस्तुत करना।
वाल्मीकि : यह काल्लकूरि गोपाल राव की रचना है। 1935 में इसका प्रकाशन हुआ। वाल्मीकि के चरित्र का मनोवैज्ञानिक प्रस्तुतीकरण इस नाटक में हुआ। इस प्रकार के मनोविश्लेषणात्मक नाटकों की रचना की दृष्टि से यह पहला नाटक है। सामान्य मानव से महर्षि तक की वाल्मीकि का विकास मनोवैज्ञानिक शैली में हुआ।
निगल बंधुनमु: यह श्रीपाद सुब्रह्मण्य शास्त्री की रचना है। यह प्रदर्शन के लिए अनुकूल नाटक नहीं है। कृष्ण देवराय की जीवनकथा पर आधारित है। कुछ काल्पनिक पात्रों की सृष्टि इस नाटक की विशेषता है

राजराजु: इस नाटक की कथा भी सारंगधर कथा पर आधारित है। किंतु इस नाटक की रचना में नाटककार ने स्वतंत्रता ली। मौलिकता का दर्शन होता है। कुछ नये पात्रों की उद्भावना की। कथा संविधान में भी परिवर्तन लक्षित होता है। इस नाटक में नन्नय (महाभारत के प्रथम अनुवादक, तेलुगु भाषा के प्रथम कवि) पात्र की सृष्टि अपूर्व है। चित्रांगी - सारंगधर पर इस नाटक का नामकरण न होकर सारंगधर के पिता 'राजराजु 'होना इसकी और एक विशेषता है।

हालिकुडु: रंगाचार्य का यह नाटक तेलुगु के मूर्धन्य कवि श्रीमद्भागवत् के अनुवादक 'पोतना 'पर आधारित है। नाटककार ने कविता की खेती एवं खेती करनेवाले इस कृषक का चित्रण मनोविज्ञान रूप से किया। पोतना के जीवन की घटनाओं को क्रम में रखते हुए, आवश्यक पात्रों की सृष्टि करते हुए, रंगाचार्य जी ने इस नाटक को रूप दिया।

खिलजी राज्य पतनमु: सुब्बाराव ने अपनी कल्पना के आधार पर अलाउद्दीन खिलजी के बाद 'खिलजी राज्य के विनाश की स्थिति को 'कथावस्तु बनाया है।

7. अन्य प्रदेशों के नाटक: हिंदी और तेलुगु नाटकों पर प्रभाव

7.1 अंग्रेज़ी नाटक

अंग्रेजी भाषा के नाटक ने प्रांतीय नाटकों पर बड़ा प्रभाव डाला है। उन्नीसवीं सदी में पश्चिमी नाट्य शैली और अभिनय पद्धति का हमारी क्षेत्रीय भाषाओं में प्रयोग हुआ। बीसवीं सदी के आरंभ में इब्सन और बर्नार्ड शॉ ने नाटककारों को प्रेरणा दी। आधुनिक समय में अंग्रेज़ी भाषा में नाटक प्रदर्शित करने वाली संस्थाएँ पश्चिम के सार्त्र, कौक्टू, मिलर विलियम्स, फ्राई, इलियट, बैकेट और ब्रेश्ट के नाटकों को हमारे सामने ला रही हैं और उनकी विचित्र रचना और प्रस्तुतीकरण-शैली को प्रस्तुत कर रही हैं।

अंग्रेज़ी नाटक अठारहवीं शताब्दी में अंग्रेजी व्यापारियों के नाचघरों और क्लबों से शुरू हुआ। ईस्ट इंडिया कंपनी के बंगाल पर आधिपत्य से पहले ही 1753 में कलकत्ता की लाल बाजार स्ट्रीट में अंग्रेज़ी भाषा का एक नाट्य- गृह था। 1776 में कैलकटा थियेटर एक लाख रुपये की लागत से तैयार हुआ, जो अंग्रेज़ी की एक सोसाइटी ने अंग्रेज़ी नाटकों के लिए बनाया था। इसमें लाट साहब और चीफ जस्टिस ने भी चंदा दिया। रात के समय यहाँ अंग्रेज़ अफसर डिनर सूट पहनकर और उनकी मेमें लंबे गाऊन पहनकर नाटक देखने आती थीं।

स्त्रियों का अभिनय पुरुष करते थे। 1788 में पहली बार एक अंग्रेज़ स्त्री ने अभिनय किया। 'कैलकटा गजट ‘के 18 दिसंबर, 1788 के अंक में यह समाचार छपा - "एक लेडी के स्टेज पर आने से लोग ड्रामा बहुत देखने आए। इस लेडी ने

कैलकटा की स्टेज को सम्मानित किया है और उसके इस साहस के कारण उसको हमेशा याद किया जाएगा।"

एक और अंग्रेज़ी स्त्री मिसेज एमिला ब्रिस्टा का एक अपना निजी नाट्य- गृह था। 1789 में 'पूअर सोल्जर '(बेचारा सिपाही) में उसने स्वयं अभिनय किया। यह एक हास्यपूर्ण नाटक था, जिसमें बहुत से गीत और मजाक थे। इस अंग्रेज़ी भाषा के थियेटर से ही 1795 में पहले बंगला नाटक का जन्म हुआ, जिसमें स्त्री- पात्रों का अभिनय स्त्रियों ने ही किया । लैबेडफ ने इस नाटक का निर्देश किया था ।

उन्नीसवीं सदी में कई बंगला नाटककारों ने पहले अंग्रेज़ी भाषा में लिखना आरंभ किया। माइकेल मधुसूदनदत्त इसका ज्वलंत उदाहरण है । बहुत से एक्टर और निर्देशक अंग्रेज़ी से धीरे-धीरे बंगला मंच की ओर आकर्षित हुए। यह सच है कि अंग्रेजी भाषा ने उस समय प्रांतीय भाषाओं का गला घोंट दिया, अंग्रेज़ी प्रभाव ने हमारी लोक-कलाओं और लोकनाटकों के सुंदर रूपों को दबा दिया; लेकिन इसने शहरों में उभरते हुए नाटक को विकसित किया, जो पश्चिमी शैली पर आधारित था ।

अंग्रेज़ी नाटक सदा अव्यावसायिक क्लबों द्वारा ही प्रस्तुत किए गए। शिमला की एमेच्योर ड्रामेटिक क्लब, जो ए. डी. सी. के नाम से जानी जाती है, सौ वर्ष से अधिक पुरानी है। अंग्रेज़ों के समय में बड़े-बड़े अधिकारी, फौजी अफसर, फील्ड मार्शल और वायसराय इसके संरक्षक थे। 1878 में तत्कालीन वायसराय लार्ड लिटन ने एक नाटक 'वालपोल 'लिखा और थियेटर हाल में 'एक सजे हुए शानदार सोफे पर बैठकर इसकी स्वयं डायरेक्ट किया। ऐक्टरों को इस काव्य - रूपक के लंबे-लंबे संवाद रटने पडे।

शिमला की ए. डी. सी. अंग्रेज़ों के सरकारी ढाँचे का सांस्कृतिक अंग थी । इंग्लैंड से अगर कोई एक्टर या निर्देशक आता तो वह यहाँ के किसी नाटक में अवश्य भाग लेता। यहाँ लंदन के मध्य वर्ग की बैठकों पर हास्य - व्यंग्यपूर्ण भावुक नाटक की अधिकतर प्रदर्शित किए जाते। 1936 में इस क्लब के तीन सौ सदस्य थे। अंग्रेज अफसर और वायसराय चले गये और ए. डी. सी. क्लब के टी थियेटर की शान भी अपने साथ ही ले गए। लेकिन एक सौ वर्ष तक यह अव्यावसायिक क्लब सारे भारत के अंग्रेजी नाटक के मतवालों को आकर्षित करता रहा। स्वतंत्रता के बाद यहाँ पहली बार हिंदी और पंजाबी में नाटक प्रदर्शित होने शुरू हुए।

स्वतंत्रता के बाद जहाँ प्रांतीय भाषाओं के नाटकों का विकास हुआ, वहाँ अंग्रेज़ी भाषा में भी नये नाटकों की बाढ़ आई। अंग्रेज़ी राज्य-काल में शेक्सपीयर के

अतिरिक्त अधिकतर पिछली शताब्दी के हलके-फुलके सुखांत और प्रहसन ही अभिनीत किए जाते थे। आज अंग्रेज़ी नाटक का क्षेत्र विस्तृत है । इसमें दार्शनिक और भावुक पकड़ है, अभिनय-शैली और नाटकीय रूपों के नये प्रयोग है। यूरोप और अमरीका के आधुनिक नाटकों में हमारे शहरों के शिक्षित कलाप्रेमियों के लिए बहुत आकर्षक है। ऐसे दर्शकों की गिनती बढ़ रही है ।

7.2 बंगला नाटक

सबसे पहले 1757 में अंग्रेज़ों ने बंगाल को जीता। यहाँ पर ही सबसे पहले पश्चिम का प्रभाव पड़ा और राजनीतिक चेतना फैली। यहीं वर्तमान भारतीय नाटक का प्रादुर्भाव हुआ । अन्य प्रांतों में इसके उपरांत नाटकों का विकास हुआ। बंगाल में पश्चिमी प्रभाव के अंतर्गत नाटक ने जो रूप ग्रहण किया, उन्नीसवीं शताब्दी के उत्तरार्ध में अन्य प्रांतों ने भी धीरे-धीरे उसी रूप को अपनाया, यद्यपि वे बंगला नाटक की मँजी हुई कला तक न पहुँच पाए ।

कलकत्ता, जो हुगली नदी के दलदली तटों पर अंग्रेज व्यापारियों की एक छोटी-सी बस्ती थी, धीरे-धीरे अट्ठारहवीं शताब्दी के अंत में एक मुख्य व्यापारिक नगर बन गया। अंग्रेज़ों ने अपनी आवश्यकताओं और रुचियों के लिए गिरजे, क्लब और नाच- घर बनाए। शासक अंग्रेज़ों के क्लबों में भारतीयों को घुसने की अनुमति नहीं थी । अंग्रेजों ने अपनी सुनियोजित शिक्षा प्रणाली से धीरे-धीरे लोगों के दिलों में यह बात बिठा दी कि प्रत्येक अंग्रेजी वस्तु भारतीय वस्तु की अपेक्षा श्रेष्ठ है। ललितकलाओं की भी यही दशा हुई। अंग्रेजी राज्य ने स्थानीय रीतियों और लोककलाओं को दबाकर पश्चिमी रूप प्रचलित मंडपवाला रंगमंच, जिसमे प्रकाश, चौखटे जड़ी तस्वीर जैसे दृश्यचित्र और चित्रों वाले परदे थे, बंगाल के शहरी लोगों के लिए एक बड़ी विचित्र और नवीन वस्तु थी। अंग्रेज़ी क्लब और अन्य ऐसी संस्थाएँ शेक्सपीयर तथा दूसरे पश्चिमी नाटककारों के नाटक प्रस्तुत करती थीं। यहाँ से पश्चिमी नाटक धीरे- धीरे भारत के विद्वानों और कलाकारों तक पहुँचा। बंगला नाटक की रूपरेखा इन्हीं प्रारंभिक अंग्रेज़ी नाटकों के आधार पर बनी ।

प्रथम आधुनिक बंगला नाटक एक अंग्रेजी नाटक का अनुवाद था । इसको हैरासिम लेबेडफ ने मंच पर प्रस्तुत किया। लेबेडफ एक साहसी रूसी था, जो अंग्रेज़ों की कंपनी में बैंडमास्टर था । उसे वाद्ययंत्रों और भाषाओं का पूरा ज्ञान था। वह नाट्यकला में भी पूर्ण निपुण था। एक बंगला विद्वान पं. गोलकनाथ दास की सहायता

से उसने इस नाटक को बंगला में रूपांतरित किया। अपनी पुस्तक 'ग्रामर '(1801) की भूमिका में वह लिखता हैं- "गोलकनाथ दास ने मुझे सुझाव दिया कि यदि मैं यह नाटक जनसाधारण में प्रस्तुत करूँ तो वह बंगालियों में से पुरुष और स्त्रियाँ - दोनों प्रकार के पात्र - इकट्ठे कर सकेगा। उसकी यह बात मुझे रुचिकर लगी ।" लेबेडफ ने नाटक की रिहर्सल प्रारंभ कर दी और 1795 में यह नाटक प्रस्तुत किया। मंच बंगला-परंपरा के अनुसार पीले तथा लाल चित्रों से सजाया गया था। पात्र बंगाली पुरुष और स्त्रियाँ थे। उस समय स्त्रियों का मंच पर आना दर्शकों के लिए बहुत आश्चर्य का विषय था। पहले दिन दर्शक भारी संख्या में आए थे। इसके बाद प्रबंधकों ने थियेटर को केवल दो सौ दर्शकों के लिए ही सीमित कर दिया और टिकट की कीमत आठ रुपये से बढ़ाकर सोने की एक मोहर (27 रुपये) कर दी। इस पर भी टिकट कई दिन पहले बिक गए। समाचारपत्रों ने बड़ी उत्साहजनक सम्मतियाँ प्रकाशित कीं। इस प्रकार एक विदेशी के माध्यम से यूरोपीय नाटक के जादू-भरे संसार का द्वार खुल गया। न्यू- प्ले-हाउस का नक्शा लेबेडफ ने तैयार किया और नगर के बीचोबीच इसका निर्माण किया। बाद में इसी का नाम कलकत्ता थियेटर पड़ा। यहीं से बंगला नाटक का प्रारंभ हुआ।

लेबेडफ जैसे अचानक आया था, उसी तरह वापस चला गया, किंतु अपने पदचिह्न पीछे छोड़ गया। इसके बाद बड़े-बड़े जमींदार और धनिक अपनी हवेलियों में नाटकों का आयोजन करने लगे। ऐसे अवसर पर चुने हुए मित्रों और प्रियजनों को ही आमंत्रित किया जाता था। नाटक के शौकीन नवयुवक, जो ऐसे अवसर की ताक में होते, नाटक देखने के लिए बिना बुलाए आ घुसते । कई बार दरबान उन्हें अंदर प्रवेश न करने देता। एक ऐसा ही शौकीन नवयुवक गिरीशचंद्र घोष था, जिसको ऐसे अपमान पर इतना क्रोध आया कि उसने घोषणा कर दी कि वह जनसाधारण के लिए थियेटर खड़ा करेगा।

गिरीश एक अंग्रेजी फर्म में क्लर्क था। उसमें एक जन्मजात अभिनेता के गुण थे। पाँच वर्ष तक उसने कई नाटकों में भाग लिया और कई नाटक मंच पर प्रस्तुत किए। कुछ नवयुवक कलाकारों को अभिनय और नाट्यकला की शिक्षा दी। उसने अपनी अलग नाट्य-शैली बनाई, जिसमें जोशीले भाषणों जैसा वेग था और यथार्थवाद थी चिनगारियाँ थी । 1872 में उसने नेशनल थियेटर स्थापित किया । वह पहला बंगला थियेटर था, जिसमें काम करने वाले अभिनय को अपना पेशा समझते थे। इन्होंने दीनबंधु मित्र का नाटक 'नील दर्पण 'का प्रदर्शन किया। इसमें नील के

उद्यानों में काम करनेवालियों की दुर्दशा का वर्णन था। गिरीश ने स्वयं मिस्टर वुड की भूमिका की, जो एक नील के उद्यान का अत्याचारी स्वामी था। उसका अभिनय इतना प्रभावोत्पादक एवं भावपूर्ण था कि एक दृश्य पर दर्शकों में से किसी ने क्रोध में भड़ककर उस पर जूता फेंक मारा। गिरीश ने जूते को अपने उत्तम अभिनय का पुरस्कार समझा।

नेशनल थियेटर यह नाटक कई नगरों में लेकर गया-आगरा, दिल्ली, मथुरा, लखनऊ। वे दृश्य, जहाँ मिस्टर वुड और मिस्टर रोग के अत्याचार दिखाए गए थे, हृदय स्पर्शी एवं मार्मिक थे। एक स्थान पर मि. रोग एक गर्भवती किसान स्त्री पर मोहित हो जाता है। गरीब स्त्री विनती करती है - "साहब, मुझे छोड़ दो। मैं तुम्हारी बेटी के समान हूँ, छोड़ दो। आप मेरे माई-बाप हो ।" मि. रोग उसको घसीटता है और कहता है- "हाँ, हाँ ... यही तो मैं चाहता हूँ कि तेरे बच्चे का भी बाप बनूँ।" इसी समय नायक खिड़की तोड़कर अंदर कूदता है और मि. रोग को ठोकर मारता है। लखनऊ में यह नाटक देखकर यूरोपियन दर्शक इतने तिलमिलाए कि उनमें से कुछ उठे और अभिनेताओं पर हमला करने के लिए मंच पर ही पहुँच गये। डिस्ट्रिक्ट मजिस्ट्रेट ने उसी समय नाटक को बंद करने का आदेश दे दिया। गिरीश की मंडली को सामान समेटकर शहर छोड़ना पड़ा।

इसका प्रभाव यह हुआ कि अंग्रेज़ों ने 1876 में एक नाटक - अधिनियम पास किया, जिसके अनुसार कोई भी मजिस्ट्रेट किसी भी नाटक के खेलने पर पाबंदी लगा सकता था और उस नाटक कंपनी के सारे अभिनेताओं के नाम वारंट जारी कर सकता था। परिणाम यह हुआ कि जिस नाटक में भी सेंसर वाले 'भारतमाता 'या 'स्वतंत्रता 'का शब्द देखते झट वहाँ लाल लकीर फेर देते।

'नील दर्पण ' प्रस्तुत करने के बाद बंगला नाटक में एक राजनीतिक रंग आ गया। राष्ट्रीय भावना के अंतर्गत इस काल में सैकड़ों छोटे-छोटे रूपक तथा नाटक लिखे एवं खेले गए। प्रायः इन सभी में ही एक ऐसी पश्चिमी सभ्यता में रंगे भारतीय का चित्र होता था, जो अंग्रेज़ों का अनुकरण कर नेकटाई और सूट- बूट पहनता और उन्हीं की भाँति 'अमको टुमको 'करता था। जनता उस पर हँसती और उसकी खिल्ली उड़ाते। एक तरह से थियेटर राष्ट्रीय भावना की अभिव्यक्ति का साधन बन गया।

सेंसर की कैंची से बचने के लिए गिरीशचंद्र घोष ने पौराणिक तथा ऐतिहासिक नाटक लिखना आरंभ किया। इनमें छिपे हुए संकेत होते थे, जिन्हें दर्शक झट ही पहचान लेते थे। राम और रावण का युद्ध या कृष्ण का कंस को मारना वास्तव

में सत्य और असत्य का संघर्ष प्रस्तुत करते थे। दर्शक झट ही दोषी को पहचान लेते थे। इन पौराणिक नाटकों को बहुत सारी स्त्रियाँ देखने आती थीं, जिनके लिए उस समय नाटक देखना वर्जित था।

इन बंगला नाटकों में राष्ट्रीय भावना थी, देशभक्ति और धार्मिक प्रेरणा तथा ऐतिहासिक वीर पुरुषों के प्रति श्रद्धा। गिरीश ने सामाजिक समस्याओं का भी स्पर्श किया- सम्मिलित परिवार, दहेज प्रथा, बाल-विवाह आदि। उनके धार्मिक और ऐतिहासिक नाटकों में अधिकांश पात्र नियति के कठपुतले हैं। 'सिराजुद्दौला 'नाटक बंगाल के अंतिम भारतीय शासक की त्रासदी है। इसमें गिरीश उस पौरषहीन स्वार्थी की कथा का वर्णन करता है, जिसने संकुचित स्वार्थों के लिए देश को विदेशियों के हाथों बेच दिया। 'सिराजुद्दौला 'का पात्र उस समय त्रासदी के चरम शिखर को प्रस्तुत करता है, जब उसके सरदार ईर्ष्या और व्यक्तिगत स्वार्थों के लिए उसको धोखा दे जाते हैं।

गिरीश की त्रासदी में भावुकता का वेग था। उसके नाटकों में कई दृश्यों में ढीलापन होता था, अनेक बहुत ही सुगठित। यद्यपि उसके काव्य-नाटक प्रचार से भरे होते थे, किंतु उनमें उच्च नाटक की आभा भी थी। उसने शेक्सपियर के अनेक नाटकों को बंगला में अनूदित कराया। भारत की किसी अन्य भाषा में इतने शक्तिशाली और सटीक अनुवाद शायद ही हुए हैं। फ्रांस के प्रसिद्ध नाटककार मोलियेर की तरह गिरीश भी एक अभिनेता, लेखक और निर्देशक था। उसने भी मोलियेर की भाँति नाटक को एक ऊँचे स्तर पर ला खड़ा किया। उसने बंगला नाटक में व्यावसायिकता और कला की सुरुचि भर दी। उसके अभिनय की शैली ने नीरस संवादों को सरस बना दिया। बाद में अमरदत्त और दानीबाबू जैसे कलाकारों ने उसकी परंपरा को आगे बढ़ाया और इस शताब्दी के आरंभ तक ले आए। स्टार थियेटर, मिनर्वा थियेटर, मनमोहन थियेटर - तीनों में अभिनय शैली और नाटक प्रस्तुत करने की पद्धति गिरीश बाबू की परंपरा के अनुकरण पर थी।

उस समय ज्योतिरवींद्रनाथ टैगोर (रवींद्रनाथ टैगोर का बड़ा भाई) और डॉ. एल. राय ने नाटक की विकास में बहुत योग दिया। उस समय के नाटक में अति भावुकता थी, फिर भी इसने एक निश्चित रूप ग्रहण कर लिया था। इसमें उस प्रकार का यथार्थवाद नहीं था, जैसा समकालीन रूसी थियेटर में आस्त्रोव्स्की और तुर्गनेव जैसे नाटककार बहुत समय पहले ले आये थे। न इसमें इब्सन का तलवार की धार

जैसा तीखा यथार्थवाद था और न ही पात्र के अवचेतन मन का विश्लेषण, जो स्वीडन का महान् नाटककार स्ट्रेंडबर्ग यूरोपियन थियेटर में लाया था।

पश्चिम में शिक्षा प्राप्त करने के बाद डी. एल. राय ने 1885 में प्रहसन लिखना प्रारंभ किया। उसका लक्ष्य अंग्रेज़ी सभ्यता में रंगा भारतीय नहीं था, बल्कि वह कट्टर हिंदू था, जो अंधविश्वासों और भ्रमों में ग्रस्त था। किंतु शीघ्र ही देश में बढ़ती हुई राष्ट्रीय भावना की धारा ने उसे ऐतिहासिक नाटक लिखने पर विवश कर दिया। उसके लिखे हुए तीन नाटक - 'मेवाड़ - पतन '(1908), 'शाहजहाँ '(1909) और 'चंद्रगुप्त '(1911) आज भी खेले जाते हैं।

'चंद्रगुप्त 'इन तीनों में अधिक प्रभावशाली है। राजा नंद की सभा से निष्कासित चाणक्य प्रण करता है कि वह उस समय तक अपनी शिखा को गाँव नहीं देगा, जब तक वह अपने अपमान का प्रतिकार नहीं ले लेगा। उसने चंद्रगुप्त को सिंहासन पर बिठाने का पूरा यत्न किया, हर प्रकार की चालें चलीं और सफल हुआ। जयशंकर प्रसाद के 'चंद्रगुप्त 'नाटक की प्रेरणा का सूत्र इस नाटक को भी माना जा सकता है।

ये नाटक देश-प्रेम से ओतप्रोत और अपने प्राचीन वीर पुरुषों के शौर्य से पूर्ण थे। अभिनय और नाटक प्रस्तुत करने का ढंग वही रहा - आवेग भरा, थोड़ी भावुकता और विस्तारपूर्ण कथा प्रवाह। दृश्यचित्रों की चमक-दमक उसी प्रकार रही। यह सत्य है कि इस समय रवींद्रनाथ टैगोर ने बड़े काल्पनिक और साहसिक प्रयोग किए। किंतु कोई व्यावसायिक कंपनी का मालिक ऐसे प्रयोगों पर रुपये लगाने को तैयार नहीं था।

इस शताब्दी के दूसरे दशक में पहली बार यथार्थवाद के कुछ अंश बंगला नाटक में लाये गए। इनको लाने वालों में शिशिरकुमार भादुड़ी, नरेश मित्रा, अहींद्र चौधरी, दुर्गादास बनर्जी और दो अभिनेत्रियाँ - प्रभादेवी तथा कणिकावती थीं। शिशिर भादुड़ी ने अभिनय को कलात्मकता दी। इसको प्रकृतवाद की खाई में गिरने से बचाया। स्वर और मुख के हाव-भाव में संयम और गहनता थी। वह अचानक मंच पर वातचक्र की भाँति प्रवेश करता और प्रत्येक वस्तु को अपनी परिधि में ले लेता। कभी परछाई की तरह धीमे-से प्रवेश करता और धुएँ के गुबार के समान बाहर को लुप्त हो जाता। जिन लोगों ने उसे नाटक में अभिनय करते देखा है, वे उसे कभी नहीं भूलेंगे। राजा नंद को सिंहासन से उतारकर चाणक्य उसी सभा में आता है, जहाँ से उसे तिरस्कृत करके निकाला गया था। रक्त- सने हाथों से वह अपनी शिखा को गाँठ देता है।

शिशिर भादुड़ी बंगला मंच पर पचास वर्ष तक छाया रहा। 1954 में उसका थियेटर 'श्रीरंगम् 'बंद हो गया। इसमें वह औरंगजेब और चाणक्य के रूप में आता था। ये भूमिकाएँ वह पैंतीस वर्ष तक अभिनीत करता रहा। उसमें वर्तमान बगला नाटक का पूरा इतिहास झलकता था इस शती के आरंभ के जोशीले भड़कदार अभिनय से लेकर वर्तमान यथार्थवाद तक ।

फिल्मों के आगमन से बंगला नाटक कुछ पिछड़ गया। नए-नए शौकिया नाटक क्लब कुछ समय के लिए उभरे। हासोन्मुख व्यावसायिक थियेटरों और शौकिया क्लबों के प्रशिक्षण के विरुद्ध 1949 में शंभु मित्रा और कुछ अन्य निपुण कलाकारों ने मिलकर 'बहुरूपी 'नाम की एक कंपनी बनाई | शंभू मित्रा पहले कलकत्ता के व्यावसायिक मंच पर नाटकों में काम कर चुका था। अभी तक 'बहुरूपी 'ने चौदह नाटक प्रस्तुत किए हैं, जिनमें तीन टैगोर के हैं और शेष में से कई पश्चिमी नाटककारों की रचनाओं पर आधारित हैं। इन चौदह नाटकों में दो बहुत प्रसिद्ध मंच रचनाएँ यह हैं- 'छेड़ा तार '(टूटे हुए तार), जिसको तलसी लाहिड़ी ने लिखा और टैगोर का 'रोकत - करोबी '(लाल कनेर का फूल) ।

'छेड़ा तार 'एक मुसलमान किसान और उसकी पत्नी की दुःखद कथा है- निर्धनता और धर्म के ठेकेदारों के अत्याचार से परिपूर्ण । तृप्ति मित्रा, जो एक बहुत कुशल और सचेत अभिनेत्री है, निर्धन किसान की पत्नी बनती है । वह इस अभागिन स्त्री की प्रताड़ित आत्मा का ही चित्र प्रस्तुत करती है। शंभु मित्रा भूखा किसान बनता है । उसमें तीव्रता, क्रोध और चुनौती है। उसका अभिनय थोड़ा ऊँचे स्वर में होता है, वैसे उसमें आवेग होता है । 'रोकत-करोबी 'प्रतीक- प्रधान नाटक है। इसमें विषय और वस्तु की संगुंफित अन्विति है । सारा कार्य राजमहल के बंद द्वार के आगे होता है। इसके पीछे राजा रहता है, जो सोने की भूख से व्याकुल है। उसके दास उसके लिए धरती खोदकर सोना निकालते हैं। नवयुवक रंजन इस अत्याचार के विरुद्ध विद्रोह करता है और जनता का नेतृत्व करता है। कनेर के लाल फूल चुनने वाली लड़की नंदिनी रंजन से प्रेम करती और उसकी प्रतीक्षा करती है। राजा के कर्मचारी रंजन को मार देते हैं, जो अत्याचार के विरुद्ध मानव का निर्भीक स्वर हे ।

शंभु मित्रा ने इस गीत - नाटक में संगीतात्मक गुणों को बहुत अच्छी तरह प्रस्तुत किया है। टैगोर की दार्शनिकता को पात्र बड़ी सरलता से अभिनीत करते हैं। राजा की नगरी के ठंडे कठोर व्यवहार को बताने के लिए निर्देशक ने मंच पर सफेद पत्थर के संभ और शिलाएँ दिखाई हैं। इस निर्जन पृष्ठभूमि के आगे सजीव पात्र प्रवेश

करते हैं। 'बहुरूपी 'कंपनी ने अपने नाटकों को बंबई और दिल्ली में भी बड़ी सफलता से प्रदर्शित किया है। यहाँ लोगों की भाषा बंगला नहीं, किंतु नाटक की अपनी ही एक सर्वग्राह्य भाषा होती है।

कलकत्ता में एक और नवीन और महत्वपूर्ण कंपनी लिटिल थियेटर ग्रुप है। इसकी शैली बहुत नवीन है। यह पहले अंग्रेजी नाटक प्रस्तुत करती थी। पिछले कुछ वर्षों में इसने बंगला नाटक अपनाए और कलकत्ता में धूम मचा दी। प्रसिद्ध अभिनेता उत्पलदत्त इसका निर्देशक है।

लिटिल थियेटर ग्रुप ने गोर्की के खोलीपाड़ा 'को बंगाली रूप देकर 'नीचेरमहल 'नाम से प्रस्तुत किया। अहाते के किराये की उगाही करने वाला निर्दयी मालिक, फक्कड़, फिलासफर, निर्धन अभिनेता, ताले बनाने वाला और टोपियाँ सीने वाला सारे ही भारतीय पात्र प्रतीत होते हैं। प्रसिद्ध अभिनेत्री सोवा सेन अहाते के मालिक की लड़की पत्नी का अभिनय बड़ी सफलता से करती है उत्पलदत्त 'सेटन 'बनता है - उलझे हुए केश और भरा हुआ चिकना मुँह। वह सूक्ष्म से सूक्ष्म भावों को बड़ी कुशलता से अभिव्यक्त करता ह

भूखे, नंगे और दलित लोग समान निराशा में ग्रस्त हैं। अहाते में एक स्त्री मर रही है, लेकिन पास रहनेवाले लोग ऊँचे-ऊँचे हँस रहे हैं। जीवन की इस विडंबना से त्रासदी और भी गंभीर हो जाती है। इन गरीबों की टूटी-फूटी जिंदगी में कभी कोई गाने वाला या नाचने वाला आ जाता है तो ये धौलधप्पा करते हुए ठट्टे लगाते और पागलों की तरह ज़ोर-ज़ोर से हँसने लगते हैं। चिमनी के काले धुएँ की तरह उदासी इन पर मँडराती है। उनकी गंदी गलियों और नंगी बातों में स्वप्न, सुंदरता और प्रेम भी मिला हुआ है। ये त्रस्त आत्माओं के निःश्वास हैं। इस ग्रुप के दो और नाटक हैं- 'बोरोशालीकेर घारे रुंओं (बूढ़ी घोड़ी लाल लगाम) और 'एके की बोले शभ्योता?" (क्या यही सभ्यता है?) इनको माईकल मधुसूदनदत्त ने उन्नीसवीं शताब्दी में लिखा था और ये उस समय के बंगाल का चित्रण करते हैं। बूढ़े कामुक जमींदार का खेतिहर मजदूर की पत्नी पर हाथ डाल देना, सहमी हुई स्त्री का हाथ छुड़ाकर दौड़ना, नंगे शरीर वाले खेतिहर मज़दूरों का अपने मालिक के सामने घुटनों के बल बैठकर गिड़गिड़ाना और अंत में पत्नी की विपत्ति पर भावुकता में अपनी झोंपड़ी में से निकलना - बड़े सघन और मार्मिक दृश्य हैं। बाँहों में बाँहों डालकर गली से निकलती हुई दो वेश्याएँ, पश्चिमी संस्कारों की नकल करते हुए कालेज के लड़के, गली का लैंप जलाने वाला, पालकी उठाने वाला कहार ये चेहरे हमारे मन में चुभ जाते हैं। लोगों

की भीड़ के दृश्य इतने प्रभावशाली हैं कि भारतीय मंच पर और कहीं देखने में नहीं आते।

इनका सबसे अधिक सफल नाटक 'अंगार ‘(कोयले की खान) है, जो 1960 से 1962 तक खेला गया। खान मजदूरों के कालिख-पुते चेहरे, मालिकों से उनका संघर्ष, माँ की अपने-अपने पुत्र के लिए ममता, मजदूर स्त्रियों का सुरंग में फँसे पुरुषों की प्रतीक्षा करना और मज़दूरों की धधकती हुई आँखें - सभी इस नाटक में ज्वालामुखी की शक्ति भर देते हैं।

आधुनिक काल के कुछ नाटककार ये हैं- शचींद्रनाथ सेन गुप्ता, मन्मथ राय, विधायक भट्टाचार्य, महेंद्र गुप्ता| ये सब कलकत्ता के व्यावसायिक मंच से संबंधित रह चुके हैं। शचींद्रनाथ सेन गुप्ता (1961 में इनका देहांत हो गया) की प्रसिद्ध रचना 'सिराजुद्दौला ‘को बहुत बार प्रस्तुत किया गया है। इसमें गिरीश घोष के आरंभिक ऐतिहासिक नाटकों जैसे गति है। सेना गुप्ता का अंतिम नाटक 'सोबेर ऊपर मानुष सत्य ‘(मनुष्य सबसे उत्तम सत्य है) शांति और युद्ध के विषय पर एक रूपक है। इसका कार्य मिस्र के पिरामिड़ों की छाया में होता है यह रूपक बोझिल है और इसमें नाटकीयता का अभाव है। सेन गुप्ता ऐसे नाटकों को लिखने में निपुण था, जिनके पात्र ऐतिहासिक वस्त्रों में सजे हुए हों ।

मन्मथ राय पौराणिक गाथाओं से नाटकों के विषय लेता है । वह पात्रों के मन की कंदराओं और कोनों में प्रकाश डालता है। समकालीन समस्याओं को निर्वसन करने के लिए वह प्राचीन कथाएँ प्रयोग में लाता है। विधायक भट्टाचार्य शहरी जीवन और मध्यमवर्ग का चित्रण करता है। वह बंगला व्यापारीवर्ग की रुचियों से भली-भाँति परिचित है और बहुत सूक्ष्मता से उनको अभिव्यक्त करता है। इन लेखकों ने नवीन नाटकीय प्रवृत्तियों को स्वीकारा है ।

जब हम बंगला नाटक के नवीन रूप की बात करते हैं तब उत्पलदत्त और शंभु मित्रा के नाम ही हमारे सामने आते हैं। इन्होंने मंच को ताजगी दी है, इसको नई दृष्टि दी है, नये नाटककारों को प्रेरित किया है और निर्देशन में एक गहराई पैदा की है। इन कल्पनाशील निर्देशकों ने बंगला मंच को संसार के अन्य उन्नत मंचों से जा मिलाया है।

7.3 टैगोर के नाटक

रवींद्रनाथ टैगोर के नाटक भारतीय नाटक के इतिहास में प्रकाश-स्तंभ हैं। वह महाकवि, निपुण अभिनेता, कुशल निर्देशक, संगीतकार तथा मंच का सिद्ध था। जब पारसी कंपनियाँ चमत्कारपूर्ण और भारी सीन सीनरियों वाले दृश्यों से भरे नाटक प्रस्तुत कर रही थीं, टैगोर लोकनाट्य का रंग लेकर आया। उसने अपने समकालीनों को विषय की गंभीरता तथा दृश्य-सज्जा की सादगी सिखाई। प्राचीन भारतीय नाट्यशास्त्रों तथा स्थानीय लोककला के रूपों से वह पूरी तरह परिचित था। पश्चिमी नाटक प्रस्तुत करने की शैली से भी वह अपरिचित नहीं था। उस शती के आरंभ में ही उसने नाट्य कला में एक ऐसा नवीनतम संगीतमय रूप उभारा, जिसने बंगाल के थियेटर पर गहरा प्रभाव डाला।

उसके नाटक बंद नाटकघरों में प्रस्तुत करने योग्य हैं। बंगाल के प्रसिद्ध लोकनाटक 'जात्रा" को टैगोर ने अपनी रचनाओं में प्रयुक्त किया और उसका रूप निखारा। समय के साथ-साथ वह इस रूप की ओर अधिकाधिक आकर्षित होता गया। उसके नाटकों में 'जात्रा' जैसे दृश्य हैं। गाँव की गली में गुजरते हुए

'संन्यासी '(1884) उसके पहले काव्य - नाटकों में से है। एक संन्यासी काल को जीतकर अपनी गुफा में बैठा सांसारिक जीवन को तुच्छ समझता है और लोगों की सीमित बुद्धि पर व्यंग्य करता है। नाटक की प्रथम सत्तर पंक्तियों में संन्यासी के गहन ज्ञान की आत्माभिव्यक्ति है। संन्यासी उस आनंद का वर्णन करता है, जो शिव की भाँति उसने अनंत विस्तार के बीच अकेले बैठकर अनुभव किया है। वह काल और देश की सीमा से परे है। किंतु उसकी अनंत अवस्था का भ्रम उस समय टूट जाता है, जब एक छोटी-सी बालिका के खो जाने पर उसका मन व्याकुल हो उठता है । यह घटना उसे मानवीय प्रेम के बंधन में फिर से बाँध देती है और वह एक बार फिर दिन और रात के छोटे-छोटे सुखों को खोजने लगता है।

'विसर्जन '(बलिदान) नाटक में रघुपति - काली माँ का सच्चा पुजारी - नरबलि में विश्वास रखता है और अपने शिष्य जयसिंह को इसकी पूर्ति के लिए प्रेरित करता है। जयसिंह अपने गुरू की प्रभावशाली आज्ञा और अपनी आत्मा की आवाज़ के बीच द्विधा में है। अंत में वह गुरु की आज्ञा का पालन करने के लिए काली माँ के आगे अपनी बलि दे देता है । गुरु, जो अपने शिष्य से बहुत प्रेम करता है, इस घटना से भयभीत हो जाता है । उसका विश्वास टूट जाता है और वह नरबलि के विरुद्ध होकर काली माँ की मूर्ति को तोड़ देता है ।

रघुपति के जोशीले संवाद शक्ति के उस विकराल रूप को व्यक् करते हैं, जो रक्त का पिपासु है। अंतिम संवाद उसके पश्चात्ताप की साक्षी देते हैं। वह काली की मूर्ति की ओर देखकर कहता है- "देखो, वह खड़ी है मात्र पाषाण, जड़, गूँगी और नेत्रहीन।" "विसर्जन ‘में लंबे-लंबे भाषण हैं। इसमें टैगोर ने स्वयं रघुपति का अभिनय किया था और यह चरित्र कवि के तेजस्वी अभिनय के कारण बहुत उभरा था।

टैगोर ने कलकत्ता में बड़ी सफलता से रघुपति का अभिनय किया। नाटक उसके पैतृक घर जोरोसंको में खेला गया, जहाँ नाट्य कला के प्रेमी, संबंधी, यूरोपीय अतिथि और कलकत्ता के चुने हुए कलाविद् एकत्र थे। कई वर्ष उपरांत जब टैगोर शांतिनिकेतन में जाकर रहने लगा, वहाँ उसके शिष्य और भतीजे-भतीजियाँ भी उसके नाटकों में भाग लेने लगे, जो वे कवि के मन की गहराइयों और मूलभावों को समझते थे। अभिनेताओं की इस सूझ ने कवि को नाटकों की रचना में सहायता दी।

'राजा-रानी ‘नाटक की कथा - वस्तु में बड़ी संभावनाएँ थीं। किंतु टैगोर ने इसको अनावश्यक विस्तार से भर दिया। यदि पात्र और घटनाएँ कुछ अधिक सुसंगठित होतीं तो यह उसका सबसे उत्तम नाटक होता। उसके नाटकों में तत्कालीन सरकार तथा राज्यसत्ता की बुभुक्षा का विषय बार-बार आता 1 उसने इस बात को बड़े सफल और पूर्ण ढंग से प्रदर्शित किया है। 'राजा', 'मुक्तधारा', 'नटीर पूजा ‘और 'रोकत - करोबी ‘इसी शैली के नाटक हैं।

इनसे जरा हटकर उसका रूपक नाटक 'डाकघर ‘है, जो उसने 1912 में लिखा। इसमें बीमार बच्चे अमल को उसका चाचा और वैद्य घर से बाहर नहीं जाने देते। नन्हा अमल खिड़की में से बाहर की दुनिया को देखता है तो हर जानेवाले से बातें करता है- पहरेदार, दहीवाला, मुखिया, ठाकुर दादा और फूल बेचनेवाली मालिन की बेटी सुधा से। यहाँ बैठा वह सदा ही राजा के पत्र की प्रतीक्षा करता है। अंत में आधी रात के समय जब राजा का दूत चिट्ठी लेकर आता है तो उस समय थका हुआ अमल सदा की नींद सो चुका होता है। वह नाटक थोड़े आलस्य से सस्ती भावुकता के स्तर पर उतर सकता था। किंतु टैगोर ने बच्चे के पात्र को इस सादगी और कल्पना से वर्णित किया है कि यह एक सुंदर काव्यमय त्रासदी सिद्ध हुआ।

शांतिनिकेतन में जब यह नाटक खेला गया तो टैगोर ने ठाकुर दादा का अभिनय किया, जिसकी ऊटपटाँग बातों में अतीव कल्पना और व्यंग्य है। टैगोर को इस पात्र से बड़ा मोह था। यही ठाकुर दादा बार-बार उसके नाटकों में आता है-कभी भिक्षुक बनकर तो कभी अधा गायक बनकर।

टैगोर ने अपने अंतिम जीवन के नाटकों में दमन, अहंकार, हिंसा और राज्य - लिप्सा के विरुद्ध संघर्ष किया। उसके पात्र इन विषयों तथा समस्याओं से युक्त पुनः पुनः लौटते हैं। वह बार-बार एक ही मूर्ति का निर्माण कर रहा होता है, किंतु पृथक्-पृथक् वेशों में । 'राजा', 'मुक्तधारा', 'नटीर पूजा ‘और 'रोकत - करोबी ‘- सभी में एक शासक है, जो अपनी लिप्सा और यश के लिए लोगों को दास बना लेता है। इनमें कभी एक फूल तोड़ती लड़की आती हैं, जो सौंदर्य तथा निर्भीकता का प्रतीक है और कभी एक नवयुवक आता है, जो लोगों को स्वतंत्रता के लिए प्रेरित करता है और शासन से टक्कर लेकर जनता का पक्ष लेता है।

'मुक्तधारा ‘का युवक राज-निर्माता को चुनौती देता है, जिसने प्राकृतिक झरनों को बंद करके लोगों को जल से वंचित कर दिया है। 'नटीर पूजा ‘में नर्तकी राजा के आदेश का उल्लंघन करती है, जिसने बुद्ध की पूजा का निषेध किया । नर्तकी, जो हृदय से एक भिक्षुणी है, बुद्ध की मूर्ति के आगे नृत्य करके पूजा करती है । राजा के कर्मचारी उसे मार देते हैं। इस अद्वितीय बलिदान से राजा और रानी सहम जाते हैं और बौद्ध धर्म स्वीकार कर लेते हैं । 'रोकत- करोबी ‘में फूल तोड़नेवाली लड़की नंदिनी राजा से नहीं डरती। वह रंजन से प्रेम करती है। रंजन विद्रोह का झंडा ऊँचा करता है और लोकहित के लिए अपने जीवन का बलिदान कर देता है। राज्यसत्ता के स्तंभ डगमगा जाते हैं। इन सारे नाटकों में सैद्धांतिक धारणाएँ हैं, सामाजिक तथा राजनीतिक संदेश हैं और एक लयात्मक आकर्षण है। |

टैगोर के नाटक उसके विचारों की प्रस्तुति के साधन हैं। असीम और सीमा में और ब्रह्मांड को अणु में देखने की इच्छा सारी आयु उसकी रचनाओं में बसी रही । उसके नाटकों में कार्य की कमी है। पात्र अधिक यथार्थ और स्पष्ट रूप में चित्रित नहीं हुए, बल्कि वितान की धुंध में से उभरते हैं । शेक्सपीयर के एरियल और केलीबान जैसे काल्पनिक पात्र भी स्थूल हैं। राजा शूद्रक के 'मृच्छकटिक ‘के जुआरी, भिक्षु और चंडालों के पात्र भी हाड़-माँस के प्रतीत होते हैं । किंतु टैगोर के पात्र किसी काल्पनिक जगत् के निवासी हैं। 'संन्यासी ‘में विद्यार्थी, ग्रामवासी, यात्री, पुरुष, स्त्रियाँ मंच पर से गुजरते हुए निरी परछाइयाँ प्रतीत होते हैं, जिनको गुफा में बैठा संन्यासी देख रहा है। 'डाकघर ‘के पात्र कुछ अधिक प्रत्यक्ष तथा मानवीय हैं- पहरेदार, दहीवाला और ठाकुर दादा आदि, लेकिन वास्तविक की प्रतिच्छाया मात्र ही प्रतीत होते हैं। खिड़की में बैठा रोगी अमल इनको देखता हुआ एक प्रकार से गुफा में बैठे संन्यासी के समान ही लगता है । 'डाकघर ‘में गली में से निकलते लोगों की आवाज

जीवन की आवाज है। 'संन्यासी 'में अनंत तथा असीम की खोज है। किसी अज्ञात की पुकार है।

टैगोर के नाटकों में लगता है कि कुछ घटित होनेवाला है, पर घटित होता नहीं। किसी की प्रतीक्षा - सी बनी रहती है। 'नटीर पूजा 'में हर समय राजा के आगमन की सूचना है, किंतु वह नहीं आता। 'राजा 'ने सम्राट महल की दीवारों के पीछे से बोलता है। 'रोकत - करोबी 'में राजा आँखों से ओझल रहता है। यह प्रतीक्षा, यह ओझलता, यह रहस्य नाटक में एक विचित्र तनाव भर देता है।

उसके पात्रों में धरती में से फूटता हुआ वह यथार्थवाद नहीं, जो प्रसिद्ध जर्मन नाटककार बर्टोल्ट ब्रेश्ट के पात्रों में है, न ही वह धधकती तीव्रता है जो स्पेन के कवि नाटककार गार्शिया लोर्का के पात्रों में है। टैगोर ने नाटक को कविता में रंग दिया और इसको एक बड़े मन्तव्य के लिए प्रयोग किया। छायावाद, संगीत और कथानक को मिलाकर नाटक के संसार में नाद - गुण की अभिवृद्धि की। उसने समकालीन नाट्यरुचियों और पारसियों के घटिया यथार्थवाद के विरुद्ध नाटक में कल्पना का संचार किया। दीवार पर चित्रित स्वर्णिम अर्ध-चक्र चंद्रमा समझा जाता; सफेद और काले धब्बे बादल, मिट्टी का तोता जीवित पक्षी। जंगल, पहाड़, वन और ऋतुएँ उसके आकर्षक गीतों तथा वर्णनात्मक कविता के प्रभाव की देन हैं। 'फाल्गुनी 'के आरंभ में वह कहता है- "हमें वास्तविक दृश्यों की आवश्यकता नहीं। जिस वस्तु की आवश्यकता है, वह है मानसिक पृष्ठभूमि। उस पर संगीत की तूलिका फेरकर अपनी इच्छा के अनुसार चित्र अंकित करेंगे।"

उसके नाटकों की भाषा अलंकारों से ऐसे भरी होती है, जैसे झील कमलों से। गीत उसके नाटकों का विशेष अंग हैं। गीतकार नाटक की घटनाओं पर टीका-टिप्पणी करता और कार्य को आगे बढ़ाता है। कई स्थलों पर भावों की बाढ़ होती है और साधारण शब्दों के स्थान पर कविता में ही बात की पूरी तीव्रता दिखलाई गई होती है। गीताकर कई बार एक छोटी-सी घटना को सार्वलौकिक बना देता है। वह पात्रों और घटनाओं को एक नवीन ढंग से निरावृत्त करता है। नाटक में कहीं नेत्रहीन भिखारी गाता है। इस भिखारी के बोलों में निर्लिप्तता होती है। नेत्रहीन होने के कारण वह कुछ भी नहीं देखता, किंतु सब-कुछ देखता है। वह होनेवाली घटनाओं पर व्यंग्य करता है और भावी का संकेत करता है। वह नाटक के अंदर भी है और बाहर भी।

टैगोर की सामाजिक नाटक हास्य और व्यंग्य से पूर्ण हैं। अधिकांश आलोचक उसके नाटकों के इस हास्य पक्ष का उल्लेख कम ही करते हैं। इनमें वह मध्यमवर्ग के

सीमित तथा संकुचित मूल्यों की भर्त्सना करता है तथा उनकी खिल्ली उड़ाता है। 'शेष रक्षा 'नवयुवकों पर एक हास्यास्पद प्रहसन है। घटनाओं की गति पहाड़ी नाले की भाँति तीव्र है। उसके व्यंग्यपूर्ण नाटकों में 'कुँवरों की बैठक 'नाटक हँसा हँसाकर पेट में बल डाल देता है। इसमें कुछ नवयुवक प्रण करते हैं कि वे सारी उम्र कुँवारे रहेंगे, किंतु स्त्री के प्रथम स्पर्श से ही उनके ब्रह्मचर्य के दुर्ग में दरारें आ जाती हैं।

टैगोर मंच का दक्ष निर्माता था, किंतु इसका अभी पूरी तरह मूल्यांकन नहीं किया गया है। उसके अच्छे अभिनेता होने का कुछ पता इस बात से चलता है कि बाईस वर्ष की आयु में उसने 'रघुपति '(गुरु) का अभिनय किया और बासठ वर्ष की आयु में कलकत्ता के एम्पायर थियेटर में उसने नवयुवक शिष्य जयसिंह का। जब वह अपने नाटकों की रचना करता था तो उसकी तीव्र दृष्टि छोटी-सी-छोटी बात का भी ध्यान रखती थी। उसके नाटकों को केवल पढ़कर ही उनके महत्व को नहीं जाना जा सकता। उन्हें मंच पर देखकर ही हम उसकी नाट्य कला की महानता का अनुमान कर सकते हैं।

1961 में संसार भर में रवींद्र-शताब्दी मनाई गई। लगभग हर देश में उसके नाटक प्रस्तुत किये गये। रूस में 'चित्रांगदा ' और न्यूयार्क में 'राजा ' बहुत सफल रहे। भारत की प्रांतीय भाषाओं में उसके नाटकों का पहली बार सुचारू रूप से मंच पर प्रस्तुत करने की चेष्टा की गई। उदयशंकर ने टैगोर की एक कविता 'समन क्षति को नृत्य-नाट्य का रूप दिया। बंबई के लिटिल बेलेटग्रूप, दिल्ली के भारतीय कला केंद्र और मणिपुर की रासमंडलियों ने उसके नाटकों को भिन्न-भिन्न नाट्य शैलियों तथा पद्धतियों को प्रस्तुत किया। पंजाबी में भी उसके नाटक अनेक स्थानों पर खेले गये। अमृतसर में 'राजा-रानी 'और नीलोखेड़ी तथा दिल्ली में 'डाकघर 'बहुत प्रशंसित हुए। 'डाकघर 'में नीलोखेड़ी और दिल्ली में निर्देशकों ने बहुत दक्षता से गीत और नृत्य भरे थे। एक निर्देशक ने इसको दुःखांत बनाकर प्रस्तुत किया, दूसरे ने इसे दमघोंट वातावरण से मानवीय आत्मा की मुक्ति प्राप्त करने की लालसा के रूप में व्यक्त किया। भाषा की सरलता तथा निर्देशन के वैशिष्ट्य ने इस नाटक को काल्पनिक तथा यथार्थवादी स्तरों के क्षितिज पर मूर्तित किया।

प्रत्येक प्रांत में टैगोर के नाम से रंगमंच निर्मित किए जा रहे हैं। बंगाल में टैगोर के नाटकों को नए रूप में प्रस्तुत किया जा रहा है। प्रांतीय भाषाओं में उसके नाटकों के प्रस्तुतीकरण का स्तर कुछ नीचा ही रहा है, किंतु इन प्रयत्नों के कारण टैगोर की नाट्य-शैलियाँ तथा रूप हमारे निर्देशकों के पास पहुँच रहे हैं। इस समय स्थान-स्थान

पर टैगोर संस्थाएँ, टैगोर भवन तथा टैगोर थियेटर स्थापित हो रहे हैं। उनकी संगीतमय रचनाएँ, जो अभी तक बंगाल में ही सीमित रही हैं, राष्ट्रीय स्तर पर लोकप्रियता प्राप्त कर रही हैं।

टैगोर को 1936 में लाहौर गया था। वहाँ वह अपना नृत्त-नाटक 'चित्रांगदा 'प्रदर्शन हेतु गये थे। वह मंच पर बैठा था- लंबा चोगा और उज्जवल श्वेत दाढ़ी। उसके शिष्य नृत्य करते हुए नाटक प्रस्तुत कर रहे थे। वह साथ-साथ इसकी व्याख्या करता हुआ मंत्रों की तरह कविता के बोल उच्चरित कर रहा था। लाहौर के दर्शक, जो फिल्मों तथा पश्चिमी प्रकृतवाद के अभ्यस्त थे, महाकवि को मंच पर बैठे देखकर आश्चर्यचकित हुए। वे एक-दूसरे से पूछ रहे थे कि टैगोर परदे के पीछे से क्यों नहीं बोल रहा। वह क्यों नाटक का यथार्थ भंग कर रहा है?

जब हम विशुद्ध भारतीय रूप वाले नाटक की बात करते हैं तो पूछते हैं कि यह भारतीय रूप क्या है? क्या यह लोकनाटक जैसा है, या प्राचीन संस्कृत नाटक के समान, या पश्चिमी या ग्रीक में विकसित व्यावसायिक थियेटर -? कोई भी निश्चयपूर्वक नहीं कह सकता कि कौन-सा नाटक भारतीय परंपरा का वास्तविक रूप है। परंतु टैगोर के नाटकों में संगीत, कविता, नृत्य, अभिनय और संवादों का शुद्ध प्रयोग देखकर हम कह सकते हैं कि इनका रूप विशुद्ध भारतीय है।

7.4 मराठी और गुजराती नाटक

बंबई का द्विभाषी प्रांत भाषा के आधार पर 1 मई, 1960 को दो भागों में विभाजित किया गया - महाराष्ट्र और गुजरात। चार करोड़ व्यक्ति मराठी बोलते हैं और दो करोड़ गुजराती। शताब्दियों तक दोनों जातियाँ सौतों की तरह साथ-साथ रही। निकट रहने से इनमें कई प्रकार की समानताएँ भी हैं, किंतु दोनों ने अपनी-अपनी जाति के विशेष गुण स्थिर रखे हैं।

मराठे कठोर प्रवृत्ति के लोग हैं। इन्होंने अपनी ग्राम्य-कलाएँ, वीरतापूर्वक युद्ध करने की शक्ति तथा रीति-रिवाजों को सँजोकर रखा है। उच्च परिवारों की वृद्धा स्त्रियाँ आज भी मछेरिनों की भाँति काष्ठा बाँधती हैं। मध्यमवर्ग ने भी अपनी परंपरा से संबंध नहीं तोड़ा है।

मराठी नाटक की शताब्दी 1943 में मनाई गई थी। सैकड़ों की संख्या में स्थान-स्थान पर नाटक खेले गए। हर एक पंडाल में विष्णुदास भावे का चित्र लटका रहता था, जो मराठी नाटक का जन्मदाता था।

विष्णुदास भावे सांगली के राजा का सभासद था। वह अच्छा गायक और नाट्यकला का रसिक था और काठ तथा मिट्टी की मूर्तियाँ भी बना सकता था। 1843 में राजा की सभा में दक्षिण से एक कंपनी संगीत नाटक प्रस्तुत करने आई। यह नाटक बहुत निम्नकोटि का था। वृद्ध व्यक्तियों को युवतियों का अभिनय करते देखकर राजा को बड़ी झुंझलाहट हुई और उसने कुछ बुरा-भला कहा। उसके शब्दों ने भावे को मराठी में नाटक लिखने के लिए प्रेरित किया।

भावे जानता था कि मराठा लोगों की जड़ें धार्मिकता की भूमि में हैं। इसलिए उसने 'सीता स्वयंवर 'नामक एक नाटक की रचना की। राजा के सभासदों ने इसमें अभिनय किया। भावे ने कटे हुए कागज और लकड़ी से बने अद्भुत मुखौओ बनाए। दैत्यों और देवताओं को अधिक विलक्षण बनाने के लिए उसने उन मुखौटों के होंठ मोटे, नाकें लंबी और आँखें बाहर को निकली हुई बनाई। मंच पर वास्तविक तलवारें चमकीं। जब काले और हरे चेहरे वाला असुर प्रवेश करता तो अग्नि की ज्वालाएँ निकलतीं। बंदूक का पटाखा चलता। बच्चे और गर्भवती स्त्रियों को यह नाटक देखने की आज्ञा नहीं थी। तलवारों की झनकार, गरज, सिंह, युद्ध और दैत्यों की हत्याओं के दृश्य बहुत भयानक थे। पुरुष, जिन्होंने स्त्रियों का अभिनय किया, वेश बदलने में इतने प्रवीण थे कि शर्त लगाकर दिन दहाड़े स्त्रियों में जा बैठते और पहचाने न जाते।

रामायण और महाभारत की बहुत-सी कथाओं के आधार पर भावे ने नाटकों की रचना की। 'राजा हरिश्चंद्र 'का नाटक बहुत सफल रहा। जब राजा हरिश्चंद्र श्मशान का चांडाल बनकर अपने पुत्र रोहिताश्व के शव का दाहकर्म नहीं करने देता और कर माँगता है तो सांगली का राजा यह दृश्य न देख सका। वह इतना प्रभावित हुआ कि मंच पर जाकर उसने राजा हरिश्चंद्र को और परीक्षा लेने से रोक दिया।

भावे ने मराठी नाटक की साठ वर्ष सेवा की। उसकी कंपनी में काम करनेवाले कलाकार इसको सहकारिता के आधार पर चलाते थे। अस्सी वर्ष की आयु भोगकर जब भावे का 1901 में स्वर्गवास हुआ तो उसने अपने पीछे पचास नाटक छोड़े।

इंडियन नेशनल काँग्रेस ने 1885 में स्वतंत्रता का आंदोलन चलाया। 1870 से 1885 के बीच अकाल पड़े। किसान आंदोलन चले। हस्तकलाएँ नष्ट हो गईं। लोगों में राष्ट्रीय चेतना की चिनगारी धधकी। इसी समय राष्ट्रीय प्रेस ने उन्नति की। भारत

के लेखक और बुद्धिजीवी पश्चिम के बाल्तेयर तथा रूसो से प्रभावित हुए। अमरीका के स्वतंत्रता- युद्ध को समाप्त हुए अभी थोड़ा ही समय हुआ था। पश्चिमी लेखकों तथा मानवतावादी नेताओं की जीवनियों ने भी प्रभाव डाला। गाँवों की ह्रासोन्मुखी दशा, बढ़ती हुई बेकारी और विदेशी राज्य के अत्याचारों ने लोगों में देश के लिए मर मिटने की भावना उत्पन्न की।

मराठी नाटककारों ने भी शेष प्रांतीय भाषाओं के लेखकों की भाँति इस राष्ट्रीय भावना को पौराणिका तथा ऐतिहासिक वीरों की गाथाओं के माध्यम सेप्रकट किया। खांडेकर (1906) ने महाभारत की एक घटना को लेकर 'कीचक- वध 'लिखा । यह उस समय के प्रसिद्ध नाटकों में से है । पाँचों पांडव और द्रौपदी वेश बदलकर राजा विराट के महलों में रह रहे हैं। यहाँ राजा विराट के साले कीचक ने द्रौपदी को देख लिया और उसका मन मैला हो गया। एक दिन वह आधी रात को कामवश होकर द्रौपदी के कक्ष में जाता है । वहाँ अंधेरे में भीम स्त्री वेश में उसकी ताक में बैठा है। जब कामांध कीचक उसकी ओर हाथ बढ़ाता है तो क्रुद्ध भीम उसे उसी स्थान पर मार डालता है और इस प्रकार द्रौपदी के अपमान का प्रतिशोध लेता है। मंच पर दर्शक झट पहचान जाते हैं कि भीम वास्तव में राष्ट्रीय नेता लोकमान्य तिलक हैं और कीचक तत्कालीन वायसराय लार्ड कर्जन । उस काल के नाटकों में इतना राष्ट्रीय उत्साह और देश-प्रेम की भावना थी कि अंग्रेज़ों ने अनेक मराठी नाटकों पर पाबंदी लगाई।

इसी लेखक का एक और नाटक 'भाऊ बंदकी 'है। इसमें अट्ठारहवीं शताब्दी के मरहठा दरबार में पेशवा बनने के षड्यंत्रों का उल्लेख है। पेशवा के परामर्शदाता रघोबा की पत्नी आनंदीबाई बड़ी कृपण और निर्दयी है। वह राजमहल में काली नियति की भाँति घूमती है। ईस्ट इंडिया कंपनी धीरे-धीरे भारत की रियासतों को हड़प रही है। वह रघोबा को लालच देती है कि यदि वह सत्ता हथिया ले तो कंपनी उसकी पूरी सहायता करेगी। आनंदीबाई एक षड्यंत्र रचती है और पेशवा की हत्या करवा देती है। लोग इस हत्या को भाँपकर आनंदीबाई के विरुद्ध उठ खड़े होते हैं । उसकी आशाओं पर पानी फिर जाता है और अल्पवयस्क पेशवा को गद्दी मिल जाती है। विष घोलती आनंदीबाई प्रतिशोध की शपथ लेती है । आज की अभिनेत्री इस पात्र का अभिनय करने को तैयार नहीं होगी। हमारे समय में दुर्गाबाई खोटे ने यह भूमिका साक्षात् कुटिलता बनकर अभिनीत की।

गडकरी (1885-1916) ने छः नाटक लिखे। सबसे प्रसिद्ध 'एकच प्याला '(एक प्याला) है, जो मद्यपान के कुपरिणाम व्यक्त करता है। चालीस वर्षों से यह नाटक मराठी दर्शकों का मनोरंजन करता रहा है। स्त्री की प्रथम दृष्टि और मदिरा के पहले प्याले से बचकर रहने की शिक्षा के साथ-साथ यह नाटक गीतों और भावुक संवादों से ओतप्रोत है। अपने व्यंग्य और हास्य के कारण यह नाटक मराठी मंच पर बहुत बार प्रस्तुत किया गया है।

इस शताब्दी के तीसरे दशक में भार्गवराम विट्ठल ने, जो मामा वरेरकर के नाम से प्रसिद्ध हैं, परंपरागत उत्साहपूर्ण मराठी नाटकों में कतिपय यथार्थ और गंभीरता के अंश संजोने का प्रयत्न किया है। उसके नाटक 'सत्ता गुलाम '(सत्ता के दास) में समाज सुधार और गांधीवाद का प्रचार था। उस समय जब सारा राष्ट्र देश-प्रेम की भावना से धड़क रहा था, यह नाटक बहुत सफल रहा। 'सोन्या चा कलस 'में मिल मालिक का पुत्र मजदूरों का पक्ष लेता है और पिता के विरुद्ध लड़ता है। यह मामा वरेरकर की वर्ग संघर्ष-संबंधी रोमंटिक कल्पना है। यह नाटक सस्ती भावुक घटनाओं के कारण उस समय काफी पसंद किया गया। उसकी नवीन रचनाओं में 'भूमि - कन्या सीता रामायण की एक घटना से गृहीत चार अंकों का नाटक है। राम वनवास से लौटकर राज्यसिंहासन पर बैठ गए हैं। सीता राम द्वारा छेड़े गए कुछ नए युद्धों को पसंद नहीं करती। वह इस बात के भी विरुद्ध है कि राम के राज्य में शूद्रों के लिए वेद पाठ करना वर्जित हो । उसका विद्रोह और अंत में उसका राजभवन से निष्कासन तथा राम का पाश्चात्ताप तत्कालीन दर्शकों में स्त्री के बढ़ते हुए सम्मान तथा स्वतंत्रता की भावना को जाग्रत करता था। नाटक के संवादों में सजीवता थी। प्रसिद्ध मराठी निर्देशक रंगनेकर की नाटक कंपनी ने इसमें गीतों की पुट देकर प्रस्तुत किया। मराठी नाटकों में यों भी फिल्मों की भाँति गीतों का चलन है । गीतों से इस नाटक के संवादों का विशुद्ध सौंदर्य नष्ट हो गया।

1920 के आसपास महाराष्ट्र में तीस से अधिक नाटक कंपनियाँ थीं । प्रत्येक में लगभग पचास कलाकार काम करते थे। फिल्मों के आने से प्रत्येक प्रांतीय भाषा के नाटक को आघात पहुँचा । मराठी नाटक पर भी इसका प्रभाव पड़ा। थियेटर- हॉल सिनेमाघरों में बदल गए और मंच के कलाकार फिल्म कंपनियों ने खींच लिये ।

'मुंबई - मराठी साहित्य संघ 'ने 1931-38 में मराठी मंच को पुनर्जीवित करने की चेष्टा की। इसके प्रवर्तक भालेराव ने अंधकार में पड़े अच्छे-अच्छे अज्ञात कलाकारों को एकत्रित किया और मराठी नाटकों के एक समारोह का प्रबंध किया।

प्रसिद्ध कलाकार बालगंधर्व ने 1920 में सुंदरी नायिकाओं का अभिनय करके बहुत प्रसिद्धि प्राप्त की थी। किंतु बीच में वह पिछड़ गया था। भालेराव के परिश्रम से वह पुनः एक सुंदरी के रूप में मंच पर आया।

यह नाटक-समारोह प्रतिवर्ष होता है। अनेकों मंडलियाँ दूर-दूर से आती हैं और प्रत्येक रात्रि को बंबई में खुले मंच पर दस-दस हज़ार दर्शकों के सामने नाटक प्रस्तुत करती हैं। मुंबई - संघ ने इसी की आय से एक बड़ा ओपनएयर थियेटर बनाया है और सांस्कृतिक केंद्र स्थापित किया है।

इस वातावरण की प्रेरणा से कई नए नाटककार सामने आए। पी. एल. देशपांडे इस नई पौध का अग्रणी नाटककार है। पसकी पहली कृत 'तुकाराम 'सत्रहवीं शती के अछूत जाति के एक संत कवि की कथा है। यह पात्र देशपांडे ने सामाजिक चेतना के आधार पर निर्मित किया है। उसने रूसी नाटककार गोगोल के 'इंस्पेक्टर जनरल 'को मराठी रूप दिया। इस नाटक ने उसे बहुत प्रसिद्धि दी है। उसके दो और प्रसिद्ध नाटक हैं- 'तुझे आहे तुझ्या पाशी '(यह तेरा ही है) में एक सनकी सुधारक का चरित्र है। 'सुंदर मी होणार '(मैं सुंदर बनूँगी) में एक निराश अपंग कवयित्री की मानसिक ऊहापोह का चित्र है, जो जीवन के प्रति प्रेम तथा आत्मविश्वास पुनः पा लेती है। मराठी नाटक में देशपांडे एक बौद्धिक तीक्षणता ले आया है। उसने 'तमाशा 'लोकनाटक के आधार पर कई नाटक लिखे हैं, किंतु उन्नीसवीं शताब्दी के यूरोपीय नाटक की त्रयअंकीय पद्धति को ही वह अंत तक पकड़े रहा है। देशपांडे से पहली पीढ़ी का एक और नाटककार प्रिंसिपल पी. के. अत्रे है, जिसके नाटकों में इब्सन के यथार्थवाद का रंग है। उसने व्यंग्यपूर्ण नाटक लिखे हैं और स्त्रियों की स्वतंत्रता के लिए संघर्ष किया है। उसने दहेज और माता-पिता की इच्छानुसार विवाह की भर्त्सना की है और मध्यमवर्ग की भद्र सभ्यता की खिल्ली उड़ाई है।

इस समय चार-पाँच मराठी कंपनियाँ प्रसिद्ध हैं। इनमें से एक एम. जी. रंगनेकर की है, जो सामाजिक विषयों के नाटक प्रस्तुत करती है।ज्योत्स्ना भोले इसकी अग्रणी अभिनेत्री है, जिसके स्वर में अतीव आकर्षण है। इसी कारण इस कंपनी के नाटकों में गीत अधिक होते हैं। पात्र दर्शकों को संबोधित करके गाते हैं और नाटक का कार्य कुछ समय के लिए रुक जाता है। रगनेकर पुराने ढंग से गीतों का प्रयोग करता है। कई सुघड़ नाटककारों के यत्नों के उपरांत भी मराठी नाटक प्राचीन परंपरा पर ही चल रहा है। नाटकों में लंबे-लंबे भाषण होते हैं। सामाजिक सुधार का प्रचार अति भावुकतापूर्ण और तीखा होता है। व्यावसायिक नाटक कंपनियों में बाँहें उछाल-उछालकर संवाद

बोलना और ऊँचे स्वरों में गाये गये अधिकांश समकालीन फिल्मों का चरबा लगते हैं। मराठी नाटक की विशिष्टता हास्यपूर्ण कौमुदी में है। इनके पात्र कोमल, कथा गठन सघन और घटनाएँ नाटकीय होती हैं। इन हास्यपूर्ण कामदियों में सामाजिक त्रुटियाँ तथा वर्तमान समस्याएं सुचारू रूप से प्रस्तुत की जाती थी।

गुजराती लोग कुछ दबकर रहनेवाले और शांतिप्रिय होते हैं। महात्मा गाँधी इसी प्रांत के थे। गुजरातियों को अधिकतर व्यापारिक रुचियों का व्यक्ति ही माना जाता है, किंतु इन्होंने भी अपनी लोक कला का मोह नहीं छोड़ा। भवाई और गरबा नाच इसी तथ्य का प्रमाण है। गुजराती मंच उन्नीसवीं शताब्दी के अंतिम भाग में यूरोप में यूरोप के संगीत - रूपकों और नाटकों के प्रभाव के अंतर्गत उत्पन्न हुआ। पारसियों ने, जो किसी समय ईरान से आकर भारतवर्ष के पश्चिमी सागर तट पर बस गए थे, नाटक को विकसित करने में बहुत योगदान दिया।

गुजरातियों और पारसियों की एक ही भाषा है। कई बार इनके नाम भी एक से होते हैं, जैसे गाँधी, मेहता, मोदी आदि। के. खुसरो कावसजी ने 1865 में एक नाटक कंपनी खोली। वह फारसी साहित्य का मर्मज्ञ था। उसने फिरदौसी की प्रसिद्ध काव्य-कृति 'शाहनामा की घटनाओं के आधार पर एक नाटक लिखा। उसके नाटक 'रुस्तम और सोहराब'के पात्र तत्कालीन मंच के सर्वप्रिय चरित्र थे। दर्शक पिता-पुत्र के युद्ध के दृश्य को देखने की व्याकुलता से प्रतीक्षा करते थे।

किंतु गुजराती नाटक का वास्तविक प्रवर्तक रणछोड़ भाई उदयराम था। वह बहुत विद्वान, भवाई नाटकों का समीक्षक और नाट्यकला का प्रेमी था। 1864 में उसने 'ललिता दुःख दर्शक' नाटक' लिखा, जिसमें एक अबला हिंदू स्त्री पर एक दुश्चरित्र पति के अत्याचार प्रदर्शित किये गये थे। उसका दूसरा नाटक 'हरिश्चंद्र' था जिसमें गीत, नाच, हास्य, दुःखांत-सभी कुछ था। यह नाटक दस वर्ष (1875-1885) तक प्रस्तुत किया जाता रहा। लगभग हजार बार से अधिक खेला गया और कई भाषाओं में रूपांतरित किया गया। प्रत्येक रूपांतरकार ने इसमें अपनी तरफ से कई रंगीन चित्र जड़ दिए।

उस समय बहुत सारी नाटक कंपनियाँ खुल गई थीं। उनके स्वामी अधिकतर पारसी पूँजीपति थे। उन्होंने व्यावसायिक उद्देश्य को प्रधान रखते हुए नाटक को गुजराती से हिंदी में बदल दिया और उसे कलकत्ता, उत्तर प्रदेश, दिल्ली और पंजाब के नगरों और देहातों में लेकर गये। इनके नाटकों में भड़कीले दृश्यचित्रों पर अधिक बल था;जगमगाते महल, उड़ती हुई परियाँ, यमुना में कालियनाग के फण पर नाचते

हुए कृष्ण, आकाश में उड़ते हुए उड़नखटोले और पाताल से निकलते हुए दानव। ऐसे सैकड़ों जादुई दृश्य कंपनी के रहस्य होते थे, जो वह किसी को नहीं बताती थी। जिस कंपनी के पास जितने अधिक दृश्य और परदे होते, वह कंपनी उतनी ही बड़ी मानी जाती थी।

व्यापारी वर्ग धीरे-धीरे उन्नति कर रहा था। पुरानी व्यवस्था टूट रही थी। नाटक में समाज के गतिशील परिस्थितियों को प्रदर्शित किया। दयाभाई घोलशाजी (1902) ने प्रारंभ में शेक्सपीयर के नाटकों के घटिया अनुवाद किए, किंतु शीघ्र ही उसने मौलिक नाटक लिखने शुरू किए। इसमें वकीलों, मुंशियों, व्यापारियों, नवाबों और पटेलों के चित्र होते थे। प्रायः नाटक में एक हास्यात्मक प्रहसन ग्रथित होता था। इनमें शराबियों, जुआरियों, पत्तेबाजों, साधुओं, महंतों और गिरहकटों के बड़े रोचक पात्र होते थे।

मुलशंकर मुलानी ने इस शताब्दी के दूसरे दशक में व्यावसायिक कंपनियों के लिए कई चिंताकर्षक नाटक लिखे। उसका लिखा 'जुगल- जुआरी लगातार छः सौ रात खेला गया। इसमें एक जुआरी का जीवन-वृत्त है। यह नाटक औत्सुक्य और रोमांच से युक्त है। गुजराती नाटक धीरे-धीरे ऐतिहासिक तथा पौराणिक गाथाओं से सामाजिक विषयों की ओर आ गया, किंतु इसके अभिनय और प्रस्तुतीकरण में अधिक अंतर नहीं आया।

राष्ट्रीय आंदोलन जोरों पर था। चंद्रवदन मेहता ने 'आग गाड़ी '(1932) लिखा, जो रेलवे के एक रोगी श्रमिक की त्रासदी है। श्रमिक की पत्नी पर अंग्रेज़ अधिकारी हाथ डालता है। उसका बालक अपने पिता की सहायता करता है और उसको साँप काट लेता है। पिता ड्यूटी पर मर जाता है। यह दुःखांत करुण घटनाओं से ओतप्रोत है। सस्ती भावुक घटनाओं की बहुलता में नाटक लुप्त हो जाता है। मेहता के व्यंग्यात्मक प्रहसन उसकी त्रासदियों से अच्छे हैं। इनमें लच्छेदार संवाद और तीखे कटाक्ष हैं। गुजराती नाटक में एक अपना ही स्थान है। 'पिंजरा पोल 'उसका एक ऐसा ही हास्यपूर्ण कामडी है। एक धनवान लड़की के साथ चार व्यक्ति विवाह करने को उत्सुक हैं। लेखक प्रचलित गलत मूल्यों को इस नाटक में बेनकाब करता है। वह एक रूढ़िवादी हिंदू परिवार की रुचियों की भर्त्सना करता है और शादी-विवाह के संबंध तक की खिल्ली उड़ाता है।

के. एम. मुंशी का गुजराती साहित्य में विशिष्ट स्थान है। वह एक उत्तम नाटककार है और इतिहास के बहते प्रवाह को बड़ी दक्षता से अंकित करता है। मुंशीने

कई ऐतिहासिक नाटक लिखे हैं, जिनका परिप्रेक्ष्य बड़ा विशाल है। एक और नाटककार, जिसने बंबई में प्रशंसनीय नाटक प्रस्तुत किए हैं, अदी मर्जबान है। पारसी होने के कारण उसे अपनी जाति के दोषों का ज्ञान है। छोटे-छोटे नाटक और प्रहसन प्रस्तुत करने में अदी मर्जबान अद्वितीय है। उसने गुजराती नाटक से सस्ती भावुकता का आवरण उतारदिया था।

अहमदाबाद का नटमंडल बहुत प्रसिद्ध है। इससे संबंध प्रसिद्ध अभिनेता जयशंकर सुंदर और यशवंत ठाकुर ने 1952 में भारतीय विद्यापीठ के एक विभाग के रूप में इसे स्थापित किया था। इसका सबसे सफल और सशक्त नाटक 'मीना गुर्जरी ‘है, जो एक ग्वालिन की लोकगाथा है। इसको रसिकलाल पारिख ने लिखा है। पारिख ने इसमें गीत, नाच और शैलिबद्ध संवाद लिखकर इसे भवाई का रूप दिया। इसकी धुनें लोकगीतों पर आधारित थीं। इसकी नायिका दीना गाँधी थी, जिसने कई वर्ष 'पिपुल्स थियेटर्स ‘में भी काम किया। यह नाटक कई मास अहमदाबाद में चलता रहा और बंबई तथा गुजरात के अन्य भागों में प्रस्तुत किया गया। दिल्ली में भी एक उत्सव पर नटमंडल के कलाकारों को निमंत्रित करके यह नाटक प्रस्तुत किया गया। इस नाटक की लोकप्रियता ने इस बात की साक्षी है कि हमारे लोकनाटकों और संगीतरूपकों में बड़ी शक्ति है। उन्हें सुचारू रूप से हम अपने नाटकों में प्रयुक्त कर सकते हैं।

इस शताब्दी के तीसरे दशक में सौ से अधिक छोटी-बड़ी गुजराती नाटक कंपनियाँ थीं, जो व्यावसायिक रूप में सफल थीं। नाटक की पांडुलिपियाँ कंपनी का स्वामी ताले में बंद करके रखता था। इनके अधिकार भी लेखक के पास नहीं बल्कि स्वामी के पास होते थे। इनमें से अधिकांश कंपनियों का अब कहीं चिह्न मात्र भी नहीं मिलता। तीन सौ से अधिक नाटकों की पांडुलिपियाँ खो गई हैं। उन दिनों नाटक रिहर्सलों में संशोधित किये जाते थे। अभिनेता और संगीतकार इनको सँवारने में बड़ी सहायता करते थे। नाटक का अंतिम रूप कई लोगों की सम्मिलित कल्पना तथा प्रयास का परिणाम होता था। ये कंपनियाँ धीरे-धीरे समाप्त हो गई। सिनेमा ने अंततः इनको बिलकुल ही समाप्त कर दिया। इस समय केवल तीन-चार कंपनियाँ रह गई हैं, जो अपना अस्तित्व बचाए रखने के लिए यत्न कर रही हैं।

8. भारत के प्रमुख थियेटर: हिंदी और तेलुगु नाटकों पर प्रभाव

8.1 पारसी थियेटर

पारसी - प्राचीन ईरान के आठवीं सदी में भारत आये थे। मुसलमानों ने तलवार की ताकत से जब इस्लाम का प्रचार शुरू किया तो बहुत से ईरान से भागकर भारत के पश्चिमी तट पर आ बसे। आज भारत में पारसी आबादी एक लाख के लगभग होगी, लेकिन इन लोगों की तेज व्यावसायिक सूझबूझ के कारण देश के महत्वपूर्ण बड़े कारखाने इनके हाथों में हैं। बंबई नगर की आर्थिक और राजनीतिक उन्नति में इनका बड़ा योगदान है। देश की स्वतंत्रता के आंदोलन में भी कुछ नेता इस जाति की देन हैं।

जिस समय बंगाल 1870 में व्यावसायिक नाटक की नींव रख रहा था, तब तक कुछ पारसी बंबई में नाटक और ललितकलाओं में रुचि लेने लगे। परिणाम यह हुआ कि पारसियों ने व्यावसायिक हिंदी नाटक की स्थापना करने में पहल की।

रुस्तमजी फ्रामजी ने ओरिजनल थियेट्रीकल कंपनी की स्थापना की। इसके बाद 1877 में खुर्शीदजी बालीवाला ने दिल्ली में विक्टोरिया थियेट्रीकल कंपनी की स्थापना की। बालीवाला बहुत साहसी था। वह कंपनी को लंदन भी लेकर गया जहाँ इन्होंने 'हेमलैट 'प्रदर्शित किया। उन्हें यह पता नहीं था कि यूरोप में नाट्यकला कितनी उन्नत थी। उनकी कंपनी बुरी तरह असफल रही। उन्हें सामान बेचकर लौटना पड़ा और बहुत से कर्मचारियों को जहाज का किराया इकट्ठा करने के लिए छोटी-मोटी नौकरियाँ करनी पड़ीं।

पारसियों की कुछ प्रसिद्ध कंपनियों के नाम हैं- न्यू अल्फ्रेड थियेट्रीकल कंपनी; ओल्ड पारसी थियेट्रीकल कंपनी; कोरेंथियन कंपनी; अलेग्जेंड्रा कंपनी; प्रिंस थियेट्रीकल कंपनी; इंपीरियल थियेट्रीकल कंपनी। इनमें से कुछ 1930-34 तक भी जीवित रहीं।

हरेक पारसी कंपनी के पास अपना एक नाटककार होता था। निर्देशक, प्रबंधक और नाटककार में बड़ा गहरा तालमेल होता था और वे एक-दूसरे से परामर्श लेते थे। अधिकांश नाटकों का साहित्यिक स्तर नीचा था। नाटककार को अधिकतर इन गुणों के कारण प्रशंसा का अधिकार समझा जाता था -- चटपटे गीत, फड़कते संवाद, जिनमें जगह-जगह पर शेर और गीत हों। उसका कमाल की कसौटी यह थी कि वह नाटक में कितने स्थलों पर नाच और टैब्लो (चित्रवत झाँकी) के अवसर पैदा करता है। कंपनियाँ अच्छा नाटककार रखने के लिए एक-दूसरे से टक्कर लेती थीं। नाटक पुस्तक रूप में प्रकाशित नहीं किये जाते थे कि कहीं कोई उनके गीत और डायलाग न चुरा ले। सीन - सीनरियाँ, चित्र, झाँकी, गीत - हर वस्तु में नवीनता और उत्सुकता बनाए रखने का प्रयत्न किया जाता था।

नाटक - कंपनी के आने से कई सप्ताह पहले शहरों और कस्बों में बड़े- बड़े रंगीन इश्तिहार लग जाते थे। इन पर इस तरह के वाक्य लिखे होते थे- 'डाकू जो संत बन गया', 'श्रवणकुमार जो अंधे माता-पिता को बहँगी में उठाए फिरा', राजकुमारी जिसने लँगड़े भिखारी से ब्याह किया', मेनका अप्सरा जिसने विश्वामित्र का तप भंग कर दिया। साथ ही बड़े अक्षरों में यह वाक्य भी लिखा हुआ होता था - 'दंगा-फसाद करनेवाले को हवाला-ए-पुलिस किया जाएगा। "

अधिकांश नाटकों का विषय सत्य, पतिव्रत धर्म, त्याग-भावना, शूर वीरता और 'अंत भले का भला होता था। इनकी कथावस्तु इतिहास, पुराण, मध्ययुगीन किस्सों और शेक्सपीयर के ड्रामों पर आधारित होती थी। कभी-कभी किसी सामाजिक विषय को रोमांटिक ढंग से प्रस्तुत किया जाता था। हिंदू- मुस्लिम एकता की आवश्यकता को महसूस करके कुछ कंपनियों ने उस विषय पर भी नाटक खेले। 'इत्तिफाक 'और 'नूरे वतन '1920-25 के सफल नाटक थे।

इस समय का सबसे प्रसिद्ध नाटककार आगा हश्र कश्मीरी था, जिसे 'उर्दू का शेक्सपीयर 'कहा जाता है। उसके प्रसिद्ध नाटकों में से 'सफेद खून', 'खानेहस्ती', 'सैदे-हवस 'तीनों शैकसपीयर के ड्रामा बहुचर्चित थे। उनकी शैली बहुत अस्वाभाविक थी। उसने नाटकों में जगह-जगह दोहे और शेर हैं हास्य-भरी झाँकियाँ

भी कहानी में पिरोई हुई हैं।

आगा हश्र ने अंतिम अवस्था में कई अच्छे मौलिक नाटक लिखे। उस- समय उसकी कला परिमार्जित हो गई, गीतों की शैली निखर आई और कथोपकथन, अनुप्रास, हास्य- दृश्य (कामिक - सीन) और फालतू गीत झड़ गये। 'आँख का नशा' एक वेश्या के धोखे और कपट की कहानी है। आगा हश्र स्वयं एक वेश्या के इश्क में फँसा हुआ था। इस नाटक में वेश्या के कोठे के दृश्य बड़े सजीव हैं। पात्र बहुपक्षी और अच्छी तरह चित्रित हैं। संवादों में बहुत आकर्षण है। उसका अंतिम नाटक 'रुस्तम-ओ- सुहराब 'मानवीय आवेगों से भरपूर नाटक है। इसमें पिता-पुत्र के पारस्परिक और विरोध संबंध को प्रदर्शित किया गया है। यह अवचेतन की भावनाओं और अपनी संतान को प्रफुल्लित देखने और उसकी नाश करने की छिपी हुई इच्छा की गहरी त्रासदी है। इसकी शैली सशक्त, संवाद चुस्त, कार्य-व्यापार तीव्र और दृश्यों की रचना बहुत सूक्ष्म है।

ये दोनों नाटक उस समय की साहित्यिक ओर नाटकीय परंपरा को एक बहुत तीखा मोड़ देते हैं। कई बातों में यह आधुनिक हिंदी नाटक के अग्रणी भी हैं। पृथ्वी थियेटर्ज में भी इनकी कुछ-कुछ झलक मिलती है।

पारसी नाटक यूरोप की नाटकीय तकनीकों और भारतीय लोकनाटकों, स्वाँगों, जुलूस - झाँकियों की खिचड़ी थी। रंग-सज्जा और पोशाकें इस प्रकार की थीं, जो उस समय पश्चिम में बैठे लोग भारत के रहन-सहन के बारे में कल्पना कर लेते थे। शोख रंगों में चित्रित एक बड़ा अंतिम परदा मंच के पीछे टंगा होता था। यह परदा समस्त पृष्ठभूमि का काम देता था। देव हवा में उड़ते थे, पटाखा फटने पर सिंहासन और जंगल चलते थे। हीरो महल की दीवार पर से नदी में छलाँग लगाता था। मंच इस प्रकार बना होता था कि इसमें चोर दरवाजे और गुप्त गढ़े होते ताकि किसी भी स्थान पर देवता या कोई देव अचानक प्रकट हो सके। पुष्पक विमानों को हवा में उड़ाने और आकाश से परियों को उतारने के लिए जटिल यंत्र प्रयोग में लाए जाते थे। इस प्रकार के चमत्कारिक दृश्य और युक्तियाँ उन्नीसवीं शताब्दी के लंदन के डूरी लेन थियेटर की भड़मकीली दृश्य- सज्जा की सीधी नकल थे।

उस समय एक नाटकं प्रस्तुत करने में आज की फिल्मों की तरह बहुत रुपया खर्च होता था। पौराणिक नाटकों को तैयार करने में कई बार एक-एक लाख रुपया खर्च हो जाता था (आज के मूल्यों में दस लाख रुपया)। पंडित नारायणप्रसाद 'बेताब 'के लिखे हुए 'महाभारत में एक दृश्य है, जहाँ कृष्ण रास रचाता है तो अनेक कृष्ण

प्रकट हो जाते हैं। यह दृश्य मंच पर बहुत से शीशे जोड़कर और उनके प्रतिबिंबों से उत्पन्न किया गया। 'इस तरह के एक ही दृश्य पर बहुत सा रुपया उड़ जाता था।

प्रायः नाटक मंगलाचरण से आरंभ होता था। यह प्राचीन संस्कृत नाटक की परंपरा का ही एक रूप था । परदा उठता। सारे कलाकार पूरी वेशभूषा और बनाव श्रृंगार से सजेधजे किसी देवी- देवता की स्तुति में वंदना गाते। उनके चेहरों पर शोख रंगों का लेप होता । नायिकाओं के मुखड़े अबरक मलकर और भी अधिक चमकाए हुए होते। रानियों और परियों के सिरों पर झिलमिल- झिलमिल करते मुकुट सजे होते। इस प्रकार के चेहरों की रूपसज्जा और मुकुट श्रृंगार लोकनाटकों से लिया गया था । सूत्रधार और नटी आते और नाटक को आरंभ करते। आगा हश्र कश्मीरी का प्रसिद्ध नाटक 'बिल्वामंगल ' कृष्ण और नारद के वाद-विवाद से शुरू होता है। स्वर्ग में इन दोनों का वार्तालाप दर्शकों को नाटक को नाटक के मुख्य विषय से परिचित करवाता है । वे एक प्रकार से नट और नटी के कर्तव्य को ही पूरा करते हैं । नाटकों में स्वगत-कथन, नेपथ्य, आकाशभाषित और समूहगान का खूब प्रयोग होता था। स्वगतकथन में कलाकार को अपनी अभिनय कला दिखाने का अद्वितीय अवसर मिलता था। आरपार जाते हुए, पीछे-आगे बढ़ते हुए वह मंच के किनारे खड़ा होकर सीधा दर्शकों को संबोधित करते हुए स्वगतकथन के संवाद बोलता था।

हर अंक अधिकतर मौन - झाँकी पर समाप्त होता । अभिनेता उस समय मंच पर अपनी-अपनी जगहों पर पथरा जाते । धार्मिक नाटकों की बहुत सी मौन- झाँकियों की रचना राजपूती कला के चित्रों और मंदिरों के भित्तिचित्रों के आधार पर की जाती थी। इनमें राधा, कृष्ण, गोपियाँ, रासलीला और अन्य बुहत से विषय प्रदर्शित किए जाते। ऐसी मौन - झाँकी पर जब परदा गिरता तो उत्तेजित दर्शक तालियाँ बजाते । परदा फिर उठता और चतुर निर्देशक क्षण भर में ही इस मौन झाँकी को एक नई बनावट और नए रूप में पेश करता। कई बार ऐसी झाँकी अंक के बीच में ही किसी विशेष अवसर को उभारने के लिए दिखाई जाती। उदाहरण के लिए 'प्रह्लाद भक्त 'में जब नरसिंह लोहे के तपते स्तंभ को फाड़कर प्रकट होता है तो हिरण्यकश्यप का सारा दरबार भय और आश्चर्य से स्तंभित हो जाता है । उस समय वह दृश्य मौन - झाँकी में बदल जाता है। यहाँ परदा नहीं गिरता । कुछ पल यह झाँकी इसी तरह रहती है और फिर कार्य-व्यापार आगे बढ़ता है।

पंडाल में चहलपहल और भाँति-भाँति का शोर होता। अफसरों के बैठने के लिए विशेष स्थान नियत होता। अगर शहर का डिप्टी कमिशनर या तहसीलदार जरा

देर कर देता तो उसकी प्रतीक्षा के बाद नाटक शुरू किया जाता। स्त्रियाँ एक ओर बैठतीं और पुरुष दूसरी ओर। जनाने दर्जे के लिए एक बड़ा जालीदार परदा होता, जो खेल शुरू होने पर उठा दिया जाता।

नाटक रात के दस बजे शुरू होता और सुबह के तीन या चार बजे समाप्त होता। इसमें सुखांत दुःखांत घटनाएँ, आँसू, हास्य, नृत्य और तलवारों की झनझनाहट होती। शिष्टाचार पर भाषण और चटपटे गीत होते। आँसू-भरे भावुक दुःखांत में साथ-साथ एक प्रहसन चिपकाया हुआ होता | आधुनिक हिंदी नाटक में अभी तक इन प्रसहनों जैसी यथार्थपरक और हास्यपूर्ण नाटिकाएँ नहीं लिखी गई। यह नयी और विविधपक्षीय नाटक हर प्रकार के दर्शकों की तृप्ति करता था।

मुख्य नाटक में भरपूर रंग-सज्जा होती थी, लेकिन प्रहसन को एक चित्रित पर्दे के सामने ही प्रदर्शित किया जाता था। प्रहसन का पात्र प्रायः खुशामदी नौकर, बूढ़ा कंजूस, सिर चढ़ी पत्नी और बिगड़ा हुआ पुत्र होते थे। चूमाचाटी और दृश्य - मुश्क के भड़कीले दृश्य, जो सामान्यतः मंच पर वर्जित समझे जतो हैं, इन प्रहसनों में सहज स्वाभाविक रूप में ही फूट पड़ते। इनकी ठिठोलियों, हास्यास्पद घटनाओं और नंगी छेड़छाड़ में सत्रहवीं शताब्दी के इतालवी नाटकों-जैसी शक्ति थी।

नाटक देखने वाला सबसे पहले यह पूछता था कि गाने कैसे हैं। अगर खेल हलका होता तो लोक मनपसंद ऐक्टर के किसी विशेष गीत को सुनने के लिए आते। एक बार प्रसिद्ध एक्टर मास्टर निसार 'सती मंजरी ‘में हीरोइन का पार्ट कर रहा था। वह बीमार पड़ गया और मंच पर न आ सका। उसको देखने के इच्छुक दर्शकों ने, जो उसका गाना सुनने को उतावले थे, सीटियाँ बजानी और कुर्सियाँ तोड़नी शुरू कर दीं। उन्होंने नाटक को आगे न बढ़ने दिया। हारकर मास्टर निसार को खाट पर लिटाकर बीमारी की दशा में ही मंच पर लाना पड़ा। जब उसने गीत गाया तो लोगों ने ग्यारह बार तालियाँ बजाकर बार-बार उसको वही गीत गाने के लिए मजबूर किया।

मंगलाचरण सदा किसी पक्के राग की धुन में बाँधा जाता। नायक और नायिका के दुगानों में लोकधुनों और पक्कें रागों का मिश्रण होता। मसखरे और उसकी 'फूलझड़ी ‘के दुगाने में मजेदार अटपटापन होता। इनकी धुन और ताल में तेज चलत और चटकमटक होती। मसखरा जब पहली बार किसी सीन में आता तो वह तबले की ताल पर गुटकता हुआ प्रवेश करता। उदाहरण के लिए, आगा हश्र के 'खाबे - हस्ती ‘ में जब मालिक अपने बिगड़े हुए नौकर मनुवा को आवाज़ देता है तो वह चुटकियाँ बजाता और तबले पर नाचता हुआ इस तरह गाता आता है- "आया हूँ

सरकार ! मैं तो आया हूँ. सरकार! मैं तो आया हूँ सरकार! " वाद्य बजाने वाले हारमोनियम, वायलिन, क्लारनेट, तबला-पाश्चात्य ऑपेरा के साजिंदों की तरह पद प्रकाश के आगे एक गहरी - सी जगह में बैठे होते थे। नाटक के बीच और पृष्ठभूमि का संगीत भारतीय राग-रागनियों में बंधे होते। लेकिन शराब पीने, मार-धाड़, हत्या या रात के अंधेरे दृश्यों में चलते धुन और भयभीत करने वाले पश्चिमी संगीत का प्रयोग किया जाता।

पारसी थियेटर के एक्टर के लिए गाना, नाचना, तलवार चलाने का ज्ञान आवश्यक समझा जाता था। उसका कद - काठ और चेहरा-मोहरा प्रभावशाली होता था। वह घंटों गाने और संवाद बोलने का अभ्यास करता। स्वर का विशेष ध्यान रखा जाता। बड़े एक्टर किसी पराये व्यक्ति के हाथ से पान या कोई और खाने की चीज़ नहीं लेते थे। एक्टर की आवाज़ ऊँची और भुरभुरी होती। दो-दो हजार दर्शकों से भरे हुए पंडाल में, जो टीन की चादरों और तख्तों का बना होता, एक्टर की आवाज़ आखिरी दर्शक तक भी साफ पहुँचती।

स्त्री - पात्रों का अभिनय करने वाले एक्टर लंबे-लंबे बाल रखते। दरबार में नाचने वाली सखियाँ छोटी आयु के छोकरे होते। बड़ी कंपनी के पास छत्तीस - छत्तीस ऐसी सखियाँ होती थीं, जो बारह-बारह की टोलियों में बारी- बारी से पार्ट करती। कंपनी के हीरो का वेतन पाँच सौ से लेकर सात सौ रुपये मासिक तक होता (उस समय सोना अट्ठारह रुपये तोला और गेहूँ रुपये का तीस सेर था।) सखियों को तीस चालिस रुपये मासिक मिलता था। जब कंपनी दौरा करती तो सबका खाना-पीना और रहना कंपनी के सिर होता। मुख्य पात्रों के अभिनय के लिए एक्टरों की दो-दो जोड़ियाँ होतीं। यह व्यवस्था केवल इसलिए ही नहीं थी कि बड़े एक्टर को आराम का अवसर मिले, बल्कि इसलिए भी कि यदि वह किसी अवसर पर बिगड़ जाये तो झट दूसरा एक्टर उसके स्थान पर काम कर सके। एक अच्छी कंपनी के पास सौ से डेढ़ सौ तक कलाकार होते थे। प्रबंध करने, टिकट बेचने और मंच के पीछे काम करने वाले इन से अलग होते थे। ये कंपनियाँ सीन - सीनरियाँ और साज सामान साथ लेकर एक लशकर की तरह कूच करतीं और एक-एक शहर में आठ-आठ मास टिकी रहतीं। जहाँ इनका डेरा लगता, वहाँ एक छोटा-सा शहर बस जाता। पास-पड़ोस के गाँवों और मंडियों तक मशहूरी फैल जाती और लोग खिंचे हुए चले आते।

एक्टर खास-खास पात्र के अभिनय के लिए प्रसिद्ध होते। आगा महमूद का बिल्वमंगल, मिस गौहर की द्रौपदी और चिंतामणि, रहीमबख्श का फजीता, मास्टर

भगवानदास का कृष्ण और मास्टर निसार की उत्तरा और शारदा प्रसिद्ध पात्र थे। भगवानदास जब कृष्ण के रूप में आता तो हज़ारों लोग दर्शन के लिए बाहर खड़े होते। उस समय की दो एक्ट्रेसें शरीफा और मिस गौहर आज की नर्गिस और मधुबाला की भाँति मशहूर थीं।

भारतीय नाटक के इतिहास में पारसी थियेटर को नए आलोचकों ने उचित स्थान नहीं दिया। वे इसकी घटिया, बाजारी और रंग-बिरंगे सीन वाला थियेटर कहकर निंदा करते हैं। लेकिन गहरी दृष्टि डालने से पता चलता है कि इन्होंने उस समय समस्त भारत में नाटक के क्षेत्र को विस्तृत करने के लिए बहुत काम किया है। उनके एक्टर मँजे हुए कलाकार थे और उनके नाटकों में बड़ा वेग होता था। न्यू अल्फ्रेड थियेट्रीकल कंपनी, जिसका संचालक सुहराबजी ओगरा था, इस सदी के तीसरे दशक तक शिखर पर रही। अलैग्जेंड्रा थियेट्रीकल कंपनी, जिसको दो जुड़वाँ भाइयों - मुहम्मद सेठ और हबीब सेठ ने चलाया था, उस समय सबसे अधिक चमक-दमक रखती थी। कोरेंथियन थियेट्रीकल कंपनी, जो बाद में बदलकर मेडन थियेटर्ज लिमिटेड के नाम से प्रसिद्ध हुई, के पास सबसे अधिक गाने और नाचने वाली स्त्रियाँ थीं। उस समय केवल रंडियाँ और नाचने वालियाँ ही नाटकों में काम करती थीं। किसी अच्छे घराने की लड़की के लिए मंच पर आना बुरा समझा जाता था। इन कलाकारों ने नाटक की परंपरा को प्रचलित रखा। कस्बों और शहरों में इनकी नकल पर नाटक क्लब बने, जो उनके प्रसिद्ध और सफल नाटकों को उन्हीं की तरह प्रस्तुत करने का यत्न करते थे।

भारत के नाट्यरूपों पर पश्चिम का पहला भरपूर प्रभाव हमें पारसी थियेटर में ही मिलता है। इन कंपनियों को चमक इस सदी के तीसरे दशक से फीकी होनी शुरू हुई। 1930 के बाद फिल्मों ने इनको जड़ से उखाड़ फेंका। इसके बाद उनका स्थान हिंदी के अधकचरे अव्यावसायिक नाटक-क्लबों ने ले लिया। इन क्लबों द्वारा प्रस्तुत नाटक शिक्षा और कला से रिक्त और नीरस हैं पारसी थियेटर में वास्तविक भड़क और परिपक्व नाटकीय सूझ थी। सारे भारत में कोई ऐसा प्रांत नहीं जिसके नाटकों पर इसका प्रभाव न पड़ा हो।

8.2 इप्टा (Indian Progressive Theatre Association)

प्रसादोत्तर - युग में जहाँ एक ओर पुरानी परंपरा के प्रति नाटकों का अनुसरण हुआ, वहीं समस्यामूलक रचनाओं में सांस्कृतिक प्रतीक शैली का प्रयोग किया गया। 1941 में 7 दिसंबर को जापान के पर्लहार्बर पर हमले के साथ ही साथ यूरोप, एशिया, अफ्रीका और विभिन्न महासागरों में युद्ध शुरू हो गया। इसके पूर्व 21 जून 1941 को नात्सी हिटलर के सैनिकों ने समाजवादी देश रूस पर आक्रमण किया था। युद्ध के इस नये दौर में जापानी फासिस्टों में दक्षिण- पूर्व एशिया के उपनिवेशों से साम्राज्य शासक भाग खड़े हुए और वहाँ के देशभक्तों ने मोर्चा संभाला। बर्मा, मलाया और इंडोनेशिया में छापामार युद्ध चल पड़ा। युद्ध के चरित्र के परिवर्तन का जो रूप ब्रिटिश- सोवियत - मैत्री में देखा गया था, उसका और बड़ा रूप अमरीका- ब्रिटिश- सोवियत - चीन की संयुक्त राष्ट्रों की मैत्री में दिखयी दिया।

जापानी फासीवाद का विरोधी कांग्रेसी, सोशलिस्ट और कम्युनिस्ट सभी कर रहे थे। कम्युनिस्ट पार्टी ने जनयुद्ध का नारा दिया और ब्रिटिश साम्राज्य के युद्ध प्रयासों को मदद पहुँचाई । युद्ध के इस नये दौर में राष्ट्रीय आंदोलन के भीतर के राजनीतिक दलों में कुछ असहमति के मुद्दे भी उभरकर सामने आये । कांग्रेस ने अगस्त 1942 में 'भारत छोड़ो 'प्रस्ताव पारित किया। पूरे देश की जनता ने अगस्त क्रांति में हिस्सा लिया और अपनी साम्राज्यवाद विरोधी चेतना का परिचय दिया। साम्राज्यवादी महायुद्ध के इसी नये दौर में बंगाल में भीषण अकाल पड़ा। यह अकाल युद्ध की जटिल स्थितियों और ब्रिटिश शासकों की लापरवाही का सीधा परिणाम था । वह मानवनिर्मित अकाल था । अकाल लड़ाई के हालात का सीधा-सादा नतीजा था और उसकी वजह थी हुकूमत में दूरंदेशी की कमी और उसकी लापरवाही । हिंदुस्तान में सरकार ने यूरोप की लड़ाई छिड़ने के सवा तीन साल बाद और जापान की लड़ाई छिड़ने के एक साल बाद खाद्य विभाग खोला। खाने के सामान के बारे में सरकार की 1943 में छह महीने बाद तक भी कोई नीति नहीं थी और उस वक्त अकाल का भयंकर तांडव शुरू हो गया था ।

इस भयानक अकाल में मुनाफाखोरी, कालाबाजारियों और सेठों- पूँजीपतियों ने अपनी-अपनी तिजोरियाँ भरीं एवं मालामाल हुए। पर दूसरी ओर देश भर के जागरूक, प्रगतिशील एवं मानवीय सरोकारों वाले लेखकों ने इस कृत्रिम अकाल के विरुद्ध अपनी आवाज बुलंद की। हिंदी में बंगाल के अकाल पर महादेवी वर्मा, हरिवंश राय बच्चन, दिनकर, सुमन, नरेंद्र शर्मा आदि ने प्रभावपूर्ण कविताएँ लिखीं।

रांगेय राघव ने बंगाल के अकाल पीड़ित इलाकों में जाकर रिपोर्ताज लिखा। अमृतलाल नागर ने प्रामाणिक जानकारी एकत्र कर 'महाकाल 'उपन्यास की रचना की।बहरहाल बंगाल में इस भयानक अकाल ने वहाँ के प्रगतिशील लेखकों, जन-कलाकारों, जन-संस्कृतिकर्मियों एवं बुद्धिजीवियों को नये सिरे से संगठित होने के लिए प्रेरित किया।

बंगाल का अकाल एक ऐतिहासिक दुर्घटना थी। इस दुर्घटना ने वहाँ के जन-संस्कृतिकर्मियों, जन-कलाकारों एवं जन संगठनों के सामने एक भारी चुनौती को जन्म दिया। सबसे पहले वहाँ की कम्युनिस्ट पार्टी की पहल पर उसके जन- संगठनों ने 'पीपुल्स रिलीफ कमेटी के साथ ही सा एक कल्चरल स्क्वेड का भी गठन किया। इसका सीधा उद्देश्य था असहाय, अकाल- उत्पीड़ित एवं भूखे जन-समुदाय के लिए सहायता राशि जमा करना और यह स्पष्ट कराना कि यह अकाल मानव निर्मित है कि यह अकाल जापानी फासिस्टों के आक्रमण और ब्रिटिश शासकों की लापरवाही का नतीजा है।

इस अकाल ने वहाँ के जन-संस्कृतिकर्मियों, जन-कलाकारों एवं जन-संगठनों के सामने एक भारी चुनौती को जन्म दिया। वहाँ के बुद्धिजीवी व लेखक कलाकार आगे रहे थे। 1938 के दिसंबर में 'अखिल भारतीय प्रगतिशील लेखक संघ 'का दूसरा राष्ट्रीय सम्मेलन हुआ था और रवींद्रनाथ टैगोर ने इसके समर्थन में अपना संदेश भेजा था। वे इसके अध्यक्ष भी मनोनीत किये गये थे। इस कलकत्ता सम्मेलन के बाद 1940 के मध्य में 'यूथ कल्चरल इंस्टीट्यूट 'की स्थापना की गयी। इसमें ज्यादातर युवक छात्र और उच्च - मध्य वर्ग के और मार्क्सवादी विचारों के थे। इसकी स्थापना के समय सदस्यों में थे - ज्योति बसु, निखिल चक्रवर्ती, रेनु राय, श्यामानाथ सिन्हा, सुनील चटर्जी, चिन्मोहन, सोहन बोस, जॉली मोहन कौल, सुब्रत बैनर्जी, सुलील सेन, हरकुमार चतुर्वेदी, रामकृष्ण मुखर्जी, सुजाता मुखर्जी, रमा गोस्वामी, उमा चक्रवर्ती, कमल बोस, देवव्रत बोस आदि। जन-नाट्य मंच (इप्टा) आंदालन की शुरुआत का श्रेय यूथ कल्चरल इंस्टीट्यूट को भी दिया जाता है।

सन् 1940-42 के भीतर साम्राज्यवाद, फासीवाद एवं युद्धवाद-विरोधी चेतना पैदा कराने और भारत के मुक्ति संग्राम को नई दिशा देने के लिए ऐसे पूँजीवादियों, मिल मालिकों एवं जमींदारों के विरुद्ध मजदूर किसान वर्ग को संगठित करने के लिए देश के कई नगरों, कस्बों में प्रगतिशहल नाट्य संस्थाओं, सांस्कृतिक जत्थों का निर्माण आरंभ हो गया था। बंगाल के अकाल विरोधी अभियान ने और गति उत्पन्न

कर दी। सन् 1941 में बंगलौर में इप्टा (इंडियन पीपुल्स थियेटर एसोसियेशन) की एक इकाई गठित की गयी। इस इकाई की पहली सचिव बनी थीं अनिल डी. सिल्वा (सन् 1942 में) मुंबई आयीं और यहाँ भी इप्टा की शाखा के गठन में सहयोग दिया। इंडियन पीपुल्स थियेटर एसोसियेशन नाम रोमा रोलां की प्रसिद्ध पुस्तक 'पीपुल्स थियेटर 'के आधार पर महान वैज्ञानिक डॉ. एच. भाभा या अनिल डी. सिल्वा द्वारा सुझाया गया था।

लेकिन इसमें कोई दो राय नहीं कि इप्टा की पृष्ठभूमि के पूर्व मुक्ति- संग्राम में अन्य रंगमंचीय गतिविधियों में शून्यता की स्थिति नहीं थी। तीसरे और चौथे दशक में छिटपुट रूप से अन्य बुद्धिजीवी लोग इस माध्यम से अपनी लड़ाई जारी रखे हुए थे। इस प्रसंग में क्रांतिकारी यशपालजी का उल्लेख समीचीन होगा।

1925 के आसपास पंजाब हिंदी सम्मेलन की स्थापना हुई थी। उर्दू प्रधान लाहौर में सम्मेलन के प्रति बहुत कम लोगों की रुचि थी। नेशनल कॉलेज कें कुछ विद्यार्थी और संस्थाओं के हिंदी अध्यापक ही प्रायः उसमें योग देते थे। अपने विचारों के प्रचार के लिए और सो गयी राष्ट्रीय भावना को जगाने के लिए नेशनल कॉलेज के विद्यार्थियों ने नाटकों का माध्यम भी अपनाया था। इस चेष्टा के दोनों ही कारण थे, नाटक खेलने की इच्छा और नाटक को अपने विचारों के प्रचार का साधन बनाना। किसी लेखक का नाटक 'महाभारत 'था। उसके वार्तालाप में जगह-जगह परिवर्तन करके यशपाल और उनके सहयोगियों ने अपने लिए उपयोगी बना लिया। इस नाटक का नाम रखा गया 'कृष्ण-विजय '। व्यंजना से अंग्रेजों को कौरव और देशभक्तों को पांडव बना लिया था। इसमें कुछ गाने विशेषकर प्रहसन सम्मिलित कर लिये थे। उनमें से एक गाना था (ऐ हिंदिया, होश संभाल) ऐ हिंदुस्तानी, होश संभालो। यह गाना सरदार अजीत सिंह जी के एक गीत को लेकर बनाया गया था। यह गीत अंग्रेज़ सरकार द्वारा गैर-कानूनी घोषित कर दिया गया था।

उधर पंजाब के एक संभ्रांत मध्यमवर्गीय परिवार से संबंधित क्रांतिकारी टीकाराम 'सखुन 'स्वतंत्रता आंदोलन से जुड़कर सर्वहारा के मित्र और पोषक बनकर उभरे। उन्होंने ब्रिटिश साम्राज्यवाद और उससे संबद्ध वर्गों को साहसपूर्ण ढंग से चुनौती दी। 'सखुन 'सांस्कृतिक और साहित्यिक कार्यक्रमों में बढ़- चढ़कर भाग लिया करते थे। वे उच्च कोटि के शायर ही नहीं, बल्कि अच्छे लोक-रंगमंच निर्देशक भी थे और जेल में समय-समय पर सांस्कृतिक कार्यक्रमों में नाटकों का मंचन भी करवाया करते थे। उन्होंने स्वतंत्रता आंदोलन के दौरान व स्वातंत्र्योत्तर काल में भी

रंगमंच के माध्यम से जागृति फैलाई। उनके द्वारा लिखित और मंचित नाटकों में 'शहीद भगतसिंह ‘व 'साडे अधिकार ‘नाटक प्रमुख रहे।

उधर भोजपुरी लोकमंच जो कि रंगमंच की एक लोकप्रिय विधा रही है, जन-आंदोलन में एक सशक्त विधा के रूप में उभरी। इसका मूलाधार लोक- जीवन से जुड़ा रहा है। इसके प्रदर्शन हेतु न तो साज-सज्जा की आवश्यकता थी, न ही पृथक् प्रेक्षागृह की । मध्यकालीन मुस्लिम आक्रमणकारियों के समय एक ऐसा भी समय आया जब कि वैष्णव आंदोलन को भी उनका सामना करना पड़ा था। ऐसी दशा में वाचिक परंपरा को लिपिबद्ध करके इन्हें सुरक्षित रखने की आवश्यकता अनुभव हुई।

जन-आंदोलन द्वारा परिवर्तित परिवेश के कारण लोक नाट्यों अथवा लोक मंचों पर भी काफ़ी प्रभाव पड़ा है। भोजपुरी नाट्य परंपरा श्रव्यकाव्य से अधिक दृश्यकाव्य से जुड़ी रही है। राहुल सांकृत्यायन के कारण भोजपुरी नाटकों में बदलाव आया। वे परंपरागत से बढ़कर वैचारिक धरातल पर उतर आये थे राहुलजी ने आठ भोजपुरी नाटकों की रचना की । खेद का विषय यह रहा कि वे नाटक जिस रुचि से पढ़े गये, अब उस रुचि से इनका मंचन संभव नहीं हो सका। आठों नाटकों का तीन और पाँच दो संग्रहों में प्रकाशन किया और कराया गया। इन संग्रहों पर लेखक का नाम राहुल सांकृत्यायन की जगह राहुल बाबा रखा गया। 'मेहरारुन के दुर्दशा ‘नाटक का अंश--

उठु उठु रे मुख बन्हुआ, उठु रे धरती के अभगवा,
न्याय बजर घहरावत, जनमत बढ़िया सँसरवा ।
नई नेंव उठतावा जगवाना रहले अब सब छोड़वे,
आज जुटहु संघतिया समूहे, ई आखिर बेर लड़इयाँ ।

वहीं पर 'जोक ‘नाटक हजारीबाग जेल में 1942 में लिखा गया। इसकी प्रेरणा शोषण-प्राणाली से मिली। इसका प्रारंभिक गीत इस प्रकार है—

रे फिरंगिया मरलस जान,
अन्न बिना मोर लड़का रोवे, का करी हे भगवान ।।

उक्त तीनों नाटकों में जहाँ तत्कालीन सामाजिक विसंगतियों की चुभन है, वहाँ 'पाँच नाटक ‘में मुख्यतः आर्थिक तथा राजनीतिक अव्यवस्था की टीस का निर्देशन है। इनमें राजनीतिक उत्पीड़न की भी अभिव्यक्ति है । इन नाटकों में प्रमुख रूप से 'जपनिया राछछ', 'जरमनवा के हार निहिचय', 'देश रच्छक', 'ढुनमुन नेता ‘और 'इ

हमार लड़ाई 'नाटकों का संकलन किया है। राहुलजी अपने विषय के प्रति पूर्ण आश्वस्थ थे। इसलिए उन्होंने 'जरमनवा के हार निहिचय 'में यह गीत लिखा है—

जितिया त होई हमार, रछछवा ना बचिहैं।
पाँच-पाँच बरिस से मुड़िया पर कलसु,
हिटलर बजवलिस गाल, जरमनवा ना बचिहैं।
साजी फउजिया रछवछवन के मारत दिहले बिताय
एक सरऊ राछछवा ना बचिहैं।

1942 में अली सरदार जाफ़री ने 'ये किसका खून है 'नाटक हिंदुस्तानी में लिखा। 1942 में अनिल डी. सिल्वा के निर्देशन में इसे प्रस्तुत किया गया। "ये किसका है 'की थीम एंटी फासिस्ट थी। वह चटगाँव पर जापान की बमबारी खून के वक्त की कहानी थी, जब एक मजदूर लीडर को मार डाला गया था और किसानों ने बगावत कर दी थी।

इप्टा के हपले शो के रूप में श्री प्रभाकर गुप्त और डी. एस. गावनकर के जो निर्देशन में टी. सरमालकर के मराठी नाटक 'दादा 'का मंचन किया गया, मजदूरों की जिंदगी और शोषण पर आधारित था। इस नाटक के अंत में सारे कलाकार जब मंच पर आकर प्रसिद्ध गाना- 'नक्कारे से डंका लगा है, तू शस्त्र को अपने संभाल 'गाते थे तो दर्शक भी उनके स्वर से स्वर मिलाकर गाते थे।

हिंदी प्रदेशों में पहला नगर आगरा था, जहाँ अप्रैल 1942 में विनय राय की सांस्कृतिक टोली पहुँची। इस टोली ने आगरा कॉलेज हाल में बंगाल के अकाल पीड़ित लोगों के सहायतार्थ अपने कार्यक्रम प्रदर्शित किये। इसी से प्रेरित होकर राजेंद्र रघुवंशी और बिशन खन्ना ने आगरा कल्चरल स्क्वाड की स्थापना की। इस स्क्वाड ने पहली बार मई 1942 को सायंकाल बेकर पार्क के खुले रंगमंच में राजेंद्र रघुवंशी लिखित व अभिनीत रूपक 'आज का सवाल 'का मंचन किया, जिसमें स्व. निरंजन सिंह, राधेलाल व वीरपाल प्रमुख कलाकार थे। 1940 से 1942 के बेहद उलझे और नाजुक दौर के स्वाधीनता संग्राम की निर्णायक स्थिति में पूरे देश के भीतर सक्रिय प्रगतिशील कलाकारों, रंगकर्मियों ने एक व्यापक लोकतांत्रिक सांस्कृतिक आंदोलन की लहर को उत्पन्न किया। इन जन - कलाकारों एवं जन-संस्कृतिकर्मियों की सांस्कृतिक गतिविधियों में भारत की तत्कालीन असत्य शोषित - उत्पीड़ित साधारण जन की मुक्ति की उत्कट आकांक्षा अभिव्यक्ति पा रही थी। असल में यह स्वातंत्र्य

संघर्ष के भीतर से उपजा हुआ एक विराट देशव्यापी जनवादी सांस्कृतिक आंदोलन की शुरुआत का दौर था। इस दौर में भारत के तमाम देशभक्त, राष्ट्रवादी, जनवादी और प्रगतिशील लेखक, कलाकार, संस्कृतिकर्मी एवं बुद्धिजीवी इस बात की जरूरत का एहसास बेहद तल्खी के साथ करने लग गये थे कि अखिल भारतीय प्रगतिशील लेखक संघ की तरह एक राष्ट्रीय स्तर का 'जन - नाट्य संघ 'भी घटित किया जाय। सभी इस बात से सहमत थे कि प्रदर्शनकारी कला माध्यमों के द्वारा ही साधारण अशिक्षित जनता से संपर्क संभव है। 'इप्टा '(भारतीय जन- नाट्य संघ) का प्रादुर्भाव उस समय हुआ जबकि देश आजादी प्राप्त करने के लिए छटपटा रहा था । इसके प्रादुर्भाव के मूल में आजादी की लड़ाई और विश्व- व्यापी फासिस्ट विरोधी आंदोलन प्रमुख था। 'इप्टा 'का स्थापना सम्मेलन 25 मई 1943 को मुंबई के मारवाड़ी विद्यालय हाल में हुआ था। इसी सम्मेलन ने मारवाड़ी विद्यालय में राष्ट्रीय स्तर के 'भारतीय जन नाट्य संघ 'की स्थापना का निर्णय लिया। सम्मेलन द्वारा पारित प्रस्ताव में इस संबंध में कहा गया 'भारतीय जन- नाट्य संघ 'के तत्वावधान में आयोजित यह सम्मेलन इस बात की जरूरत की तीव्रता को महसूस करता है कि समूचे भारतवर्ष में एक जनता का नाट्यांदोलन संगठित किया जाए, जो रंगमंच और पारंपरिक कलाओं को पुनर्जीवित करने के साधन के रूप में काम करे और साथ ही उन्हें हमारी जनता के स्वाधीनता तथा सांस्कृतिक और आर्थिक न्याय के संघर्ष को अभिव्यक्त करने में मदद करे।

इप्टा के इस सम्मेलन में अध्यक्ष के रूप में मनोनीत मनोरंजन दास की अनुपस्थिति में हीरेन मुखर्जी ने अध्यक्षीय भाषण में जनता की कला व जनता की रचनात्मकता को इंकलाब से जोड़ने पर बल दिया। उन्होंने कहा कि कोई भी अगर इंकलाब को तेज करने के लिए जनता की आत्मा की मुक्ति के लिए काम करता है, तो वह कला का मित्र है।

इसमें कोई दो राय नहीं कि बंगाल के साथ ही साथ अन्य स्थानों का तत्कालीन रंगकर्म निश्चित रूप से अपनी जड़ से कटा था। सुप्रसिद्ध रंगकर्मी बादल सरकार उस समय के कलकत्ता-रंगकर्म पर प्रकाश डालते हुए कहते हैं कि भारत में शहरी रंगकर्म भारत के पारंपरिक रंगकर्म से सीधे उद्भूत नहीं था, बल्कि उनका आधार उन्नीसवीं सदी का पाश्चात्य रंगमंच था। निश्चित रूप से थियेटर को जहाँ शहरी थियेटर के रूप में जाना जा रहा था, वहीं पर ग्रामी रंगमंच को स्वदेशी शब्दों तथा यात्रा, तमाशा, यक्षगान, नौटंकी,और रामलीला से जाना जा रहा था। कुल मिलाकर उस समय का

शहरी रंगमंच ब्रिटेन के 19 वीं सदी के विक्टोरियन थियेटर का आयातित रूप था, जो कलकत्ता के नागरिकों द्वारा ढाला और विकसित किया गया था। बंगाल के मध्य शहरी इलाकों का रंगमंच कलकत्ता के नक्शे-कदम पर चलनेवाला रंगमंच था। सौ वर्ष के बंगाल रंगमंच का प्रारंभिक तीन चौथाई भाग निश्चित रूप से व्यावसायिक रंगमंच का था। इस व्यावसायिक रंगमंच का एक बंधा बंधाया ढर्रा था।

हीरेन मुखर्जी का वक्तव्य एक आह्वान था सभी लेखक, कलाकार, अभिनेता व नाट्यकारों के लिए, जिसमें स्वतंत्रता और सामाजिक न्याय की लड़ाई में सर्वस्व समर्पण की बात कही गयी थी । इस सम्मेलन में मुंबई, मैसूर, मालाबार, पंजाब, उत्तर प्रदेश और बंगाल के प्रतिनिधियों ने अपने यहाँ की पिछले वर्षों की सांस्कृतिक गतिविधियों की विस्तृत रिपोर्ट प्रस्तुत की थी। इन रिपोर्टों से पता चलता है कि स्वतंत्रता के लिए जन नाट्य आंदोलन इप्टा की स्थापना के पूर्व ही काफी जोर पकड़ चुका था । इस सम्मेलन में 25 मई की रात 9 बजे से दामोदर हाल, परेल में नाटकों का प्रदर्शन शुरू हुआ।

इसमें ख्वाजा अहमद अब्बास का हिंदी नाटक 'यह अमृत है ‘प्रस्तुत किया गया। इसके साथ ही मुंबई इकाई ने एक अंग्रेजी नाटक 'खून और आँसू ‘(ब्लड एंड टियर), अनंत कानेटकर का मराठी नाटक व बंगला नाटक 'लेबोरटरी ‘जो कि विनय घोष ने लिखा था, प्रस्तुत किया । इप्टा ने लोक नाट्य शैलियों, लोक मंचों का भी सार्थक उपयोग करना शुरू किया।

1943-44 के दौरान 'बंगाल कल्चरल स्क्वाड ‘ने कई प्रांतों के दौरे करके अकाल पीड़ितों के लिए दो लाख रुपये से ज्यादा की सहायता राशि जमा की थी। इस 'कल्चरल स्क्वाड ‘ने अपने प्रदर्शनों से काफी ख्याति पायी थी। इस स्क्वाड का नेतृत्व किया था, बंगाल के सुविख्यात कवि, गीतकार और नायक विनय राय ने ।

1944 तक भारतीय जन नाट्य संघ का आंदोलन तेजी से पूरे देश में के फैला और अपनी सांस्कृतिक गतिविधियों से इसने विशाल युवा समुदाय प्रतिभाशाली कलाकारों को आकृष्ट किया। इससे विख्यात नर्तक उदय शंकर भी जुड़े और अल्मोड़ा में सांस्कृतिक केंद्र की स्थापना की । 'बंगाल कल्चरल स्क्वाड ‘के अनुभवों के आधार पर जुलाई 1944 में इप्टा 'सेंट्रल कल्चरल स्क्वाड ‘की स्थापना हुई। बाद में इसका नाम रखा गया, 'सेंट्रल कल्चरल ग्रुप ‘। इसके सचिव विनय राय बनाये गये। इस ग्रुप ने देश के उदीयमान कलाकारों को आकृष्ट किया। सचिन शंकर (नर्तक) दशरथ लाल (संगीतकार) भूपति नंदी, उमादत्त, उषा दत्त, गौरी दत्त, रेखा राय, प्रीति

सरकार, शांता गाँधी, दीना गाँधी (अब पाठक), रेखा जैन, रवि शंकर, नेमिचंद्र जैन, सुशीलदत्त गुप्त, प्रेम धवन, नागेश, अप्पुनी, के. एम. रेड्डी जैसे उत्साही और समर्पित कलाकारों ने इप्टा के सेंट्रल ग्रुप में शामिल होकर इप्टा आंदोलन को नई गति और दिशा प्रदान की। इस ग्रुप ने भारत के विभिन्न प्रदशों की लोकनाट्य शैलियों, लोकनृत्य रूपों और संगीत को नये जमाने की वास्तविकताओं से जोड़कर उन्हें आधुनिक स्वरूप प्रदान किया और भारत की बहुसंख्यक अनपढ़ और गँवार जनता के भीतर नई सांस्कृतिक चेतना और सामयिक घटनाओं के प्रति प्रगतिशील दृष्टि पैदा करने की कोशिश की। भारत की आधुनिक प्रदर्शनकारी कलाओं के क्षेत्र में 'सेंट्रल ग्रुप 'ने एक युगांतकारी कार्य किया ।

पंजाब में भी रंगमंच की गतिविधियाँ आंदोलन का रूप ले चुकी थीं। अपना संस्करण सुनाते हुए भीष्म साहनी कहते हैं-

"मैं पंजाब के एक कॉलेज में भरती हो गया। वहाँ हमने उस्तादों की यूनियन बनाई। यूनियन शीघ्र ही फैलकर प्रादेशिक यूनियन बन गई। तंब मुजाहिरे भी हुए। उन्हीं दिनों 'जन - नाट्य संघ 'में भी काम करना था । वहाँ भी पुलिस के साथ लुका-छिपी चलती रहती थी। हम एक जगह पर नाटक खेलते और फौरन ही भाग खड़े होते और किसी दूसरी जगह मंच जुटा लेते। कुछ महीने तक यह चलता रहा।

दिसंबर 1944 में सेंट्रल ग्रुप ने मुंबई छात्र संघ के सम्मेलन के अवसर पर सुंदरबाई हाल में 800 छात्रों के सामने अपने जो कार्यक्रम प्रस्तुत किये, उसमें 'भारत की आत्मा 'नाटक नृत्य नाटिका भी प्रदर्शित की गयी ।

इस दौरान देश के बहुत-से अन्य रंगकर्मी भी सक्रियता से इस आंदोलन में जुड़े हुए थे । उत्तर प्रदेश में स्वतंत्रता आंदोलन को गीत एवं नाटकों के माध्यम से गति देनेवालों में मन्नूलाल त्रिपाठी 'शील का नाम बड़े ही आदर से लिया जाएगा। उनकी महत्वपूर्ण और सशक्त रचना 'किसान 'नाटक रही । 1930 से 1942 तक वे गाँधी के आंदोलन से जुड़े रहे, किंतु संघर्षशील स्वभाव के कारण कम्युनिस्ट पार्टी की शरण ली। जागरण का बिगुल बजाकर जन-जन तक पहुँचाने के लिए नाटक विधा को उन्होंने विशेष रूप से वरीयता दी, क्योंकि यह कला दृश्य होने के कारण सीधे मस्तिष्क पर प्रभाव डालती है। उनके द्वारा : रचित नाटकों में किसान, हवा का रुख, नदी और आदमी नाटक प्रमुख रहे।

उधर मुंबई में हबीब तनवीर, ए. के. हंगल, कैफी आजमी, शौकत आजमी जैसे अनेक रंगकर्मी इस विधा से लोगों को जागरूक कर रहे थे। हबीब तनवीर ने

'पोस्टर 'नामक ड्रामा लिखा । उसे परेल की चालों में किया। उस जमाने में लाठी चार्ज होता था, लोग अरेस्ट भी होते थे लेकिन अपनी यह रंगयात्रा किसी न किसी रूप में जारी रखते थे ।

यद्यपि उक्त आंदोलन में जुलूस, नारे, सभाएँ तथा असहयोग आंदोलन सामान्य था किंतु कानपुर के रंगकर्मी श्री विष्णुदास गुप्त (अब उन्नाव वासी) के अनुसार उस समय विदेशी हुकूमत के भय से रचनाकार देशभक्ति व स्वतंत्रता का संदेश देनेवाले नाटक नाटक कम लिखते थे। प्रदर्शन के लिए लोग मिल नहीं पाते थे। फिर भी निजी नाटक संगठन अपने नाटकों में कुछ दृश्य ऐसे दिखाते थे जिससे कि आजादी प्राप्त करने को प्रेरणा मिले। जैसे भारत माता जंजीरों में जकड़ी है, कोई कलाकार उसे बंधन मुक्त करता है अथवा भारत का मानचित्र दिखलाकर उसका गौरव गान प्रस्तुत किया जाता था। सन् 1944 में श्री विष्णुदास गुप्त ने 'सिकंदर पोरस 'नाटक में अभिनय किया। उत्तर प्रदेश में विश्वनाथ 'विश्व 'के नाटक 'स्वतंत्रता या बलिवेदी 'व 'हिंदी, हिंदू, हिंदुस्तान 'नाटक काफी चर्चित हुए और जन-मानस को आजादी की मानसिकता के लिए प्रेरित किया ।

1942 में कानपुर के नाटककार विश्वनाथ त्रिपाठी 'विश्व 'तथा अमरनाथ भट्टाचार्य आदि के प्रयास से , कानपुर में 'रवींद्र - परिषद 'की स्थापना हुई, जिसमें विश्व कृत 'स्वतंत्रता या बलिवेदी 'व 'हिंद, हिंदू, हिंदुस्तान 'नाटकों के अलावा 'पहला कदम 'व 'हमारा समाज 'आदि नाटकों के प्रदर्शन ने नगर की राष्ट्रीय एवं सामाजिक चेतना को जगाया। सन् 1944 में 'स्वतंत्रता या बलिवेदी 'के प्रदर्शन को रोक दिया गया था और पुलिस पुस्तक छीन ले गयी थी। नाटकों का निर्देशन 'विश्वजी 'ही किया करते थे।

अखिल भारतीय जन नाट्य संघ की मई 1943 में स्थापना के बाद दूसरा राष्ट्रीय स्तर का अधिवेशन सितंबर 1945 में हुआ। कार्यक्रम की शुरुआत डॉ. इकबाल के गीत 'सारे जहाँ से अच्छा हिंदोस्ताँ हमारा 'से हुई, जिसका संगीत रवि शंकर ने तैयार किया। केंद्रीय सांस्कृतिक जत्थे ने 'अमर भारत 'नाम से दूसरी नृत्य नाटिका को प्रस्तुत किया। इसमें पंजाब व गुजरात, बंगाल, आंध्र प्रदेश, बिहार और उत्तर प्रदेश के लोक संगीत और लोक नृत्य के सार्थक प्रयोग किये गये। नृत्य-संगीत के इन सोद्देश्य कार्यक्रमों का काफी व्यापक प्रभाव पड़ा। पत्र-पत्रिकाओं ने इस देशव्यापी लहर की बहुत तारीफ की। दिसंबर 1945 में यह जत्था मुंबई से अहमदाबाद, कलकत्ता, आसनसोल, पटना, कानपुर, दिल्ली, लाहौर आदि प्रमुख

नगरों का दौरा करने निकला। बाद में इस केंदीय जत्थे ने तीन और नृत्य नाटक 'नया भारत '(1946), 'आई.एन. म्युटिनी '(1947), 'आज का कश्मीर '(1947) तैयार किया। इप्टा से जुड़नेवाले रंगकर्मियों, कलाकारों व बुद्धिजीवियों की भूमिका धीरे-धीरे बढ़ती ही गयी। कुल मिलाकर अब इसमें रविशंकर, अवनीदास गुप्त, शांतिवर्धन, प्रेम धवन, सलिल चौधरी, गोरनकर, शोरोसेन, तृप्ति मोइन, चेतन आनंद, राजा राव, ओ. एन. वी. कुरुप, देवार्जन, नरेंद्र शर्मा, सचिन शंकर, ख्वाजा अहमद अब्बास, बलराज साहनी, शंभुमित्र, विनय रॉय, राजेंद्र रघुवंशी, बलवंत गार्गी, विजय भट्टाचार्य, कने घोषा, हेमांग विश्वास, तृप्ति भादुड़ी, (बाद में मित्र), दमयंती साहनी, अली सरदार जाफरी, कृश्न चंदर, निर्मल चौधरी, भूपेन हजारिका, दिलीप शर्मा, अंणाभाऊ साठे, अमर शेख, दशरथ लाल, शैलेंद्र, वसी रेड्डी, जार्ज, सुधर्म, मघई ओझा, बलदेव सिंह, अरेना देवी आदि लोग जुड़ते गये। 1943 से 1945 के भीतर इप्टा के नाट्यकारों और कलाकारों ने गुजराती, मराठी, बंगाली और हिंदुस्तानी में कुल 20 नये नाटकों को लिखा और उन्हें मंचित भी किया। इनमें 'नवान्न 'के बाद ख्वाजा अहमद अब्बास का नाटक 'जुबेदा 'अपनी कुछ कमियों के बावजूद काफी सफल रहा। अनिल डी. सिल्वा की रिपोर्ट से पता चलता है कि गुजराती नाटक 'हिंदु-मुस्लिम 'भी काफी चर्चित हुआ था। 'जुबेदा 'को बलराज साहनी के निर्देशन में इप्टा के वार्षिक सम्मेलन के अवसर पर दिसंबर, 1944 में मुंबई के कावसजी जहाँगीर हाल में प्रस्तुत किया गया था। वार्षिक सम्मेलन 5 दिनों तक चला और उसे बड़ी सफलता हासिल हुई थी।

1944 की शुरुआत में शंभु मित्र ने बंगला में श्री विजय भट्टाचार्य का नाटक 'जबान बंदी 'खेला। पी. सी. जोशी की इच्छा थी कि इसका प्रदर्शन हिंदी में भी हो, जिससे पश्चिमी हिंदुस्तान की वह देशभक्त जनता थी उसे देख सके जो ब्रिटिश राज की प्रतिबंधात्मक नीतियों के कारण बंगाल के अकाल की भयावह त्रासदी के बारे में नहीं जानती थी। श्री नेमिचंद्र जैन ने नाटक का बंगला से अनुवाद किया। इसमें रेखा जैन ने भी अभिनय किया था। यह नाटक मुंबई में चर्नी रोड स्टेशन के पास एक मंच पर लगातार तीन दिन शाम के वक्त खेला गया। इसके हिंदी अनुवाद 'अंतिम अभिलाषा 'का मंचन इलाहाबाद में के. पी. मैदान पर 20 अप्रैल 1945 को हुआ था। 1946 में 'इप्टा 'का केंद्रीय दल भारत के अनेक शहरों में अपना प्रदर्शन करता हुआ इलाहाबाद आया। रीजेंट सिनेमा हॉल में उसके प्रदर्शन होते थे। 'इंडिया

इस्मोर्टल 'और 'होली 'में तो ब्रिटिश सरकार का मखौल उड़ाया गया था- बहुत ही सटीक ढंग से।

मुंबई में इप्टा आंदोलन के प्रारंभिक दौर से ही हिंदुस्तानी नाटक खेले जा रहे थे। बाद में हिंदी के भी नाटक प्रस्तुत हुए। नवंबर 1943 में दिल्ली इप्टा ने पहली बार 8000 दर्शकों के सामने बंगाल के अकाल पर कय्यूर के शहीद साथियों की याद में एक मूकाभिनय-कार्यक्रम प्रस्तुत किया। मई 1945 में दिल्ली इप्टा ने 'भारत की आत्मा 'का प्रदर्शन किया। 1946 में विश्वनाथ मुखर्जी के निर्देशन में दो हिंदी नाटक 'मैं कौन हूँ 'और 'कश्मीर छोड़े 'मंचित किये गये।

इधर उत्तर प्रदेश में आगरा, कानपुर, लखनऊ, इलाहाबाद, वाराणसी, झाँसी, बस्ती, गोरखपुर, अलीगढ़ एवं रायबरेली आदि शहरों में इप्टा की शाखाएँ 1943 से 1947 के दौर में ही स्थापित हुईं। इनमें से कई स्थानों की शाखाएँ दूसरे नामों से चलती रहीं। स्वतंत्रता प्राप्ति तक उत्तर प्रदेश में 'इप्टा 'ने न सिर्फ शहरों में अपितु देहातों तक अपने संगठन को फैला दिया। अलीगढ़ इप्टा, रायबरेली इप्टा तथा कुछ अन्य शाखाएँ गुप्त रूप से किसान आंदोलन से संबद्ध थीं।

इसमें आगरा इकाई सर्वाधिक सार्थक एवं सक्रिय रही। आगरा इकाई ने एक स्थायी ग्रुप का निर्माण किया। इस ग्रुप ने 1944 से 1947 तक अजमेर, दमोह, रतलाम, व्यावर, भरतपुर, टूंडला, फिरोजाबाद, मैनपुरी, शाहजहाँपुर, सुल्तानपुर, बस्ती, जौनपुर आदि नगरों एवं देहातों में अपने कार्यक्रम प्रदर्शित किये। इस यायावर दल का नेतृत्व राजेंद्र सिंह रघुवंशी ही करते थे। इस दल में बिशन खन्ना, वीरपाल सिंह, निरंजन सिंह, राधेलाल, कुमारी रमा, कुमारी उमा, नृत्यकार बी. डी. जोशी एवं डी. के. रॉय लोकगीत लेखक कामता प्रसाद एवं युक्तिभद्र दीक्षित, तबला वादक भूरालाल, गायक ए.सी. पांडेय, आर.एम. तलेगाँवकर, पुजारी उद्धव कुमार, अहमद अली सम्मिलित थे।

इन कार्यक्रमों की विषयवस्तु थी स्वातंत्र्य आंदोलन में बाधक ब्रिटिश सरकार, पूँजीवाद और सामंतवाद के विरुद्ध जनमानस में चेतना उत्पन्न करना। इन्हीं दिनों आगरा इप्टा ने डॉ. रामविलास शर्मा के नाटक 'कानपुर के हत्यारे 'मंचित कर बेहद लोकप्रियता पाई। इसके साथ ही साथ भैरव जोशी, डी.के. राय एवं कुमारी चंद्रलेखा आदि के नृत्य नाट्य 'गोवर्धन धारण', 'कृष्णार्जुन युद्ध', 'सिद्धार्थ', 'बचपन और प्रभात 'भी काफी सफल रहे। इधर उत्तर प्रदेश के छोटे नगरों के ग्राम्यांचलों में इप्टा के अतिरिक्त अन्य लोक नाट्य विधा के माध्यम से प्रतीकात्मक रूप में जन-जागृति

फैलायी जा रही थी। आजमगढ़ के गाँवों में रात के वक्त नृत्य नाटिका करके ब्रिटिश हुकूमत पर पिछड़े वर्ग के लोग सांकेतिक प्रहार करके इसमें अपनी भूमिका का बखूबी निर्वाह कर रहे थे। नृत्य नाटिका का एक गीत 'ठाकुर के घर न जाब निरावई, बरू चली जाब नैहरवा ‘जो कि एक मजदूर की पत्नी अपने पति से कहती है, बहुत लोकप्रिय हुआ था।

अलीगढ़ में 1942 में अखिल भारतीय किसान सम्मेलन के अवसर पर आगरा के 'स्क्वाड ‘द्वारा रघुवंशीकृत नृत्य नाटिका 'लोहे की दीवार ‘प्रस्तुत की गई, जिसमें स्त्री भूमिकाओं में श्रीमती रेखा जैन, श्रीमती आशा अग्रवाल व पुरुष भूमिकाओं में वीरपाल, बिशन खन्ना कामता प्रसाद, राजेंद्र रघुवंशी मुख्य थे। नाटिका का कथ्य था सांप्रदायिक फूट, जमींदारों के द्वारा अंग्रेजों की चाटुकारिता तथा स्वयं अंग्रेजों के विरुद्ध संघर्ष के लिए जनता का एक होकर मोर्चा। इस नाटिका के कुल पचास प्रदर्शन हुए। सन् 1946 में नौ-सेना विद्रोह परआधारित 'नवभारत ‘नृत्य नाट्य का प्रदर्शन 'सेंट्रल बैले ग्रुप ‘ने किया, किंतु इस पर प्रातः काल प्रतिबंध लगा दिया गया था। आगरा ‘इप्टा ‘ने ‘गोवर्धन धारण ‘नाटक का प्रदर्शन कानपुर के परेड़ ग्राउंड में भी किया। क्रांतिकारी शिवकुमार मिश्र के शब्दों में पूरा का पूरा मैदान दर्शकों से भरा हुआ था। पहाड़ी अंचलों में रंगकर्मी गोविंदवल्लभ पंत भी अपने लेखक और मंचन से जुडे हुए थे।

इधर कानपुर में समीपवर्ती जिला उन्नाव में भी छुट-पुट प्रदर्शन होते रहे। श्री शिवकुमार मिश्र ने उन्नाव जिले में अजगैन के पास 'मकूर गाँव में भी नाटक किया। श्री मिश्र ने हरदोई में भी मजदूर किसानों को लेकर तत्कालीन रूप से कई हज़ार दर्शकों के बीच सर्रा गाँव में एक आशु नाटक ‘मदारी पासी ‘का मंचन किया।

उधर बिहार में इप्टा की शाखाएँ पटना, मुजफ्फरपुर, भागलपुर, राँची नेवादा, सोनपुर, हाजीपुर, धनबाद, गया आदि में खुल गईं। 1946 में विनय राय के नेतृत्व में सेंट्रल ग्रुप पटना पहुँचा और पटना मेडिकल कॉलेज में उसने ‘अमर-भारत ‘नामक बैले प्रस्तुत किया। 1947 के पूर्व जगदेव गुप्त के नाटक ‘विजय-यात्रा’, ‘किसान - कर्तव्य', 'महापाप', 'लाल बुलबुल ‘और राहुलजी के आठों भोजपुरी नाटक काफी प्रसिद्ध रहे। इन्हें देहात के स्कूलों और किसानों के चौपालों में खेला गया।

इस प्रकार 1947 तक इप्टा का पूरे देश में अभूतवपूर्व विस्तार हुआ और इसने आजादी की लड़ाई में महत्वपूर्ण भूमिका का निर्वहन किया।

15 अगस्त 1947 को देश को चिर प्रतीक्षित स्वाधीनता मिली। इसमें कोई दो राय नहीं कि इस महायज्ञ में हमने असंख्य आहुतियाँ दीं, लेकिन उन आहुतियों के पीछे प्रारंभ से ही मनो-मस्तिष्क को संवेदित करने के लिए साहित्य-कला-संस्कृति का महत्वपूर्ण योगदान रहा है। उसमें रंगमंच की भूमिका इतनी विशिष्ट रही है कि एक प्रबल दृश्य एवं जीवंत माध्यम होने के कारण इसने परतंत्र भारतवासियों के मनो मस्तिष्क को झकझोर कर रख दिया और आज़ादी की लंबी लड़ाई में सदैव ऊर्जा का स्रोत बनकर विशिष्ट प्रेरक भूमिका का निर्वहन किया।

आंध्र प्रदेश में 1933 में कम्यूनिस्ट पार्टी का आविर्भाव हुआ। इस विचारधारा ने युवा पीढ़ी में प्रगतिशील चेतना को जागृत किया। इस प्रगतिशील विचारधारा ने साहित्य और अन्य कलाओं को आकर्षित किया। इससे रंगमंच भी प्रभावित हुआ। यह वाद प्रबल हुआ कि कला कला के लिए नहीं कला जीवन के 'अभ्युदय ‘के लिए है। वर्गहीन समाज की स्थापना के लिए साहित्य एवं कलाओं को प्रतिबद्ध होना चाहिए। साथ रूस के साहित्य ने भी तत्कालीन समाज को प्रभावित किया। 1943 के कम्यूनिस्ट पार्टी अधिवेशन में, जो बंबई में संपन्न हुआ उसमें इंडियन प्रोग्रेसिव थियेटर असोसिएशन (Indian Progressive Theatre Association) की स्थापना हुई। इसको दिल्ली, बंबई में 'इप्टा ‘के रूप में ख्याति मिली और तेलुगु प्रदेश में 'प्रजा नाट्य मंडली ‘के नाम से प्रचार प्रसार हुआ। इस संस्था की यह विशेषता है कि तेलुगु प्रदेश में निरंतर रंगमंच के नये-नये प्रयोग होते ही रहे। इस संस्था ने तत्कालीन समाज में एक नया जोश स्फूर्ति एवं कर्तव्य की दीक्षा के साथ समाजोन्मुखी प्रतिबद्ध साहित्यकारों एवं कलाकारों को जन्म दिया। इनमें महत्वपूर्ण हैं - मिक्कलिनेनि राधाकृष्णमूर्ति, डॉ. राजाराव प्रजा नाट्य मंडली के प्रमुख सूत्रधार रहे। प्रजा नाट्य मंडली नाटक के क्षेत्र में जो सेवा की वह चिर स्मरणीय है। 1946 का 'मुंदडुगु ‘1947 का 'मा भूमि ‘नाटकों ने तेलुगु के सामाजिक नाटकों के इतिहास में एक नये इतिहास की सृष्टि की। 1947 में ही 'मा भूमि ‘नाटक के हजार से ज्यादा प्रदर्शन हुए, लाखों दर्शकों को अभिभूत किया। तेलंगाना सशस्त्र आंदोलन के अनेक सशक्त नाटकों की रचना हुई और प्रदर्शन हुए। माना जाता है कि तेलुगु नाटक साहित्य एवं रंगमंच के इतिहास में 'प्रजा नाट्य मंडली ‘का आविर्भाव एक स्वर्ण अध्याय है। इसके प्रदर्शन में नाटकों की कथावस्तु में समकालीन सामाजिक स्पृहा, व्यवस्था, सामाजिक अव्यवस्था, वर्ग संघर्ष, सामंतवादी मानवताहीन व्यवहार का विरोध, गरीबी, कागज के फूल जैसा फीका जनजीवन और उसकी आशा-निराशा का

महत्वपूर्ण चित्रण एवं अभिनय मिलता है। इन नाटकों के प्रदर्शन का लक्ष्य है- सामंती व्यवस्था की लूट पाट का सामना कर वर्गहीन समाज की स्थापना ।

कुछ महत्वपूर्ण नाटक हैं- मा भूमि, अपनिंदा, अन्नपूर्णा, गोरिल्ला, नांदी, गंगिरेड्डी, तिरुगुबाटु। इनमें वस्तु के प्रस्तुतीकरण में सामाजिक आंदोलन की स्फूर्ति लक्षित होती है। भगवान के नाम पर लूट पाट को, अंधविश्वास आदि का विरोध करते हुए जगन्नाथुनि रथ चक्रालु की रचना हुई । यथा राजा तथा प्रजा, सिद्धार्थ, चलिचीमलु, संघ चेक्कि, शिल्पालु, दोपिडी, विजयम्, युगसंध्या, पेत्तंदालु, प्रजा राज्यं, इदा प्रपंचम्, पालेरु, कूलि कोंप, राबंदुलु आदि नाटकों में आर्थिक अव्यवस्था पर आधारित अनेक समस्याओं को प्रस्तुत किया गया।

इस प्रकार प्रजा नाट्य मंडली के नाटकों का तेलुगु साहित्य में विशिष्ट स्थान लक्षित होता है।

निष्कर्ष

1900 तक आंध्र में नाटकों की रचना एवं प्रदर्शन का प्रचार-प्रसार हो गया। अनेक नाटक समाजों की स्थापना हुई। अनेक अभिनेता अपनी अभिनय प्रतिभा के कारण विख्यात होने लगे। नाटक लोकप्रिय होने लगे। नाटक समाजों के अनुरोध पर अनेक नाटककार नये-नये नाटकों की रचना करने लगे। 1900 के बाद नाटककार स्वतंत्र नाटकों की रचना करने लगे। कुछ महत्वपूर्ण बिंदु इस प्रकार हैं-

1. “कन्याशुल्कम ‘के समान सामाजिक कथावस्तु को लेकर नाटकों की रचना।
2.‘ प्रतापरुद्रीयम ‘के समान ऐतिहासिक कथावस्तु को नाटकीयता के साथ प्रस्तुत करना।
3. पौराणिक कथाओं को लेकर राष्ट्रीय आंदोलन की चेतना से भरे प्रबोधात्मक नाटकों की रचना करना।
4. समाजों की अधिकता एवं नाटककारों की प्रचुरता के कारण एक विषयवस्तु को लेकर अनेक नाटकों की रचना।
5. यह काल नाटक प्रतियोगिताओं का युग था।
6. अभिनय करनेवाले नटों को यश एवं आदर मिलने लगा।
7. अभिनय को कुछ नटों ने पेशे के रूप में स्वीकार किया।
8. नाटकों में पद्यों और गीतों का महत्व बढ़ने लगा।
9. अपने पूर्व रचित नाटकों को फिर से पद्यमय बनाकर संशोधित रूप में नाटककार पुनः रचना कर प्रकाशित कर रहे थे। गयोपाख्यान एवं चित्रनलीयम् आदि ऐसे ही नाटक थे।
10. इस काल के दौरान नाटक संस्थाओं का व्यापारीकरण हो गया। इसलिए नाटकों में संगीत का महत्व बढ़ने लगा। अद्भुत 'सीनरी का आयोजन होने लगा।
11. कुछ नाटककारों ने ऐसी स्वतंत्र नाटकों की रचना की जो साहित्यिक मूल्य रखते हुए प्रदर्शन के योग्य हैं 1
12. कुछ नाटककार ऐसे हैं जिनका प्रदर्शन पर ध्यान नहीं था। केवल नाटक रचना ही उनका उद्देश्य रहा।

13. कुछ नाटककारों ने अनुवाद एवं स्वेच्छानुवाद —अनेक संस्कृत अंग्रेज़ी का ही नहीं प्रांतीय भाषाओं के नाटकों का भी अनुवाद किया।
14. कुछ नाटककारों का ध्यान रंगमंच पर प्रदर्शन करने योग्य लोकप्रिय एव लोकरंजक नाटकों की रचना पर ही रहा। ऐसे नाटकों के प्रदर्शन की सफलता में संगीत का एवं अद्भुत सीनरियों का योगदान अधिक रहा।
15. स्वतंत्रता आंदोलन एवं भाषा के आधार पर राज्यों के पुनर्विभाजन के आंदोलन दोनों का प्रभाव परोक्ष रूप से लक्षित होता है।
16. परंपरानुसार पौराणिक नाटकों की रचना की प्रवृत्ति लक्षित होती है।
17. ऐतिहासिक नाटकों का उद्भव और विकास देखा जा सकता है। विशेषकर 1915 के बाद ऐतिहासिक नाटकों की रचना की प्रवृत्ति का कारण राष्ट्रीय भावना रही। स्वतंत्रता आंदोलन के साथ-साथ ऐतिहासिक नाटकों का विकास देखा जा सकता है।
18. वीर रस पूर्ण नाटकों की रचना। वीरों और वीर नारियों की कथा वस्तु।
19. सामाजिक समस्याओं का नाटक की कथावस्तु के रूप में लेने की कोशिश। कन्याशुल्कम के बाद कई वर्षों के बाद रंगूव रौडी, वरकट्नम् वरशुल्कम आदि की रचना। स्त्री स्वातंत्र्य, स्त्री शिक्षा के प्रति जागरूकता के साथ-साथ स्त्री शोषण के प्रति विरोध की भावना की अभिव्यक्ति।
20. इस काल में जिन नाटकों की रचना हुई, प्रायः उन सभी का प्रदर्शन हुआ। यह तेलुगु नाटक- साहित्य की विशेषता है।
21. प्रजा नाट्य मंडली के नाटकों का प्रदर्शन तेलुगु रंगमंच के लिए, 'इप्टा 'केप्रदर्शन हिंदी के रंगमंच के लिए ऐतिहासिक महत्व के रहे। बीसवीं शती के प्रथम चरण के नाटकों के प्रदर्शनों को तेलुगु प्रदेश में विशेष प्रोत्साहन मिला।

****

KASTURI VIJAYAM

www.kasturivijayam.com

+91 9515054998

SUPPORTS

- **PUBLISH YOUR BOOK AS YOUR OWN PUBLISHER.**

- **PAPERBACK & E-BOOK SELF-PUBLISHING**

- **SUPPORT PRINT ON-DEMAND.**

- **YOUR PRINTED BOOKS AVAILABLE AROUND THE WORLD.**

- **EASY TO MANAGE YOUR BOOK'S LOGISTICS AND TRACK YOUR REPORTING.**

www.ingramcontent.com/pod-product-compliance
Lightning Source LLC
LaVergne TN
LVHW012106070526
838202LV00056B/5644
* 9 7 8 8 1 9 8 7 1 0 8 8 8 *